文明的海洋史觀

川勝平太
Kawakatsu Heita

文明の海洋史観

目錄

導讀一

日式海洋史觀：《文明的海洋史觀》解讀

周樑楷（國立台灣師範大學歷史學系兼任教授）

這本書的內容談理論、說觀念，遠多於實際的研究工作。「文明的海洋史觀」原來屬於第三章〈轉之章〉的篇名，然而被提升位階，也當作本書的全名。用心閱讀整本書之後，可以毫無疑問地說，「文明的海洋史觀」的確就是當代日本史家川勝平太（1948- 迄今）為他本人的史學思想加以定名及定位。

川勝是位經濟史家。我們在這裡所謂的「經濟史家」，並非泛泛之稱，指任何研究有關經濟方面的史家。比較狹義或嚴謹的「經濟史家」，特別指那些遵守「經濟史取向」的學者。他們從事研究及解釋歷史現象時，不僅重視經濟層面的「研究領域」（field of study），而且強調就經濟本身分析經濟史的變遷。在盡可能的條件下，他們熱衷經濟學上的理論，同時採用量化的統計數字。換句話說，他們對其「研究取向」（approach to the study）的堅持高於一切。在本書裡，讀者雖然無緣閱讀作者實證的研究成果，但卻不難發現他為什麼偏愛有關「世界體系」的概念。除外，他也相當推崇法國年鑑史家（the Annales historian）第二代的領袖人物布勞岱爾（Fernand Braudel，1902-1985）。原因在於布勞岱爾的「研究取向」已享有盛名，成為當代經濟史家及社會史家的典範（paradigm）。

然而，川勝的學術格局並不以「經濟史家」為限。在書中，讀者可以留意到，他以「章魚壺」諷刺那些終生只守著某個研究領域，從事專題論文研究，而拙於會通的史家。本書的第一章寫於一九八四年，當年川勝三十六歲，屬於青壯年的時代。而最後完成的〈終之章〉和〈序〉、〈跋〉等文，已經二〇一六年，足足六十八歲了。因此順著整本書前後的篇章閱讀，正好可以了解川勝這段人生歲月的學思歷程。他怎樣從年輕時代起，有意超越當時執日本學界之牛耳的唯物史觀和生態史觀。到了當今，他又建構了個人的史學理論。

川勝的「文明的海洋史觀」稱得上已經成一家之言。純粹就邏輯的規範來說，我們切忌以偏概全，不應以川勝一人代表全部的日本史家或某個學派。然而綜觀本書的整體觀點，日本本位的立場鮮明，處處都以日本文化傳統為遺緒。因此，我們或許可以借用時下流行的語彙，說這是種「日式」的海洋史觀。例如，從〈序章〉的第一段，一眼便可察覺，川勝怎樣開宗明義個人治學的心志：

所謂「近代」，乃是誕生自亞洲的海洋之中。更正確地說，正是因為必須回應「海洋亞洲」帶來的衝擊，所以日本和歐洲才會出現嶄新的文明——這就是「海洋史觀」，也是貫徹本書的主要基調。

也許有些讀者對「海洋史」的種種事蹟充滿好奇心，因而選讀這本書。果真如此，猜想他們的期盼可能落空。一般所謂的海洋史，和經濟史、社會史、思想史等等，就學術研究的屬性來說，歸於「第一個層次」（the first order）。這個層次的知識注重人事物等事實細節，除外，另加入史家個人對因果關係的解釋。我之所以擔心讀者失望，是因為本書中涉及這個層次的篇幅相對偏少。

站在史家的肩膀上

儘管如此，讀者如果聚焦〈轉之章〉，還是可以看到川勝針對海洋史的「第一個層次」，怎樣巧思一套解釋架構。從這一篇章的第二節開始，川勝以三位西方史家的作品為典範，先建構十六世紀之前西方的海洋發展史。首位史家是古希臘時代的希羅多德（Herodotus，484-425 B.C.）。他的著作《歷史》（*The Histories*）又稱作《波希戰爭史》。內容中描述屬於海洋國家的雅典（Athens）怎樣領導希臘各城邦，擊潰陸地的波斯帝國（Persian Empire）。波希雙方在海陸的幾場決鬥中，以薩拉米斯海戰（Battle of Salamis，480 B.C.）最具關鍵，決定了雙方鹿死誰手。川勝因此以這一年當作歷史的轉折點，並且象徵西方海洋史的起點。

其次，川勝採用皮雷納（Henri Pirenne，1862-1935）的史觀，說明西方勢力的發展怎樣遭遇挫折，之後成為被封鎖的內陸地區。皮雷納是近代比利時史家。他的家鄉，在中古時代稱作法蘭德斯（Flanders），是十二、十三世紀全歐洲商業復興初期的重鎮，也是歐陸與英格蘭貿易的樞紐。皮雷納滿懷在地人的情愫，特別彰顯法蘭德斯的歷史地位。不過，「復興」之前當然有段「衰敗」時期。皮雷納在《穆罕默德和查里曼》（*Mohammed and Charlemagne*）這本書中，刻劃西元七三二年在法國中南部圖爾（Tours，或譯都耳）的戰役中，鐵鎚查理（Charles Martel）怎樣退敗一路從西班牙北伐而來的伊斯蘭軍隊。然而這場勝利屬於保衛戰，只能說是歐洲人成功地阻止穆斯林的入侵。就大局而言，這次戰役之後，地中海域淪為伊斯蘭的勢力範圍。不過也因此，西歐才真正成為封建制度及莊園經濟的時代。皮雷納以穆罕默德和查里曼為喻，解說因為先有尊崇穆罕默德的伊斯蘭勢力完全封鎖了地中海，之後才有查里曼的封建社會。

第三位史家布勞岱爾以《地中海與菲利普二世時代的地中海世界》（*The Mediterranean and the Mediterranean World in the Age of Philip II*）（原著於一九四九年出版），而聞名於世。川勝在書中援引布勞岱爾的觀點，凸顯一五七一年的勒班陀海戰（Battle of Lepanto）是西方人擺脫伊斯蘭勢力的轉折點。布勞岱爾的原文說：

> 勒班陀海戰開始於一五一七年十月七日……。戰役最後是以基督教聯軍大勝作收。……基督教世界在現實中的自卑感，自此畫上了休止符；而不遜於此的是，土耳其在現實當中的優越感，也自此宣告終結。

川勝綜合上述三位史家的史觀形成架構，緊接著，他轉向亞洲，以日本為文明中心，從海洋史的角度，與上述「西式」的海洋史觀連結成一套世界史。川勝首先點出日本是個千島之地，在七世紀中葉以前，勉強只能說是「倭國」。他強調「日本國」和「倭國」，其實是不同概念和國度。川勝在書中標明，西元六六三年白村江海戰中「倭國」戰敗，因此他們被迫「斬斷了海洋取向，從海洋將目光轉向內陸，並以內政治理為優先」。換句話說，由於這次戰役才促成「日本的誕生」。川勝言下之意，亞洲的六六三年對比歐洲的七三二年，這兩個年代不僅時間相近，而且其影響雷同。那就是由於白村江海戰「日本」得以誕生，形同查里曼之後才有真正的「歐洲」。

工業革命vs.勤勉革命

經過了六百年之後，在文永之役（一二七四年）日本成功抵禦蒙古人來襲。川勝以此生死存亡的關鍵時刻，象徵日本經濟社會的萌芽。這種筆法立刻讓我們聯想起，十二、十三世紀不僅東亞地區，而且也是歐洲商業復興的起點。由於這一波歷史的開展，而後亞洲海域從十四到十六世紀之間進入所謂「倭寇的時代」。

隨著十六世紀的來臨，歐洲和日本的命運彼此歧異不同。就歐洲而言，先是一五七一年的勒班陀海戰，西方人奪回地中海域。而後不久，一五八八年西英海戰，英國取得勝利，從此一步一步朝向大洋，獨步領先「工業革命」（Industrial Revolution），成為西方的「文明」國家。相對地，就日本來說，一五九七年日軍在朝鮮「被李舜臣率領的水軍玩弄在股掌之間」。戰敗後，日本被迫實行「海禁」，或稱作「鎖國」。然而值得留意的是，這場歷史悲劇，在川勝筆下，卻是因禍得福。他指出，因「海禁」「鎖國」，日本對外得以「脫亞」

（包含中國），對內不得不自力更生，透過「資本節約」和「勞動集約型的技術」，提升生產，因此到了十八世紀開花結果，成就所謂的「勤勉革命」（Industrious Revolution）。

把「Industrial Revolution」和「Industrious Revolution」對照及連結，的確又是巧思。就發音和拼寫來說，這兩個名詞相近有趣，耐人尋味。除外，就歷史解釋來說，「工業革命」一詞源自英國經濟史家湯恩比（Arnold Toynbee，1889-1975）。而「勤勉革命」的概念，引自日本歷史人口學者速水融（1929-迄今）。把這兩個概念，同時也是兩個歷史事件，縫合在一起，象徵東西洋兩個原來遙遙相對的島國，從十六世紀以來分別歷經兩種不同的革命或取徑，卻成為東西兩個「文明」，而且在海洋之中相遇結合。川勝說：

> 西洋最初的工業國家英國，與東洋最初的工業國家日本，隔著巨大的歐亞大陸，步上彼此互不相關的歷史。但是，位在舊文明東西兩端的這兩者，其實透過海洋亞洲，共享了歷史的時間與空間。更正確地說，近代世界史的序幕就此揭開，而交流的中心則是東南亞海域。

到了二十世紀，經過兩次世界大戰，英國的海上霸權逐漸讓位，美國取而代之。尤其美國艦隊布局亞太地區（包括日本港口），長期以來其勢力首屈一指。然而有意思的，在本書裡川勝鮮少觸及二十世紀美日關係的恩怨情仇，美國似乎不配稱作「文明的海洋國家」。反之，他津津樂道，以日本為首的新興工業國家（NIES）和東南亞國協（ASEAN）之經濟發展連鎖。除外，他又細說日本怎樣努力貢獻，促成亞太經濟合作會議（APEC）和跨太平洋夥伴全面進步協定（CPTPP）。至於二十世紀末葉以來的世紀局勢，川勝特別討論「資訊革命」的來臨。在這一波的衝擊之下，日本應該何去何從？為了這個大哉問，川勝提升「文明的海洋史觀」，朝向另一個層次。

「破」大陸史觀，「立」海洋史觀

學術研究的「第二個層次」（the second order）屬於反思性的。以歷史研究為例，當一位史家回顧過去學者們在同一個領域中的研究成果，評論他們的思想有什麼淵源或分歧，這就是種「史學史」的工作。除外，假使這位史家也反躬自省，有意建構個人的思想體系，這就是「史學理論」的反思。川勝這本海洋史觀，其實最精彩、最值得讀者細心關注的部分就在這個層次之上。

這本書的〈起之章〉寫於一九八四年，可見三十多歲的川勝已具有「史學史」和「史學理論」的反思能力。他企圖推翻時下日本史、東洋史和西洋史研究各自疏離，老死不相往來的藩籬。雖然其成果只是雛型，但是已經難能可貴了。

〈承之章〉於一九九三年完成，距離上一篇章已經有段時間了。這個時候川勝更具自信，傾力批判一九九〇年之前的日本史學界，分別指出「唯物史觀」和「生態史觀」的缺失。就內容而言，本書並沒有詳細分析在這兩種史觀影響之下的種種著作，坦白講，如果對日本史學界不是很熟悉的人可能不便批評。然而，這個篇章直接抨擊這兩種史觀的兩位祖師爺，我建議讀者應該謹慎考慮。因為馬克思（Karl Marx,1818-1883）和達爾文（Charles Darwin, 1809-1882）本人的思想主張是什麼？他們的追隨者又怎樣轉化或扭曲原意？近一百年來西方學術界各有門戶之見，爭鋒不斷。川勝在這篇章裡對馬克思和達爾文的認知及種種評點是不是合乎真相？還有待深究。台灣一般讀者閱讀本書，只要掌握川勝用心之所在就可以了。他一是為了反對「日式」的馬克思史觀，一是為了超越梅棹忠夫（1920-2010）的「日式」生態史觀，而這兩種思維取向的共同基調，就是「日式」的大陸史觀。換句話說，它們都是日本史學界自從明治維新以來一直到一九八〇年代的主流史觀。川勝念茲在茲，有意翻轉它們，建構一種以日本為世界文明中心之一的海洋史觀。

川勝一路走來，不斷地破又破，反又反。其成就的「第一個層次」已經反映在〈轉之章〉裡了，而「第二層次」則表徵在〈終之章〉（一九九六年）、〈序〉（一九九六年）、

〈跋〉（一九九七年）以及〈文庫版後記〉（二〇一六年）。這幾篇文章的內容完全在談理論、說觀念，其實也是川勝史學理論畫龍點睛之處，值得細心玩味。

依我個人淺見，川勝為了「破」大陸史觀，「立」海洋史觀，他同時也不斷「反即返」（rebel as return）。簡單地說，他回歸日本傳統時代幾個重要的時刻。第一，西元前六世紀至四世紀之間，即世界史上所謂「軸心時代」（the Age of Axis），也是人類思想革命的時代。川勝表示，日本人並沒有缺席這個時代，而且他們主張「不只對人，對物也要珍重愛護」；「人和物合為一體」。第二，到了九世紀之際，日本天臺本覺論形成。這種佛理，一方面肯定「山川草木國土悉皆成佛」。此說不僅孕育著十四世紀以來的「勤勉革命」，而且影響二十世紀的西田幾多郎（1870-1945）。另一方面，這種佛理主張「一心二門」，本始二覺。「一心」即眾生心，或者說，宇宙萬有之本體為一心。「二門」是就覺性或認知而言，共有「心生滅門」以及「心真如門」。前者往上昇揚，成為「不覺」或者「非覺」。後者往下，面對「真如」或「實證」。第三，到了二十世紀，川勝特別推崇西田幾多郎、三木清（1897-1945）和今西錦司（1902-1992）等思想家，或者還可以再補充梅棹忠夫。從這一連串的日本文化遺緒，川勝為其海洋史觀「往上」建構一套形上思維，也就是「存在與空間」以及「分棲共生」。

川勝既然「一心」開二門，除了「往上」有形上思維，「往下」便是「知即行」，走入現實的實踐工作。由此，我們就不難理解這位史家為什麼擔任靜岡縣知事、為什麼參與二〇一〇年的「全國總合開發計畫」。這本書顯現，川勝的海洋史觀除了和他的形上思維互為辯證，同時也和他的現實意識息息相關。

海納百川，學習海洋精神

最後，我想提出幾個問題供讀者們參考，大家一起思考：

第一，以海洋文化彌補大陸文化的視角，絕對值得肯定。但是海洋文化與大陸文化應該是互動互補的。川勝的海洋史觀是否矯枉過正，反而又忽略了大陸史觀呢？

其次，川勝的海洋史觀裡，自從十四世紀至十六世紀以來，世上只有英國和日本兩大「文明」存在，而且最後相互交流連結。先說「文明」（civilization）這個概念，本來意含著中心論的色彩，川勝的文明史觀無意中把全世界許多國家視同「他者」或「邊陲」，如此是否違背了他自己所服膺的「分棲共生」原則呢？再說，世界「文明」以英、日為主，那麼當今的日本處在美國及中國之間，又該怎麼面對呢？

第三，就「第二個層次」屬於形上思維的部分來說，川勝的思想與淵源似乎有文化國家主義或文化傳統主義之嫌。尤其講起生態生物學，川勝心目中似乎只有今西一人。我個人同意二十一世紀需要「新的形上思維與歷史思維」(thinking metaphysically and historically)。同時，我也主張「一心二門」，這也是我和川勝彼此靈犀相通之處。然而，這套新思維必須「海納百川」，學習「海洋精神」。我們除了包容世界各地的文化為「文化遺產」，也應當接納當今各種跨知識的觀點。如果建構海洋史觀的結論反而為了發揚「富士山精神」，真讓人不知如何適從，又該如何與其它思想文化連結（hub）？

導讀二

「陸的原理」vs.「海的原理」

陳永峰（東海大學日本區域研究中心主任）

一、關於作者

在日本，由學術界轉身政界的人，不多。轉身前後皆獲得重要成就的人，更是少見。但是，本書《文明的海洋史觀》作者川勝平太就是這種少數中的少數。川勝平太，一九四八年生於京都，是一名標準的日本嬰兒潮世代，生涯與日本戰後的高度經濟成長與社會競爭重疊。當然，也與平成期的經濟衰退以及社會老化同步。高中進入升學名校洛星高校，大學突破難關考入父親的母校早稻田大學，並且進入早稻田最受社會矚目的政治經濟學部。碩士、博士課程於早稻田大學大學院經濟學研究科完成，主攻比較經濟史學。博士課程期間前往英國牛津大學留學，一九八五年以《英國議會資料》為研究題材取得博士學位，並於一九九〇年升任早稻田大學政經學部教授。

但是，歷史總是諷刺，川勝平太後來卻因為《英國議會資料》的購入問題與早稻田大學圖書館發生衝突，辭去早稻田教職，於本書出版後的一九九八年四月轉任位於京都的大學共同利用機關——國際日本文化研究中心教授。這是因為川勝平太念茲在茲的「英國議會資料」，後來由擔任國立民族學博物館（位於大阪）館長的梅棹忠夫（1920-2010，《文明的生態史觀》[1]作者）接受京瓷（Kyocera，本社位於京都）會長稻盛和夫的捐贈，收藏了這批資料。這也使得川勝平太決意違背父親期待自己「埋骨早稻田」的遺願，轉而將研究據點移至關西。（詳情請參閱本書〈跋〉）

二〇〇七年川勝平太接受擔任靜岡縣知事，同時也接受靜岡文化藝術大學理事長石川嘉延（1940-）的邀請，出任該校校長。二〇〇九年接替已經連續當選四屆知事的石川嘉延，出馬競選知事，至今已經順利當選三屆，支持率長期居高不下，可謂完美轉身政界。長期擔任川勝知事的涉外事務顧問、並與筆者往來多年的京都產業大學教授東鄉和彥（前日本駐荷蘭大使），也認為川勝平太出任民選知事適得其所，正好可以實踐自己主張的「二十一世紀日本的國土構想」，並且將靜岡縣建設為「庭園之島」。（參閱本書〈結之章〉）

二、文明的生態史觀 vs. 文明的海洋史觀

一九九八年三月，《英國議會資料》剛來到大阪國立民族學博物館；四月，川勝平太就緊接著轉職來到了京都的「國際日本文化研究中心」。並且馬上（六月、七月）在《文藝春秋》與《季刊民族學》的安排之下，與文明學的巨擘梅棹忠夫連續進行了兩場紙上對談。當時梅棹忠夫七十七歲，川勝平太五十歲，但是完全感覺不出兩人學術力量的差距，以及年齡造成的隔閡。兩人的對話中，明顯出現梅棹生態史觀 vs. 馬克思唯物史觀，以及川勝海洋史觀 vs. 梅棹陸地史觀的兩大對立軸。

梅棹生態史觀不管是在思考層次上的獨特度，或是視覺上驚人的新鮮度，都令人嘆為觀止。也就是說，雖然生態史觀清楚地否定了馬克思主義的唯物史觀以及黑格爾主義的進步史觀，但是能以「這樣的方式」輕鬆地讓西洋與東洋、西歐與日本，以及歐洲與亞洲的對立軸一舉失效，確實需要強大的構想力。

川勝海洋史觀雖然不是與梅棹生態史觀的全面對決，但是至少對梅棹理論進行了補足。例

1 編注：繁體中文版書名為《近代日本文明的發展與生態史觀》，梅棹忠夫著，陳永峰譯，遠足文化出版，二〇一九。但本書全文仍維持書名《文明的生態史觀》。

如，《文明的海洋史觀》一書的核心，在〈轉之章：文明的海洋史觀〉當中，提出了川勝海洋史觀的兩大主張，就都是對於梅棹生態史觀的補足。梅棹生態史觀忽略了「海」的重要性。但是，事實上，在世界史中，「海」所扮演的角色極為重大。因此，川勝平太認為有必要在梅棹史觀當中加入「海」的要素加以補足。據此，川勝的分析架構在歐亞大陸的東邊加入了東中國海、南中國海、鄂霍次克海以及太平洋；在西邊則放進了東地中海、西地中海、北海、波羅的海以及大西洋；南邊則放入了印度洋。（參閱本書〈轉之章〉裡的「川勝修正圖」）

當然，其背後的認識體系乃是肯定歐洲史以及日本史從「海」獲得了決定性的影響，而川勝海洋史觀和梅棹生態史觀的決定性差異也在於此。就此而言，從「海」的要素來看的話，相對於西邊的地中海相，東邊的東南亞和東中國海也是另一個歷史的中心。而在此區域活動的歷史主體，即是以華人為中心的中國商人以及東南亞的華僑。日本則成為此一「海洋亞細亞」邊陲地帶的島國。但重要的是，日本這個邊陲島國依然透過海洋和「海洋亞細亞」相連。因此，如果據此來修正梅棹生態史觀知名的歐亞大陸模式圖的話（參閱本書〈轉之章〉裡的「梅棹文明地圖」），那麼「第一區域」[2]則應加入東南亞以及沿海中國。

第二、日本位於「海洋亞細亞」的邊陲。相同地，歐洲也位於「海洋亞細亞」的邊陲，甚至可稱之為「遠洋」。由於西歐諸國一直渴望入手東南亞的各種物資原料，單就此一歷史事實，就可將歐洲視為邊陲。而當揭開歐洲「近代」序幕的大航海時代到來之時，西歐諸國反覆在亞細亞蔓延擴大的物資爭奪戰，附隨而來的即是西歐的工業革命以及殖民地擴張的過程。但是，帶給日本的卻是德川時代的鎖國。也就是說，西歐和日本雖然歷史發展的方向相反，但意義卻是相同的，都是意味著從支配世界史的中心地帶「海洋亞細亞」脫離的「脫亞」，雖然一邊是進入，一邊是遠離。此一觀點是川勝平太的獨創，梅棹忠夫確實沒有想過「海」和「近代」發生的世界史關聯。

三、「陸的原理」與「海的原理」的相互作用

梅棹生態史觀和川勝海洋史觀，並沒有誰對誰錯的問題，也不是二者擇一的問題。世界史的前進軌跡，永遠比我們任何人想像的要更為多線與複雜。不像百米賽跑，反而更像馬拉松比賽，完全看不到終點，過程也不可預測。這就是梅棹忠夫強調的「自發性演化」或「自發性消長」。

也就是說，不管是「陸的原理」還是「海的原理」，都只是在世界史或地球這個「場

2 指日本和西歐。詳情請參閱《近代日本文明的發展與生態史觀》。

所」中相互作用並且對抗競爭的原理、原則而已。「陸的原理」說明了乾燥地帶的遊牧和濕潤地帶的農耕兩者間的對抗和「棲地分離」原則，並且構築出日常生活的基本條件與社會的基本結構，創造出了國家成形的基礎。另一方面，「海的原理」則經常帶入與日常生活及社會基本結構異質的事物，並藉由外部的作用力改變了日常，讓社會產生變化。

如果我們接續梅棹忠夫的陸地史觀與川勝平太的海洋史觀，把由中國、台灣、香港、澳門、新加坡及東南亞的華人社會所構成的「世界單位」，稱爲「中華世界」的話，那麼，我們又可以把中國大陸稱爲「大陸中華世界」，而把台灣、香港、澳門、新加坡及東南亞的華人社會稱作「海洋中華世界」。

眾所周知，自從鄧小平帶領中國重回世界史的舞台以來，四十餘年來，力的方向，一直是從「海洋中華世界」不斷地朝向「大陸中華世界」作用。但是，晚近，隨著中國強力地回歸世界史，與過去的方向相反，「大陸中華世界」對「海洋中華世界」的力的作用，也愈來愈明顯。（類比川勝修正原理）

就現代性而言，台灣，毫無疑問是「海洋中華世界」在政治、經濟、社會的發展上最具平衡感的地區。台灣位於「大陸中華世界」的東南，東北亞的西南，東南亞的東北。一方面，可以說是跨越三大自然地理學上的「世界單位」；但是，反過來說，也可以看成是位於三大「世界單位」的邊緣。（類比梅棹邊陲原理）

而從地理政治學上來看，台灣的東部一直到一個世紀多以前的清帝國，都仍然是漢民族東擴的地理界線。另外，直到七十年前，「大日本帝國」仍以台灣作爲其公式帝國的最南端。「世界單位」的邊緣性交錯，可以說正是塑造台灣多元「風土」的要因。

日本的東南亞區域研究者白石隆就曾指出，東亞（在此指廣義的東亞，包括東北亞及東南亞）的歷史，一直都是在「海洋亞細亞」與「大陸亞細亞」之間的相互影響、相互作用下，發展而來。「海洋亞細亞」，代表著向外發展的亞洲，以相互貿易網絡結合而成的資本主義型亞洲；而「大陸亞細亞」則是向內發展的亞洲，以鄉紳和農民為中心的農本主義型亞洲。「大陸亞細亞」的典型當然是指涉占據著歐亞大陸東部的歷代中華王朝，而近代「海洋亞細亞」則是依靠大英帝國的「自由貿易帝國主義」以及戰後的「美國的和平」（Pax Americana）而畫出了具體的輪廓。

換句話說，台灣正好處於東（大陸的、內向的、政治的）與西（海洋的、外向的、經濟的）兩大歷史動力的接點，並且不停地被拉扯。這和日本在政治地理學上的位置，幾乎一模一樣，當然，也因此造成台灣與日本，在東卻不在東，或不在西卻又在西的曖昧景象。

四、海洋國家台灣的構想

戰後日本最重要的國際政治學者高坂正堯，在六十年前就已正確地預言了中國的崛起，並且發表了影響戰後日本國家戰略的名著——《海洋國家日本的構想》。

高坂強調，日本既非東洋，亦非西洋，因此，不管如何，必須自我提升國力，否則可能會從屬於現在的強國美國或未來的強國中國之下，甚至同時從屬於美中兩國之下。爲了避免此一狀況發生，日本應該學習過去的英國，重視貿易，尋求歐洲以外（對日本而言則是亞洲以外）的世界舞台。全盛期的英國雖然採取謹慎的外交政策，但是對於冒險商人的活動卻大力支持。這樣的政策與態度的巧妙組合，使得英國對世界開創了無限的可能，同時激發了其國力發展的可能性。

高坂也說，戰後日本，雖然已經具備通商國家的性格，但是，並沒有辦法在理解世界問題之後，基於長期視野建立國家構想，並創造國家與國民雖然未必站在同一立場，但是卻能朝共同目標努力的體制。而此一構想指的自然就是，不過分強調軍備、不增加國民負擔，而是強調通商貿易的「海洋國家構想」。

毫無疑問地，高坂正堯的話，沒有在日本完全實現，但是台灣可以拿來參考。只是，台灣不能只有「大政治」，沒有官僚系統「小政治」的安定性與長期性，政黨政治人物的

「數學」太容易為短期利益左右。無論如何，就在民進黨長期執政已經幾乎成為歷史事實的今天，亟思揚棄「陸的原理」的蔡英文執政集團，必須基於「海的原理」提出民進黨台灣的「海洋國家構想」，否則單單感情式的「反中」或「棄陸」，可能又會如同日本的政治悲劇一樣，雖然屢次無限接近了歷史的中心，但是卻又怎麼樣都難中歷史的正鵠。

導讀三

關於《文明的海洋史觀》

陳國棟（中央研究院歷史語言研究所研究員）

本書的日文原版於一九九七年初次刊出，訴求的對象是日本讀者，在日本的歷史與學術傳統下研析、撰寫。書題「文明的海洋史觀」揭示了作者的主要想法：從「海洋史觀」去看文明的發展歷程。作者檢討過去百餘年間日本學院內外流行的幾種重要的「史觀」，一邊介紹、一邊批判，推定它們的不足，然後帶出他所主張的「海洋史觀」。

過去二、三十年來，因為「全球化」趨於成熟的緣故，所謂的「全球史」日漸受到廣泛的注意。「全球史」重視不同的國家、民族、文化之間的互動；而其互動包括個人、商品與思想觀念的交流。在過去五百年間，環繞著陸地的海洋就扮演著通路管道的重要角色。擁抱「海洋史觀」的主張也正是理所當然的事情。

不過，對於原本想要閱讀歷史書的讀者來說，這其實是一本有點困難的書，因為它講了不少理論與哲學，並且放置在日本本國的學術傳統下加以發揮，囿於文化背景的關係，不免讓台灣的一般讀者深覺陌生。特別是〈承之章：關於史觀〉這部分，建議讀者最後再回頭閱讀。

讀過〈序章：追尋嶄新的歷史樣貌〉與〈起之章：「鎖國」與近代世界體系〉之後，不妨就直接轉到〈轉之章：文明的海洋史觀〉，也就是作為全書核心的一章，先認知與掌握作者的基本想法，再回頭看前一章，將更能了解川勝平太撰寫〈承之章：關於史觀〉的目的——他認為既有的學術傳統有修正與轉向的必要，因此要批判一些重要的既有說法，同時合理化「海洋史觀」的正確性與必要性。

作者認為西歐與日本分別處於歐亞大陸的東西邊緣，但在十九世紀以前有過迥然不同的發展。日本雖然在明治維新以後「脫亞入歐」，走入近代，不過日本人的心態卻一直難以跳脫只往內看的「鎖國」心態。作者認為日本相對於全球的關係，一如地球相對於宇宙。德川幕府時代，鎖國的日本不在乎外面的世界，其實不對。因為在我們已知地球以外有著廣闊無際宇宙的現在，若不去設法了解、探究，豈不也是不可思議嗎！正確的心態應該是要去認知日本在地球中的位置，要去認知它與地球上其他文明之間的關係。為了建構以上的論述，於是有了〈起之章：「鎖國」與近代世界體系〉的論說。

一、影響戰後日本的兩大史觀

作者有一段時間在大學講授日本經濟史。他描述他自己的授課方法，提到從寬廣的全球視野來講日本史時，學生們大感新鮮，反襯出既有方法的鎖國心態。他在〈承之章：關於史觀〉裡說：

在日本經濟史的課程中，我們不只論及日本史，也講到西洋史和東洋史；對於這樣的授課，學生在考試作答的時候，紛紛表示「授課內容跟我們原先預期的很不一樣」。他們不是失望，而是驚訝地感覺到，原來歷史不只是默背暗記，而是壯闊的人類史篇章；不只如此，要理解日本史，也絕不可缺少世界史的視野。正因這樣，所以他們都覺得「經濟史很有趣」。只是，他們原先預設的「日本經濟史」課程，到底是怎麼一回事呢？我想，他們大概都認為日本經濟史就只是高中學過的日本史的延伸，是講講日本國內發生的經濟大小事就結束的課程吧！在他們腦海裡，從沒預料過要理解日本史，還必須理解東洋史和西洋史，這完全是一種鎖國式的思維。

然而，只是批評心態上的「鎖國」尚不足以導出海洋史觀的正確性與必要性，所以接下來必須安排〈承之章：關於史觀〉——講過去百年間影響日本文化界與學術界的幾種史觀，包括馬克思主義的唯物史觀與日本京都學派今西錦司等人的生態史觀等等。這一部分必須閱讀全文，方可掌握其要義。不過，當你和本章的文字掙扎奮鬥之時，不免也會有驚豔的發現，例如說讓你巧遇達爾文、馬克思兩人曾經有過的思想互動！

雖然〈承之章〉所批判的各種史觀不宜以摘述要點的方式來介紹，而應該以順讀原文的方式去摸索，不過筆者倒是要針對「史觀」一詞提出一些想法。就某些學院歷史學家而言，他們不太常講「史觀」，而總是要強調歷史解釋。也許對一般人而言，要去分別歷史解釋與所謂的「史觀」似乎並不容易，事實上，兩者的確有天壤之別。

主要的情形是：歷史解釋是歷史學家在仔細爬梳史料，據以重建史實之後，應用科學邏輯的方法，所提出的分析與經過分析再建構的觀點。「史觀」則是持有者先有定見（這種定見往往自哲學或其他學理推演而產生），然後抓取相牟的史料，（通常）片面而不完整地以史料來證明先入為主的定見。「史觀」往往比較能反映持有者的人生觀、宇宙觀、政治立場，而非他對無限龐大的歷史文獻與歷史事實的歸納理解。不過，對一般人而言，「史觀」往往能指引一個方向，給人生一個定位；少談史觀的歷史著作也少在那麼大的視角下立言。

二、近代文明與海洋密不可分

回來講本書重要的一章〈轉之章：文明的海洋史觀〉。作者指出地理大發現以來，更迭興起的國家葡萄牙、西班牙、荷蘭、英國不就都是西歐的臨海國家嗎？不都是一時的海上霸權嗎？海洋不就是歷史動態發展的動力來源嗎？其實，川勝平太認為「海洋決定」這樣的事實，也不光出現在過去的五百年，歐洲古典時代與中世紀都有鮮明的事例可以往上追溯。

貫穿全書，作者一直把西歐當作是以帕米爾高原為中心之歐亞世界的極西，而日本列島「恰好」是處於相對位置的極東。兩者都是海洋國家（不拘為單數或複數）。因此，不只是西歐的歷史可以從海洋史觀加以詮釋，日本史「當然」也能提供最佳的海洋典範。他的議論十分豐富，引其中一段來看，大概也就能反映他想論述的命題：

> 西洋最初的工業國家英國，與東洋最初的工業國家日本，隔著巨大的歐亞大陸，步上彼此互不相關的歷史。但是，位在舊文明東西兩端的這兩者，其實透過海洋亞洲，共享了歷史的時間與空間。更正確地說，近代世界史的序幕就此揭開，而交流的中心則是東南亞海域。

帶進來亞洲海域，極西的西歐與極東的日本透過海洋各自處於歷史的風頭，吹拂到鄰近的世界。不過，隨著時間的變動，海洋中國一向是日本長久以來的勁敵，而又與澳洲、美國聯手構成「環太平洋網絡」。這本寫於一九九〇年代後期的著作因此提出建議性的主張，日本若要能與海洋中國競爭，而且也能和平共存，則必須重視資通訊的發展。這也與海洋有關，因為他認為「資訊的本質就是渴求無主、不為任何人所排他占有。這和海洋的性質十分接近」。做到了這一點，在以美國為首的「環太平洋文明」時代，日本又應該如何自我安排呢？川勝平太以篇幅頗長的〈結之章：二十一世紀日本的國土構想〉提出了他最後的相關建議以及論述。

以上簡單介紹了川勝平太的想法與《文明的海洋史觀》一書的若干重點。不過，如果讀者不是那麼關心日本的過去與未來，以及日本在人類社會中的角色的話，不免要在腦海裡轉一下：那我為什麼要看這樣的一本書？筆者接下來想說的就是，如果你關心台灣的過去與未來、關心台灣在人類社會中的角色的話，這本書所敘述的內容還是有所相關，並且也具有相當程度的啟發性！

三、日本史學史

作者在檢討日本歷史學的學術史時，探討了十九世紀末日本從歐洲引進當時先進的歷史學，以及因此對日本造成的影響。他說日本的近代史學，奠基於明治二十年（一八八七）。當時東京的帝國大學（即日後的東京大學）設立史學科（歷史系、研究所），同時禮聘一位德國歷史學家路德維格・里斯（Ludwig Riess，1861-1928）前來講授世界史。

里斯二十四歲時從德國柏林大學畢業，日後又做了兩年的研究。有人說他是德國史學大師蘭克（Leopold von Ranke）的學生，但其實他是在畢業之後，有機會當上蘭克的抄寫員，而且實際上兩人也只會面過兩次。不過這並不影響里斯對蘭克的仰慕與私淑。一八八七年，他不過才二十六歲，就受到明治政府的聘請，前往日本，在東京大學參與了史學科的建立，為日本的大學建立西方新式歷史學的方法與制度。他於一九〇二年返回歐洲，前後在日本總共待了十六年。

里斯對歷史的主要看法強調三個方面：一、重視原始資料；二、重視歷史敘事；三、採取中立的立場，避免對過去的事件做出道德的判斷。後面兩者，可以說充滿著「歷史主義」（historicism）的色彩；而當中對原始材料的重視、對解讀史料的重視與台灣歷史的系統知識的建立關係匪淺。

里斯在東京大學講授史學研究方法與世界史，同時也表示對日本與歐洲交流史的深切關心。在研究、發表論著之外，同時也向東京大學提出建議：荷蘭是江戶時代唯一有權往來日本的歐洲國家，而位於海牙的檔案館所收藏的東印度公司文獻正包括了九州平戶與長崎出島商館的各種資料。不過，由於它們都是未曾出版過的稿本，因此有必要派人前往抄錄以作為研究日荷關係史的素材。日本對荷蘭古文書的重視，於是就與日本的近代史學同時起步。這樣的發展，也影響到台灣史的研究。

四、本書對於台灣的啟示

一八九五年，台灣被割讓予日本。里斯本人也於一八九七年，在日本出版的德文刊物《德意志東亞自然及民俗學會雜誌》（*Mittheilungen der Deutschen Gesellschaft für Natur- und Völkerkunde Ostasiens*）上發表了〈台灣島史〉（Geschichte der Insel Formosa）一文，兼用了中、日文獻與荷蘭史料，可以說開啟了使用荷蘭檔案研究荷治時期台灣史的先聲。

已故的曹永和教授（1920-2014）也曾於一九八七年用日文發表了論文〈環東亞海域交流中的台灣與日本史〉，收錄在箭內健次所編輯的《鎖國日本與國際交流》。那篇文章點明

「台灣島史」的研究不可忽視「海域」與「交流」這兩個課題。這也意味著「台灣島史」的研究應該在往內省視之外，也必須注意到台灣的周邊海域與涉外關係在歷史進程中所扮演的重要角色。

非常有趣的是本書作者川勝平太也這麼說：

> 海洋史觀的兩大支柱是「島嶼」和「海洋」。要解答島嶼的發展，不能只看島嶼本身，還必須把視野放到在它周圍伸展開來的海洋才行；由此出發，自然會產生超越國家層級的發想。

作者是日本人，寫作時設定的讀者群也是日本人。他的舉證、論述的內容偏向日本、偏向歐洲，顯然沒有照顧到其他的國家與文明。不過，如果日本與歐洲的特質已經足夠代表全世界的不同現象，自然也就沒有一一點名其他國家與文明的必要。讀者若不是日本人，應該可以拿自己的國家經驗與文明歷程來取代日本或歐洲，然後依循作者的論述模式去掌握他的「海洋史觀」，找到自身的位置。

總而言之，這是一本值得閱讀的書，完成閱讀的讀者可以清楚知道作者的想法。因為知道作者的想法，所以好學深思的讀者也可以反省、批判；贊成、反對，或者加以折衷。再嘮叨一下，讀者在批判之前，可以先冷靜地對待作者的意見（或偏見），依循作者的論證與敘事邏輯順讀，整體性地體會作者的想法。必須如此，方始能讀完全書。而在掌握作者的主要論點之後，再來批判取捨，必能有所收穫。

導讀四

海洋史觀：借鑑日本、展望台灣

藍弘岳（中央研究院史語所副研究員）

本書作者川勝平太（1948-）是日本的經濟學者，曾任早稻田大學政治經濟學部教授、國際日本文化研究中心副所長、靜岡文化藝術大學校長等職務，現任靜岡縣知事。難能可貴的是，他在日理萬機的同時，依然持續筆耕不輟。其著作一直都是圍繞著經濟與海洋的問題展開，特別是在一九八〇、九〇年代所寫的幾篇文章集結為《文明的海洋史觀》一書出版，獲得許多關注，堪稱其成名代表作。

這本書與彭慕蘭（Kenneth Pomeranz, 1958-）的《大分流：現代世界經濟的形成，中國與歐洲為何走上不同道路？》有些類似，同樣是以歐亞對比方式討論全球經濟史的著作，但不是以西歐和中國的對比方式寫出，風格也並非兼具宏大視野又內容細膩的史學著作；而是以西歐（特別是英國）與日本對比的視角寫出的、屬於問題意識導向的著作。這本書的日文版雖出版於一九九〇年代，但作者在本書中所討論的問題，或能提供讀者觀察、思考日本經濟、日本視角的全球史觀，以及關於台灣未來的一些思考的線索。以下，筆者將從「翻轉鎖國意象」與「翻轉陸地史觀」這兩點來說明本書的論旨與特色。

一、翻轉鎖國意象：尋找日本在世界史中的位置

「『近代』誕生自亞洲的海洋之中」，川勝平太開宗明義地表示這就是貫穿本書的主題。本書最大的賣點也在於作者一反過去立基於時間向度來討論各種近代歷史的線性史觀，主張從空間——更精確地說，是從海洋對陸地的角度來理解近代日本的歷史。因為唯有如此，日本才能擺脫只是近代歐洲模仿者、跟隨者的命運，展開日本自身就是創造近代歷史主體的歷史敘述。但是這樣的歷史敘述當然不是川勝自己獨自構思出來的，而是源於西方與日本自身的學術脈絡。

首先，川勝從與他一樣受到布勞岱爾（Fernand Braudel, 1902-1985）史學啓發的華勒斯坦（Immanuel Wallerstein, 1930-2019）的「世界體系理論」(world-systems theory) 來說明近代資本主義的展開過程。其展開的方式是從十六、十七世紀開始，歐洲的霸權國家（荷蘭↓

英國→美國）從中心向外擴張、殖民，形成以大西洋為中心的海洋經濟圈，有著「核心、半邊陲、邊陲」三重結構所構成的分工體制。這一理論為人所批判的一點是其西方中心主義色彩。不消說，日本在這一理論中並不被當作是一個霸權國家。然而有意思的是，這一理論在一九八〇年代介紹到日本時，由於當時正值日本經濟的高峰期，因此也有人討論日本是否可能會成為下一個霸權國家。[1]但是，這並不是川勝平太利用這一理論的方向，川勝只是採用它來說明歐洲中心的資本主義發展過程，然後強調日本也有其自生的近代資本主義，最後闡述歐洲國家與日本在海洋亞洲的相遇、互動。但不同於歐洲道路，十七世紀後半的日本採行鎖國，致力於高度提升土地生產量，使日本走上成為自給自足經濟圈的道路。在說明這一問題時，他引用速水融(1929-2019)的著名研究，認為相對在歐洲發生的是工業革命（industrial revolution）；江戶日本發生的則是勤勉革命（industrious revolution）。[2]然後，川勝主張西歐國家（特別是英國）與日本皆在十九世紀時完成「脫亞」、走向近代。只不過，西歐所脫離的「亞」主要是伊斯蘭文明圈，而日本所脫離的「亞」則是中國文明圈。

從上述內容可知，川勝關心的是日本在世界史中的位置，而這並不是西方中心的世界體

1 川北稔編，《ウォーラーステイン》（東京：講談社，2001），頁55。

2 參閱速水融，《近世日本の経済社会》（東京：麗澤大学出版会，2003）。

系論或中國中心的朝貢體制論所可以滿足的。其理論的特殊之處就在於強調亞洲的海洋同時孕育了歐洲（主要的討論對象是英國）與日本這兩種不同類型的「近代」、資本主義經濟。川勝通過對東、西方木棉經濟史的分析，論述英國為了亞洲物產而構築三角貿易網絡，日本則成功將棉業發展為國內產業。從而，川勝強調相較於歐洲國家所構築的是重視經濟力和軍事力的近代世界體系，日本則進入封閉但和平的時代。特別需要注意的是，川勝從自給自足產業的發展與和平的角度來理解鎖國時代的日本。這種理解不同於森嶋通夫（1923-2004）在《續イギリスと日本——その國民性と社會》的鎖國解釋，乃至和辻哲郎（1889-1960）在《鎖國：日本の悲劇》中的鎖國否定論等，開啓一種日本與歐洲國家皆平等地走向「近代」的歷史解釋可能性。

一般而言，鎖國政策指德川政權在一六三〇年代禁止海外日本人歸國、禁止日本人到海外、以及禁止葡萄牙人來航日本等一連串的政策。但「鎖國」這個概念本身是一八〇一年時，蘭學學者志筑忠雄將坎普法（Engelbert Kaempfer, 1651-1716）所寫《日本誌》（翻自荷蘭版 *De Beschryving van Japan*）卷末的一章翻為《鎖國論》而來的。實際上，坎普法並不批判鎖國時期日本的相對封閉性。只是後來在幕末時期，「鎖國」這個語詞已出現在武士間的書信中，用以形容德川政權自十七世紀前期以來禁止人民出海和控管貿易對象的方法。二戰後，日本思想家和辻哲郎在上述自身的著作中把日本戰敗歸因於鎖國，怪罪鎖國政策使日本長期隔絕於西方的近代化過程（科學發展等）之外。

但這種鎖國論隨著日本經濟的發展，學術界開始出現其他看法。如森嶋通夫就將鎖國理解為一種貿易保護政策。川勝理論的特別之處在於他並不滿足於森嶋的理論，而是更進一步地主張日本在鎖國時期，把茶、砂糖等許多交易自海洋亞洲的物產成功地國產化，從而形成一個自給自足的經濟圈。再者，川勝特別強調鎖國時期日本所具有的和平且美麗的形象，把鎖國時期的日本理解為不僅市場經濟成功發展、又是一個和平且美麗的國度；他認為日本的「近代」原生自鎖國狀態之中，並在這樣的基礎上接受來自西歐的工業技術。但面向未來，川勝只揀選鎖國時期日本所具有的和平且美麗的意象，否定鎖國的諸項相關政策思惟。

再者，川勝不斷強調的另一點是，鎖國時期的日本文明必須歸因於海洋所帶來的恩惠。從而，他將其史觀名為「文明的海洋史觀」，用以批判日本學術界的既有史觀。

二、翻轉陸地史觀：重新解釋日本歷史

川勝平太認為近代日本歷史學始於接受蘭克（Leopold von Ranke，1795-1886）的世界史論和福澤諭吉（1835-1901）等人的文明史論；之後，將階段發展論擴展到最完整形態的

馬克思主義史觀也被帶進日本，成為主流。重要的是，他特別強調馬克思與達爾文之間的互動與關係，花了許多篇幅談論這個問題。他指出達爾文對生物界的生存競爭現象的解釋理論是借自社會科學領域的馬爾薩斯人口理論，而且馬克思也注意到其強調階級鬥爭的人類社會論也與達爾文的生物論類似，並有所共鳴。即這兩者皆是立基於競爭、發展的線性史觀。相對地，川勝提出京都大學教授今西錦司（1902-1992）的「分棲共存論」來取代達爾文的自然觀。因為今西的理論強調的是，生物會適應環境、各自特殊化並能共存，而非競爭。

今西錦司任職於京都大學，而京都大學又以西田幾多郎（1870-1945）等人之非馬克思主義哲學所構成的京都學派聞名於世。所以，川勝將之對比於受馬克思主義影響深遠的東京大學社會科學領域學術（他主要舉宇野弘藏、大塚久雄、丸山真男等人為代表）。但是京都學派中其實也有深受馬克思主義影響的哲學家，其代表者是三木清（1897-1945）。所以，川勝將三木清歸類為代表京都學派危機意識的人物，而今西錦司則是代表京都學派中的樂天主義。從而，川勝建構出京大學術（肯定現狀、樂天主義的京都學派）vs.東大學術（否定現狀的馬克思主義系統學術）的二元對立圖式來解釋二戰後日本的人文社會科學。但川勝也強調相對於西田哲學的核心是「無的場所」邏輯，今西錦司以在自然界空間為其田野調查場所，故其方法論所實踐的是「有的場所」邏輯。所以，兩者要結合在一起構建出新的社會科學方法就需要媒介。在這一問題上，川勝則主張三木清所提出的「形的哲學」可能派得上用場。

接著，在上述的論述基礎上，川勝開始討論由今西錦司的弟子梅棹忠夫（1920-2010）所提出的「文明的生態史觀」（簡稱生態史觀）。生態史觀繼承今西「分棲共存論」中那種重視空間向度的思惟，從空間、生態學的角度來理解各個社會的差異。梅棹先將舊世界（歐亞大陸與北非）分為位於歐亞大陸兩端的第一區域與其他剩餘地區所構成的第二區域。按其說明，第一區是中緯度溫帶地區，包括日本與西歐。第二區域則包括乾燥地帶、準乾燥地帶及濕潤地帶，包括中國世界、俄羅斯世界、印度世界、地中海與伊斯蘭世界這四大文明圈，以及後來成為第一區域國家殖民地的東南亞。然後，梅棹主張大抵上第一區域都是從封建制度過渡到資本主義制度的高度文明發達區域，第二區域則是長期受來自乾燥地帶遊牧民侵擾的專制帝國，其中俄羅斯、中國等後來成為社會主義國家。

一九五〇年代依然是馬克斯主義史學盛行的年代，梅棹的生態史觀在一九五〇年代提出時，被視為對馬克思主義史觀的挑戰，初出時即受到許多左翼學者的攻訐。大抵批判其為一種環境決定論，一種變形的近代化論，並抨擊其將日本與亞洲大陸歷史切割的看法等等。[3]事實上從正面來看，我們可說這是種文明多系發展的史觀，把日本自身的近代化解釋為內在自生的理論。然而，這也無疑是種脫亞的論述、史觀，更是特殊看待日本自身的日本特殊

3 參閱市川虎彥，〈梅棹生態史観の再検討〉（《年報社会学論集》1989卷2號，1989）。

論。但從另一角度來看，這也是梅棹在二戰後的日本社會中，對在二戰的大東亞共榮圈時代中被利用的亞洲主義思惟、論述的反省。

總之，我們必須注意的是，川勝平太所提出的「文明的海洋史觀」是透過對重視空間向度的生態史觀之修正所發展出來的。從川勝的角度來看，梅棹對於東歐與東南亞的理解都不對，且梅棹的理論中並沒有囊括海洋，與唯物史觀一樣，皆屬陸地史觀。但在川勝看來，東南亞、日本、西歐皆屬海洋世界。他將世界理解為「多島海」，即大陸也是個島，而諸多的島各自獨立，但由海來連接在一起。他企圖以「多島海」為座標軸來重新理解世界史，但他的史觀其實明顯與梅棹一樣是屬於脫亞的、且具有強烈的日本特殊論色彩。

「文明的海洋史觀」的誕生一方面有其日本史學的脈絡，一方面也是受布勞岱爾圍繞地中海所展開的歐洲史論的影響。從川勝的角度來看，布勞岱爾的史論正是立基於海洋史觀，只不過川勝把布勞岱爾的歐洲海洋史論連接上亞洲的海洋史論，並特別強調日本與西歐兩股海洋勢力在東南亞交會的歷史意義。按川勝的解釋，日本史是海洋志向與內陸志向交互出現的歷史過程。即奈良・平安時代、鎌倉時代、江戶時代是內陸志向的時代；奈良時代以前、室町時代、明治時代以後則是海洋志向的時代。在這樣的歷史解釋中，鎖國時代的江戶時代是受到海洋中國的壓力下，轉而以重農的陸地中國為模仿對象的時代。沒有錯，在其論述中，中國絕不單純只是個龐大的陸地國家，它同時也具有海洋國家的一面。海洋中國與海洋日本和東南亞共同屬於海洋亞洲，而世界史上的「近代」就是誕生於海洋亞洲。因為東南亞是海洋亞洲的核心地帶，位於歐亞大陸兩端的日本與西歐這兩股海洋勢力就交會於東南亞，從而各自受惠於聚集在東南亞「豐饒之海」的物產，構築出自給自足的經濟圈（如前所述，大西洋經濟圈 vs. 鎖國的日本），並透過工業革命與勤勉革命各自生出「近代」。這正是川勝平太的「文明的海洋史觀」遠遠不同於生態史觀之處。

在其論述中，海洋史觀所展現的歷史圖像是商業的、共存的，且是透過海洋交易的物產所推動的歷史。其透過海洋史觀所投射出的未來日本的理想國家形象就是——漂浮於西太平洋「豐饒的半月弧」的「庭園之島」，亦名為「美的國家」或「美的文明」。[4]

三、當代日本政治與「文明的海洋史觀」

從上所述可知，川勝用大量二元對立式的論述方式構築了具宏大視野的「文明的海洋

4 川勝平太分別著有名之為《「美の文明」をつくる——「力の文明」を超えて》（東京：筑摩書房，2002）、《「美の国」日本をつくる——水と緑の文明論》（東京：日本経済新聞社，2006）等。

史觀」。然而，其論述到底經得起多少史學實證或嚴密哲學邏輯的檢驗呢？筆者以為對日本史、世界史有足夠知識的讀者大概皆能對其論述中的許多論點提出批評或不同看法。諸如他把二戰後的人文社會科學大致分為「東大系統」和「京大系統」，然後將丸山真男直接歸類為東大的馬克思主義學術的這種論述，大概就會有許多人反駁。簡言之，川勝在其論述中過度簡化了許多學術意見的差異與對立等問題。但與其批評他的那些看法，筆者更想討論在《文明的海洋史觀》論述中，有意無意閃避、遭遺忘的日本歷史，以及其論述本身與當代日本的關聯。

看似美麗且自給自足的江戶日本究竟是何種不平等且封閉的社會體制呢？日本又是如何面對來自西方國家的文化、制度等的衝擊呢？又是如何透過對西方國家的模仿、學習，走向工業化、富國強兵之路呢？在走上與西方國家一樣富國強兵的道路後，日本對其殖民地與鄰國又強加了多少暴力呢？這是一般近代化論、馬克思主義日本史論所著重的主題。然而在川勝的論述中，這些歷史皆被輕描淡寫地帶過或遺忘。反之，他強調的是鎖國時期日本對槍械的放棄（但依然使用刀劍），及其所維持的和平現狀與日式庭園的美麗意象、物產的豐富等等。我們不能說川勝所言並非事實，但不得不說其所描寫的鎖國日本極其片面化。他並沒有去探究在和平背後，藩與幕府、藩與藩、武士與武士、武士與商人、以及農民間的各種封閉且緊張的關係，也不討論在日本建築、庭園的美麗意象背後，所包含的宗教、藝術與其他東亞文化間的關聯等問題，而且他也直接肯定了西方人對日本投射的東方主義印象（特別挑選正面的印象），這些問題都是他寫作策略選擇的結果。筆者並不是要批評他這樣做有何錯誤，只是提醒讀者在看待其所描寫的鎖國日本意象時，能持相對客觀的態度理解之。

然而，川勝所提出的經濟發展成功、和平又美麗的日本意象，對許多日本人（特別是保守派的政治家）而言是極具吸引力的。事實是，川勝平太是小淵惠三（1937-2000）內閣「21世紀日本の構想懇談會」的成員，也是第一次安倍晉三內閣「建設美麗國家」（美しい國づくり）（二〇〇七）計畫的企畫會議委員。不僅如此，在安倍政府於二〇一六年提出的「自由開放的印度洋太平洋戰略」中（二〇一八年將「戰略」改為「構想」），也看得到川勝平太的影子。川勝寫過《海洋連邦論》（二〇〇一），被中國學者理解為是要包圍中國的理論。[5]但其實我們不應過度將之視為單純對抗中國的論述。如同海洋亞洲必然包括海洋中國一樣，川勝應不會只將中國視為陸地國家，進而單純鼓吹與之對抗的政策思路，而是會朝向認為中日在海洋事務上應能有所合作。事實上，身為靜岡縣知事的川勝對「一帶一路」是採取願意積極合作的態度。當然，強調日本當往海洋國家發展的人不只川勝平太一人，更

5 參閱盛邦和，〈生態文化學說與中國的文化期許——中日俄比較的視界〉（《二十一世紀》網絡版，第81期，2008）。

有名的是高坂正堯（1934-1996）的「海洋國家論」[6]，及其相關的人脈。川勝的思想也是在這一脈絡上展開的。[7]正是在這個意義上，我們也必須從二戰後日本保守派政治的視野來理解其論述的意義。

總之，在文明的海洋史觀中，日本是由許多島嶼所組成的海洋國家；而面向海洋，在「多島海」的世界中透過貿易建設、維持日本和平且美麗的樣態是其希求的理想。川勝的政治態度無疑是保守的，但仍具有從開放的全球史視野來理解日本歷史並展望日本未來的政策思惟。若與台灣讀者比較熟悉的濱下武志相比較，這兩人皆具有從亞洲來理解世界與日本的視野與問題意識；然而相較於濱下理論偏重中國與華人，川勝理論則如前述，重視日本在世界史中的位置。反觀台灣自身，我們又該如何理解台灣在世界史中的位置呢？在這本書中，或許各位可以得到一些思考的線索。

四、海洋史觀與台灣

在「多島海」的世界想像中，台灣理所當然是與其他島（包括大陸）透過海洋所連結起來的一座島（當然，就國家層次而言，包括金門、馬祖、澎湖等其他地理上相近的島），有其獨立的歷史。許多讀者會注意到海洋史觀有助於我們解放強加在台灣身上的陸地史觀。但台灣與日本不同，缺乏一種如日本那般既與中國往來，又長期以獨立政體之姿模仿、學習陸地中國制度、文化的歷史。但面向未來，我們應當如何理解台灣與海洋的關係呢？或許有人會把台灣理解為海洋中國的邊緣，但又或許我們可以從台灣中心的視角出發，將台灣理解為海洋亞洲的中心，即台灣是海洋中國、海洋日本乃至海洋東南亞的交會之處。正是在這個意義上，台灣是一個中心。然而，真實的台灣之姿其實就是「多島海」中的一個島，即不是邊緣也不是中心，台灣在海洋中與世界產生連結。這本《文明的海洋史觀》或有助於啓發讀者們在全球史視野中去思考台灣的定位，以及台灣與海洋的聯結。但是，我們依然必須平實地面對台灣與中國間的種種糾葛，以及源於西方的工業化進程、主權國家體制、公民社會理念等是如何在帝國與帝國的對抗過程中，被加諸於台灣的歷史過程。

6 參閱高坂正堯，《海洋国家日本の構想》（東京：中央公論社，1965）。

7 川勝平太曾在靜岡文化藝術大學擔任過校長職務，而該校的原本預定的首任校長正是高坂正堯，然高坂不幸於1996年去世。其次，川勝同為安倍晋三內閣智庫成員的中西輝政就是高坂正堯的得意門生。

序　追尋嶄新的歷史樣貌

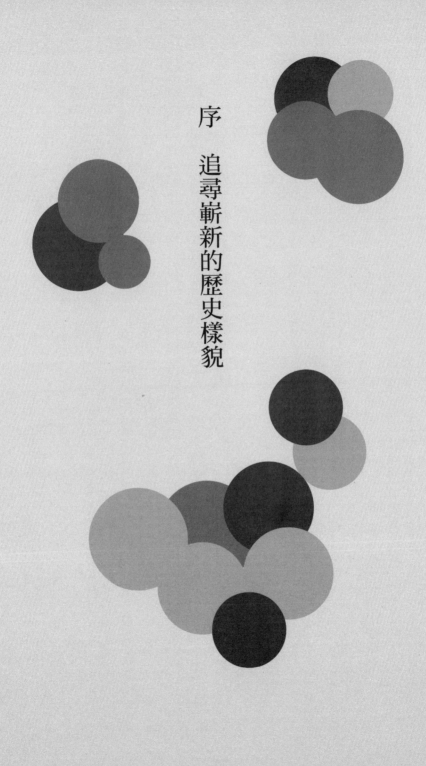

所謂「近代」，乃是誕生自亞洲的海洋之中。更正確地說，正是因為必須回應「海洋亞洲」帶來的衝擊，所以日本和歐洲才會出現嶄新的文明——這就是「海洋史觀」，也是貫徹本書的主要基調。

當很多論者在提及「人類如何演變至近代社會」的歷程時，往往會採用「從農業社會演變到工業社會」這樣的觀點。例如上山春平在〈包容與創造的軌跡〉[1]中，就把人類演進的過程區分為「自然社會→農業社會→工業社會」三個階段，然後認為日本是經歷農業社會，在一九〇〇年左右達到工業社會。這是相當常識性的歷史觀點，乍看之下似乎沒有什麼批駁的餘地。根據這種看法，英國首先經歷了工業革命，接著歐美緊追其後，日本在明治時代也步上其後塵，至於亞洲各國，則是在更後面追趕，直至現代。然而，本書就是要挑戰這個常識。

近代社會在歐洲的出現，是歷史研究的重要主題之一；最近的學界，將之稱為「近代世界體系」的樹立。為何會有這樣的稱呼呢？在歷史上，被冠上「世界體系」的國度有很多，比方說古羅馬帝國、漢帝國、明帝國、清帝國等皆是如此。然而，這些國度都是以政治為中心的世界體系，但在歐洲出現的，卻是以經濟為中心的世界體系。因此，為了與其他世界體系產生區別，所以才稱之為「近代世界體系」。這樣的見解，乃是由美國社會經濟史家華勒斯坦（Immanuel Wallerstein）所提出。根據他的論述，歐洲乃至歐美世界，不像是過往以國別為主，而是以一整個「地區」來形成體系；這樣的論點，如今已廣為人所接受。近代世界體系，乃是在「漫長的十六世紀」（一四五〇至一六四〇年左右），在環大西洋區域，以西歐為核心，和其他地區形成半邊陲、邊陲的三層構造。[2]

既然如此，那就讓我們把目光放到一四五〇至一六四〇年這個時期。近代世界體系形成的時期，在日本正是近世江戶社會形成的時期。內藤湖南在《日本文化史研究》[3]中就說：「大體上，若是為了理解今日的日本而去鑽研日本歷史的話，其實並沒有必要徹底精通古代的歷史；了解應仁之亂後的歷史，其實就已經很足夠了。在這之前的歷史，感覺起來就跟外國歷史沒什麼兩樣，但應仁之亂以後的歷史，卻是我們直接切身體會、感同身受的歷史。因此，只要真正理解這段歷史，就能夠說是充分明瞭日本歷史了。」誠如內藤湖南所一語道破般，在一四五〇至一六四〇年這段期間，確實是日本的關鍵時期。不管在歐洲還是日本，這個關鍵時期都是所謂「近世」的形成期。又，在這裡，我要順便提一下「近世」和「近代」的區別：西元一八〇〇年前後，西歐歷經了政治、經濟、文化的大轉換；在政治上有法國大

1 《日本文明史》第一卷，角川書店，一九九〇年。
2 華勒斯坦《近代世界體系》。
3 講談社學術文庫，一九七六年。

革命，經濟上有英國工業革命，文化上則有德意志古典派的出現。在這樣的契機下，西歐遂蛻變成為名實相符的近代社會。也正因如此，我們應當將「近世」定義為漫長的十六世紀至一八〇〇年前後的時代，如此方為得宜。

近世形成期的歐洲正處於大航海時代，但同時期的日本人也振翅翱翔於海外。他們所跨足的舞台，是亞洲的海洋；日本人稱呼那裡為天竺、南蠻，歐洲人則稱呼它為東印度，兩者在近世形成期的海洋亞洲，共享著同樣的時空。值得注目的是，日本與海洋亞洲的關係，跟歐洲與海洋亞洲的關係極其相似。兩者都是輸出金、銀、銅等貨幣素材，再從海洋亞洲輸入東洋的物產。歐洲人在中南美洲獲得大量的貴金屬，這是眾所周知的事實；而日本在近世形成期也積極推動礦山開發，擁有世界首屈一指的金山和銀山。他們憑藉著這樣的購買力，從東洋各文明購入大量的物產。

如此一來，結果便使得日本和歐洲，在生活樣式上產生了根本的變化。正如內藤湖南所言，在這之後的日本產生了極大的改變，從而讓之前的日本，感覺起來簡直像外國一樣。同樣的情況也發生在歐洲。關於歐洲在物質生活方面的重大變革，布勞岱爾（Fernand Braudel）在他的巨著《十五至十八世紀的物質文明、經濟和資本主義》中，用細膩的筆觸進行了描述。江戶社會與近代世界體系是同時平行形成的；在接下來的論述中我會強調其關連性，同時也必須再次說，從世界史來看，近世社會的建立其實是分成兩條道路的。

日本人與歐洲人在近世形成期，歷經了同樣的時空；儘管如此，相當不可思議的是，兩者在之後卻走上了完全相反的歷史道路。日本人將活動的舞台封閉在國內，歐洲人卻把活動的舞台擴大到整個世界。前者以向內收斂為目標，後者卻不斷向外發展。為什麼會產生這種堪稱正反兩極的差異呢？我想，這正是解開日本江戶社會之謎的關鍵。首先，讓我試著列舉兩者的共通性。

首先，若從舊亞洲文明的視野來看，這兩者直到中世紀末為止，都是位處邊陲的落後地區；它們必須從文明核心地區輸入文物，從而導致巨大的貿易赤字。這種對舊亞洲文明圈的赤字，一直到十八世紀都還沒能完全化解。

第二，兩者都是在十九世紀化解掉貿易赤字，從而達成經濟上的自給自足。以歐洲的情況來說，他們透過歐洲、非洲、美洲的三角貿易相互結合，形成稱為「大西洋經濟圈」的海洋自給圈，日本則是在國內形成一個陸地的自給圈。

第三，為了化解貿易赤字，兩者於是在生產方面出現了革命性的發展。在歐洲，這樣的情況被稱為「工業革命」（industrial revolution）；在日本，按照速水融[4]的說法，則應當稱為「勤勉革命」（industrious revolution）。工業革命是資本集約、勞動節約型的生產革

4 編注：日本經濟學家，首次將歷史人口學引進日本。

命；靠著這樣的改革，歐洲讓勞動生產力提升到世界第一的水準。另一方面，勤勉革命則是資本節約、勞動集約型的生產革命；透過這樣的方式，日本將土地的生產力提升到世界第一的水準。透過這兩種生產方式的革命，歐亞大陸的兩端分別誕生了人類史上首次以生產為核心取向的經濟社會。

第四，兩者在擺脫對舊歐亞文明圈的依存狀態後，在政治、經濟、文化層面也脫離了亞洲文明圈，達成自立自主。於是遂誕生了新的文明，這就是所謂的「脫亞文明」。

那麼，兩者之間的差異又在哪裡呢？接下來就列出相異之處：

首先，歐洲的生產有隔海遙遙相對的美洲大陸購買力來加以消化，日本則是完全靠國內的購買力來進行消化。對歐洲來說，海洋對岸的廣大土地是不可或缺的構成要素，人口則相對稀少。對照起來，日本則是土地狹窄、人口眾多。經濟活動當中的生產要素，主要是土地、勞動、資本三項；當它們仍與亞洲保持關係的同時，在土地和勞動形式上卻呈現完全兩極的樣貌。

第二，即使已經達成工業革命，歐洲還是因為人口稀少，而繼續採取資本集約的方式來提升勞動生產力。對歐洲而言，當他們提到所謂「經濟發展」時，指的是勞動生產力的提升。馬克思就經常使用這個詞；所謂「生產力」，在我們日語中常譯為「生產性」，不過兩者指的是同一個詞，也就是「productivity」。馬克思深信，勞動生產力的提升，將會為社會帶來變革。相對於此，日本則是企圖徹底走向資本節約。速水融就曾針對近世濃尾地區牛馬數的劇減做出報告。[5]當地將為了牛馬而設置的牧場，轉變為耕作的田地，然後投入大量勞力，以期提升土地的生產性，到了幕末，遂達到土地生產力世界第一的水準。換言之，歐洲是勞動生產力的革命，日本則是土地生產力的革命。

第三，兩者雖然都達成脫離亞洲，也就是所謂「脫亞」的任務，但它們所面對的「亞洲」相當不同。歐洲自立的對象，是環印度洋展開的亞洲，也就是伊斯蘭教曾經伸張勢力的亞洲。相對於此，日本要自立出來的亞洲，則是環中國海（東海、南海、黃海、渤海）所展開的亞洲，也就是中國的勢力圈。相對於近代世界系統乃是由環印度洋的伊斯蘭文明圈獲得自立，近世江戶社會則是從環中國海的中國文明中自立出來。

脫亞的對象差異，也表現在兩者的世界觀上。近代世界系統是由「戰爭與和平」的概念出發，從而構想世界秩序。這個世界觀是源自於伊斯蘭對「戰爭之家」（Dar al-Harb）與「和平之家」（Dar al-Islam）[6]的觀點而來。在歐洲，最初將這種觀念體系化的，是格勞秀斯（Hugo Grotius）的《戰爭與和平法》。這本書在一六二五年出版，以此為基礎，在

5 《近世濃尾地方的人口、經濟、社會》，創文社，一九九二年。
6 編注：「戰爭之家」指的是由異教徒統治的國度，「和平之家」則是指服從伊斯蘭律法的國度。

一六四八年締結了《西發里亞條約》，此後歐洲便產生了所謂的主權國家體制。在歐洲，國家的交戰權被視為主權之一並加以正當化；從此以後，他們就走上了永無止盡的軍備擴張之路。

相較於此，近世江戶社會則是抱持著「修身、治國、齊家、平天下」的世界秩序觀。不用說，這就是中國明朝所抱持的「華夷秩序」觀點。修身積德，是權力正當化的根本；在這種世界觀下，偃兵息武乃是必然的歸結。一五四三年鐵砲（火槍）傳入日本後，日本一度成為近世形成期間，世界最大的火繩槍生產和使用國；但江戶幕府卻將兵鋒掩藏起來，也就是採取裁軍的路線。

所謂「華夷」，其實就是「文明與野蠻」的代稱。以「戰爭與和平」和「文明與野蠻」這兩種迥然相異的世界觀為基礎的世界秩序，在歐洲和東亞幾乎同時建立起來；在近代歐洲出現的是霸權主義（power politics），在近世日本發達的則是德治主義（moral politics）。

第四，是兩者對於天然資源的態度差異。在近代歐洲，邊疆的存在乃是不證自明之事；對他們來說，所謂「邊疆」就是美洲大陸。在經濟學的起點——亞當．斯密的《國富論》中，完全不曾考慮到資源不足的問題。在歐洲，考慮到資源稀少性而誕生出來的理論——也就是被稱為「邊際革命」（marginal revolution）的嶄新價格理論，一直要等到十九世紀末才登場。邊際效用學說的基本思維是，若是資源變稀少的話，就會隨著價格上升而需求日減，從而促使人們開始探索全新而豐富的資源。這是一種將一切委任給價格機制，來對稀少資源進行最適當分配的看法；換言之，它的基調乃是建立在對價格機制的樂觀信賴上，完全沒有任何危機意識。因此，我們可以說近代世界體系，其實就是一種資源浪費型的經濟體系。事實上，工業革命在資本集約的同時，也是種大量消耗煤炭、浪費能源型的生產革命。他們只是打著「開拓邊疆」的美名，破壞自然而已。

相對於此，勤勉革命則是絞盡腦汁節約資本、回收資源的生產革命。江戶的垃圾會用河川和水道運往江戶灣拋棄，但途中會就肥料、金屬、燃料等可回收的資源加以揀選，然後讓農家、打鐵鋪、澡堂等各自搬運回去。這就是一種不隨意浪費物資的思想和行動。

就人類史而言，近世江戶社會與近代世界體系，在透過生產革命形成經濟社會、從而達成脫亞任務這點上，堪稱是具有對等的文明史意義。但是迄今為止，一般普遍都偏重後者在文明史上的成就；之所以如此，是因為它和向外發散的性格相配合，整個擴散到世界的緣故。

幕末的開港，讓兩個脫亞文明得以相會。有一位從近代世界體系的中樞——英國，來到日本東北（當時雖是明治初期，但社會上仍保有江戶遺風）的英國女性——伊莎貝拉．博兒（Isabella Bird），就這樣寫下她走訪米澤的印象：

南邊是繁榮的米澤鎮，北邊則是泡湯客甚多的溫泉鄉赤湯，完完全全就是一副伊甸園般的景象。那美麗的感覺「與其說是用鋤頭耕作，不如說是宛若鉛筆素描一般」。米、棉花、玉米、菸草、麻、靛藍、大豆、茄子、核桃、西瓜、黃瓜、柿子、杏、石榴的栽培都相當豐富。事實上，這就是一片充滿豐饒與微笑的大地，簡直就是亞洲的阿卡迪亞（理想國）。靠著自己力量繁榮的這片肥沃大地，全都是屬於耕作的人們所有……，這是一塊充滿美麗、勤勉、安樂，令人魅惑不已的土地。它被群山所環繞，被閃耀明亮波光的松川所灌溉；放眼望去，盡是豐饒而美麗的農村。[7]

近世江戶社會的景觀，深深擄獲了這位生活於維多利亞時代、氣質高雅的女士的心。順道一提，伊莎貝拉．博兒是位直到七十歲為止，都一直在旅行的探險家；她在旅行尚屬男性專利的時代，便已走遍了美洲大陸、夏威夷、馬來亞、紅海、黑海、朝鮮、中國、摩洛哥等地，因此她是立基於充分的知識上，來比較日本相對於其他地方的景觀之美。[8]可是，日本人因為被禁止渡航海外，所以完全無從比較自己所創造的社會與外面的世界有何不同。他們真正產生自覺、有餘裕去體會自己國家的價值，要等到福澤諭吉說的，將近世江戶社會當成「親近的敵人」一刀切斷捨棄、從而「追趕西洋文明的腳步」，轉向富國強兵與霸權主義之後才開始。[9]明治日本，將資本集約型的生產革命成功地插接到近世期培育出來的勞動集約型的生產革命上，從而演變出亞洲最初的近代國家，並與西方列強展開對峙。

說到這裡，我們必須再次提及近世與近代的時代分際。日本在明治維新期遭遇的是「近代歐洲」，關於這點我想不會有任何人產生異議才對。關於此一近代歐洲社會，日本人作「富國強兵」解；換言之，富國強兵就是近代歐洲最大的特徵。富國的基礎是資本主義，至於強兵，則是和拿破崙頒布徵兵制這一劃時代的舉動有關。至此為止，歐洲一直都是以傭兵制的方式在進行戰爭；傭兵一旦形勢不利，就會逃避危險，因此無法信賴，但由拿破崙所實施、讓「國民」為了「國家」而戰的徵兵制，則是近代國民國家思想的體現。徵兵制在明治初期被引進日本，這也是象徵日本和近世江戶社會斷絕關係的一大事件。力圖「強兵」的近代歐洲，和十七世紀以來，將交戰權正當化的近世歐洲，乃是處於同一條延長線上；但是，它跟以「刀」這種蘊含精神特質、象徵著「武士之魂」的武器為主的日本近世，彼此之間是斷裂的。在時代區隔上，歐洲近世與近代的分野如前所述，乃是在一八〇〇年前後；但若以和其他地區的關連為特徵來看的話，近世是歐洲從舊文明圈自立的過程，也是日本和歐洲逐

7 《日本奧地紀行》，高梨健吉譯，平凡社東洋文庫，一九七三年。

8 參照奧立佛．柴克蘭，《伊莎貝拉．博兒的旅行生涯》。

9 《文明論之概略》，一八七五年。

漸攀升為文明中心區域的過程，因此是一個過渡期，也就是所謂的「脫亞過程」。因此，當脫亞完成，就意味著近世的終結與近代的開始。

另一方面，現代社會正面臨到核子威脅、南北貧富落差、環境破壞、難民、種族歧視、民族紛爭等種種嚴峻的問題，而這些問題無一例外，都是近代世界體系孕育出來的私生子。那麼，近代世界體系面對這些問題，可有解決良方？資本主義最大的問題，是自由競爭導致的貧富差距擴大，導致貧困顯而易見；但是，原本應該成為解決方策的社會主義卻已經破產了。蘇聯、東歐的社會主義圈已經瓦解，中國也改弦易轍，變成徒掛「社會主義」之名的「社會主義市場經濟」，北韓則正為嚴重的饑荒所苦；社會主義體制本身，已經以貧困溫床的悲慘之姿，呈現在眾人的面前。雖然這只是其中一個例子，但從此也可看出，近代世界體系為了解決這些世界級的問題，已經快要耗盡它所有的遺產、焦頭爛額了。

另一方面，日本人是否有賦予自己國家的歷史遺產正當評價，並且充分利用它呢？關於這些世界級的問題，身為大國的日本實在沒有立場裝作漠不關心，非得為解決問題做出貢獻不可。因此，雖然有點曲折遙遠，但我認為以全球視野重新審視近世江戶社會，乃是解決問題的關鍵。雖然我們或許未曾察覺，但近世江戶社會的智慧寶庫，其實一直都對我們半開著大門；而現在，正是以全球視野重新開啟這扇大門的時候了。

從宇宙歸來的毛利衛[10]先生，用小學生也能理解的方式，具體陳述了從太空親眼所見、發現地球只是一顆小小行星的心路歷程。但在此同時，也應該發揮恢弘壯闊的想像力，抱持「地球乃是小而有限的世界」這樣的世界觀才對。換言之，我們可以將地球類比為一個「有限的鎖國世界」。事實上，地球雖然在能量進出的層面上對宇宙處於完全開放的狀態，但在物質方面，則是近乎完全封閉、不曾有任何進出的狀態。我們生活在有限的世界之中；這樣的生活方式，正是近世江戶社會曾經一度經歷的。

我們已經無法期待無限邊疆的存在，必須認清人類就是生存在地球這個「有限的世界」之中才行。而將交戰權當作主權之一，從而導致軍事立國的時代錯誤，現在也非得加以限制不可。若是用「正→反→合」的辯證法來差強比擬的話，江戶鎖國社會是正、明治時期插接進來的近代世界體系則是反；而我認為，我們現在正在邁入以對後者的否定為媒介、從而尋求兩者在辯證法之「合」的一個「揚棄時代」。對近代世界體系的否定，是由於這個體系所產生的問題，事實上已經蔓延到整個地球之故。迄今為止的世界觀，往往會認為世界乃是無限寬廣，但這點必須做出根本的改正才行。如今已不存在人跡未至之地，人類往地球上擴散、在一片空白的地圖上探險的時代已經告終。地球是顆相當有限的星球。當我們把地球比擬為鎖國的時候，鎖國時代的智慧便活了起來。日本鎖國時代兩百七十年間生活經歷的成

---

10 編注：日本第一位太空人。

果，曾經讓另一個脫亞文明的旅人發出「伊甸園」、「理想國」的感嘆；而今溫故知新，更能讓我們與希望緊緊相連。

以下的〈起之章〉，是作為國際交流基金創立十週年紀念論文、刊載在《國際交流》[11]上的〈國際交流與日本——經濟史的接近〉一文的重新收錄。當時，我對於這篇陋論是否能為日本知識界所接受感到極度不安，但還是毅然下定決心，提筆寫下了它。我之所以寫下它，是因為對既有的「章魚壺」型歷史——也就是將日本史、東洋史、西洋史各自縱向分割的歷史理解，感到一種難以抹滅的格格不入感，進而嘗試透過率直的反省，重新建立起連貫三者的「竹東式」嶄新歷史形象（在收錄於本書之際，我又做了若干增削）。

接下來的各種考察，都是基於這篇陋論衍生出來的產物。〈承之章〉是對近代日本人的歷史觀進行批判性的考察，從而對支配戰後日本人看世界視野的兩大史觀（東大學院派的唯物史觀、以及戰後京都學派的生態史觀）之基礎提出質問，並批評它們那種「陸地式發想」的局限。在接下來的〈轉之章〉中，我則是提出新的歷史之流，也就是從海洋出發的海洋史觀。

本書所提出的海洋史觀，並不只是和陸地史觀成對比的用語而已。地球表面有七成的面積都被海洋所覆蓋。地球是一顆「水行星」；因為有水，才能孕育生命，這是無可取代的。從占地球大半的海洋來看的話，陸地不過就是島嶼而已；而各個大陸，也只是漂浮在海上的大型群島罷了。簡單地說，這個世界就是在地球這顆水行星中，由大大小小浮在海上的島嶼所構成的「多島海世界」；而海洋史觀，就是從地球視野展望文明興亡的歷史觀。在〈轉之章〉的第二、三、四節中，我利用從海洋史觀描繪出的歷史樣貌，來考察日本文明在世界史當中的定位。在〈結之章〉中，我則是試圖用「漂浮在太平洋的豐饒半月弧上，美麗的庭園之島」這樣的意象，來尋求日本這個國家的認同。日本的國土有七成以上，都是翠綠的深山幽谷；在這當中，包含了從北邊的亞寒帶到南邊的亞熱帶，廣大且豐富的生態體系。當各地的人們試圖將這種多樣的自然生態系，包含在日常生活中的「庭園」之際，卻沒注意到日本本身也是一個多采多姿的庭園之島。「Garden Islands」是構成日本六千八百座島嶼所呈現出的生活景觀中，最美麗的一種形式，也是堪稱集其他文化人們憧憬於一身的日本文明理念之凝聚。透過這篇文章，我希望能提出一套和日本未來緊密相連的國土構想。

11 第三十四號，一九八四年。

起之章　「鎖國」與近代世界體系

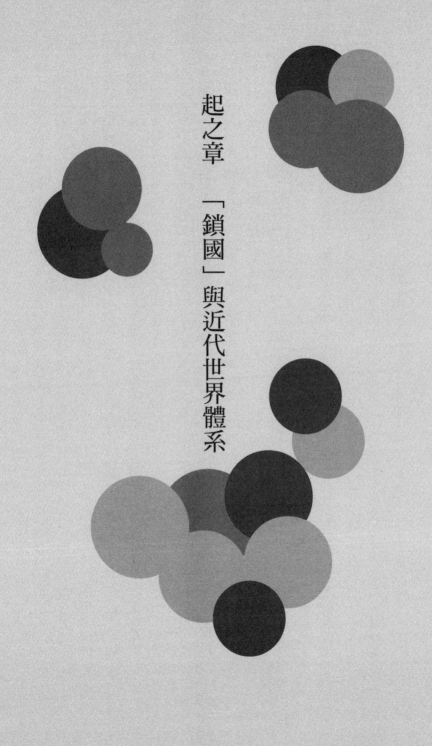

當我們提起文化交流時，首先總會想到學術、藝術等精神產物方面的交流；但事實上，擔負起交流重任的，往往是身處其間、作為橋梁的人們。已故的牛津大學榮譽教授理查德・史托瑞（Richard Storry），正是這樣一位擔負橋梁大任的人物。以扎實學問為基礎、對日本擁有深厚理解與親密情誼的史托瑞教授，在一九八二年的如月[1]將盡之際，猝然於牛津與世長辭。那年的牛津一如往昔嚴寒；在英國的原野與山間，宛若純白雪花般叢生的報春花，儘管被寒流壓得抬不起頭來，卻仍不待春天降臨，便已四處綻放。

戰前史托瑞教授在小樽、戰後則以牛津為主要舞台，不分公私，盡心竭力為日英的文化交流奔走。在英國親炙史托瑞教授言教的日本人，與其說是受到他的援助，不如說更多是被他那充滿友情的溫暖接待，撫慰了旅途的辛勞與疲憊。因為史托瑞教授相當熟稔日本，所以他的日本研究也普遍獲得很高的評價；一九八一年，他和倫敦大學榮譽教授喬治・西里爾・艾倫（George Cyril Allen）一起獲頒國際交流基金獎。儘管史托瑞教授得獎乃是實至名歸，但當他為了頒獎儀式而前來日本時，卻仍然保持一派純真的態度，並露出宛若孩子般的欣喜表情。對於這位身為日英交流重要基石的「史托瑞老師」，緬懷的話語就算再怎麼說也說不盡；因此，在這裡僅介紹其中一件，那就是一九八一年創立的牛津大學日本研究所。

戰前有位日本人曾經向牛津提議，願意出資設立同樣主題的研究所，但最後並未能實現。當時英國對日本的關注，在現實層面（政治、軍事、經濟等面相上）還勉強過得去，但學術層面則完全不在他們放眼的目光當中。在這種情況下，所謂文化交流，也只是單向（英國→日本）的流動而已。這樣一想，在象徵英國傳統的牛津大學裡設立日本研究所這件事，便堪稱是劃時代的壯舉。這間研究所設有教授、專任講師和語言教師，牛津大學的學生只要學習有關日本的事物，便可以獲得學士學位。在這間研究所設立以前，牛津對日本的研究，主要是由「Far East Centre」（遠東研究中心）在進行；然而，它只是在所長史托瑞教授的率領下，被納入廣義東亞與東南亞範疇當中的一環當中，從而進行所謂的「特殊研究」罷了。不只如此，這間中心也只是聖安東尼學院（St Antony's College）的附屬機構而已。

因此，以史托瑞教授為首的有識之士，強烈要求牛津大學應該在日本研究方面多加積累，最後在日產汽車（Nissan）的支援下，終於設立了Nissan Institute of Japanese Studies（日產日本研究所）。如今在牛津大學，日本研究所得以和冠有「Institute」名號的研究機構並駕齊驅，例如「東方研究所」（Oriental Institute）、「農業經濟學研究所」（Institute of Agricultural Economics）、「考古學研究所」（Institute of Archaeology）、「經濟與統計研究所」（Institute of Economics and Statistics）、「數學研究所」（Mathematical Institute）等。換句話說，這件重要大事清楚呈現了「日本學」，已經成長為和數學、經濟學、考古學等同樣的普遍性學問，而

---

1 編注：農曆二月的雅稱。

日本研究也被這所自中世紀以來擁有八百年悠久歷史的大學，正式且制度性地納入學術領域的一環。史托瑞教授致力日本研究將近二十五年，如今它終於超越特定個人的努力而成為制度，將來也必定會在人與文物的往來交流發展上，扮演起相當重要的管道吧！

如前所述，日本研究所的設立，乃是一個獨一無二的重要象徵；不過事實上，外國對日本研究的興趣一直在高漲當中。比方說在經濟史領域方面，被視為經濟史國際水準指標的《劍橋歐洲經濟史》叢刊（*Cambridge Economics History of Europe*），就把日本和英美並列，當成是對等的研究對象。按照這樣的發展趨勢，由日本人本身進行的日本研究，今後應該也會面臨到必須打破迄今為止的封閉性格，並試著從「與國際連動的日本」這個角度，去踏實探索更加開放的日本樣貌的狀況吧！對於把西洋史等同於世界史的錯覺，我們應當要加以反省。我們在理解歷史的時候，往往會陷入一種謬誤的看法，那就是西洋的歷史經驗乃是普遍模式，而日本乃是特殊的存在。對於這種看法，我們不只該加以糾正，而且還要反過來進行果斷的轉換，從日本的歷史經驗出發，來清楚呈現出西洋在歷史與社會上的特殊性質。

綜觀眼前局勢，在日本的歷史研究者之間，日本史、東洋史、西洋史可說涇渭分明；這種狀況說好聽點是「專門化」，說難聽點就是各自劃定地盤，從而讓彼此之間很難侵門踏戶、相互跨足。以日本經濟史學的主流——講座派的成果為基礎，撰成通史《日本經濟史》[2]的石井寬治先生，在英國深造的兩年間，深感日本經濟史學的非國際性，於是回國後便極力提倡「希望從事東洋史、西洋史、日本史這些研究領域的人們，都能時時跨足其他領域、加深彼此之間的交流，並透過彼此的攜手合作，來解決各式各樣的問題」。[001]西洋經濟史家米川伸一先生，也呼籲學會報告的領域應當跨越既有按地區分別的方式，而是改採時代區隔的方式，以促成更進一步的交流。[002]丸山真男在《日本的思想》[3]中，對日本這種彼此之間互不相干、宛若一個又一個「章魚壺」般的學術型態鳴響警鐘；而今，經濟史學家已經開始對此展開了反省。

說到底，我們在各個國別領域的垂直層次（歷史）上，擁有相當豐富的學問積累；可是在水平層次（國際的聯繫與交流）上，卻很少試著去加以描繪。要打破這種學術的鎖國狀況，就必須在既有的成果與基礎上，從全球觀點——也就是同時代乃至同一時間的關連性——出發，去重新探索日本。關於這個議題，有兩本絕對不可以錯過的作品；以下就將以這兩本書為線索，透過經濟史的方法論，來試著探討日本的國際交流。

這兩本作品分別是：森嶋通夫《續・英國與日本》[4]，以及華勒斯坦《近代世界體系》。

2 東京大學出版會，一九七六年。
3 岩波新書，一九六一年。
4 岩波新書，一九七八年。

森嶋是位活躍於倫敦的經濟學者，他在《英國與日本》[5]這本書中，對「英國病」這種常識性的說法提出挑戰，同時也涉足日本的防衛論爭，因而引發話題。之後，他將關注重點轉移到近代日本的經濟發展，在《續・英國與日本》中開創出獨樹一幟的明治維新論；一九八一年五月他走訪牛津之際，發表了一篇名為「Western Technology and the Japan Ethos」的演說，並在翌年春天寫成《為何日本如此成功》（*Why Has Japan Succeeded*）一書，由劍橋大學加以出版。另一方面，華勒斯坦在受到已故的布勞岱爾——為西洋社會經濟史學吹起新風的法國年鑑學派掌門人——強烈影響下，開始構想一本能夠結合眾多個別研究成果，從而綜觀由中世紀至現代全景的「整體史」，這就是《近代世界體系》。這套書預計要出版四本，目前已經出版了三本[003]；同時，華勒斯坦也以「Review」雜誌的主導者之姿[004]，在歐美的社會經濟史學界颳起一陣旋風。[005]他的學說在全五卷的《講座西洋經濟史》[6]中，也有相當清楚的表達。

一、對森嶋通夫「鎖國」解釋之批判

森嶋在議論上雖然橫跨相當多元的領域，但對本書的骨幹架構而言，仍然具有相當重要的意義。

明治日本之所以能夠達成急遽的經濟發展，其祕密就在江戶時代。具體來說，這祕密必須要從江戶時期的三大政策：參勤交代、儒教、鎖國去尋求，特別是關於後兩者，森嶋做了相當獨特的解釋。

首先是參勤交代，這是促成江戶時代商品經濟發展的重要契機；這點不待森嶋指出，大家便早已相當熟悉。在專家之間，通常是將其內容理解成「領主性質的商品和貨幣流通」這樣的一個概念。在江戶這個世界人口規模最大的都會中生活的武士和城鎮居民，他們的消費行為會促使農村進行商品作物的生產與販賣，這乃是必然的契機。[006]

接下來是儒教。西歐近代資本主義的發展，其文化背景乃是以禁慾理性主義的新教倫理為基礎；相較於此，日本資本主義發展的精神背景，則是受江戶時代培養出來的禁慾儒教倫理影響甚深，森嶋在這方面給了它很高的評價。[007]森嶋稱英國資本主義的形貌為「新教資本主義」，而與之成對比的日本的類似發展，則稱為「儒教資本主義」。姑且不論這個名稱是否恰當，在「日本與西歐擁有相異的資本主義價值觀」這方面，他的看法是正確的。[008]然

5 岩波新書，一九七七年。
6 同文館出版，一九七九—八〇年。

而，對於韓國、台灣、香港、新加坡等地，森嶋同樣將之歸納為「儒教資本主義」；這種視角在和西歐對比之餘，未免對日本和其他亞洲各國之間差異的關注有所欠缺。

比起價值觀的論述更讓人感到興味深長的，是他對於鎖國的解釋。這點與森嶋的基本主張——「明治維新乃是克服技術差距的過程」相互結合，相當重要。因為森嶋的鎖國論相當特出，所以我想試著從《續・英國與日本》當中引出一些片段。

「鎖國跟保護貿易是一樣的道理」（第十五頁）

「鎖國……乃是橫貫兩百年，相當有效的進口管理辦法」（第一百五十九頁）

為什麼鎖國是保護貿易政策、也是一種進口管理辦法呢？

「在德川幕府時代，相較日本與西歐各國的農業和工業，明顯可以看出日本比較占優勢的是農業；在這種情況下，與其在日本生產工業產品，還不如專心生產農作物，再將它們賣到西歐來換取工業產品，這樣對日本還比較划算。但這樣一來，若是允許日本與西歐間進行自由貿易，那日本人必定會專注於從事農業，而日本的手工業也將徹底毀滅。換句話說，如果德川時代實施自由貿易的話，那到幕末明治維新之際，日本將會成為一個徹頭徹尾的農業國度；屆時，就算明治政府想要建立一個近代國家，也必須從工業為零的基礎開始出發才行，如此一來將會是極其艱辛的歷程。」（第一百五十三頁）於是，森嶋做出了以下的斷言：

「鎖國不是無視於西歐的文化和技術；反過來說，它其實正清清楚楚表明了對這些力量的尊敬與恐懼。」（第一百五十九至一百六十頁）

關於鎖國的是非，其實有著各式各樣的議論。和辻哲郎的《鎖國》[7]，將鎖國定位為截斷和西洋世界發達科學聯繫的政策，在否定評價中具有代表性的地位。在這部作品的開端，他劈頭就寫道「隨著太平洋戰爭的敗北，日本民族悲慘可笑的實情也徹底暴露出來」；而日本民族的缺點，一言以蔽之就是「欠缺科學精神」。將這種欠缺科學精神的原因歸咎於鎖國，是和辻鎖國論的核心重點；為了佐證這點，他綜觀西洋與日本歷史，做了規模相當宏大的考證。這本以「日本的悲劇」為副標題的著作，最後是用這樣一句話作為收尾：「現在的我們，正面臨到不得不為眼前這份清單買帳的境地。」

另一方面，一六九〇至九二年間曾旅居日本的德國人坎普弗爾（Engelbert Kämpfer）所著的《日本誌》，雖然是「封鎖商業國家論」——這個論點之後被費希特的和平理論所發揚——的原點，但他也說「日本的人民，不論在習俗、道德、技藝、言行舉止等各方面，都是居於世界各國國民的頂點。他們的國內交易繁盛、田野肥沃、每個人都擁有強壯健康的肉體與豪放的氣魄，生活必需品也富裕到倉廩有餘的地步、且國內維持著綿延不斷的和平，

7 一九五〇年，岩波文庫一九八〇年。

因此堪稱是世界上極為罕見的幸福國民……如今，他們切斷與海外全世界的一切交通，處於完全的封閉狀態下；放眼望去，我再也找不出除此之外，更能良好實現國民幸福的時代了」[009]，言下對鎖國充滿了肯定之意，堪稱是肯定派的代表論述。

相對於這兩者，森嶋鎖國論的獨特性就在於，他一方面對和辻的說法感到共鳴，另一方面則又依循比較生產效率的觀點，對鎖國賦予肯定的評價。換句話說，他是以經濟學者的目光去建構鎖國觀，並將它當成是一種新鮮的問題加以提出討論。

但是，森嶋的鎖國論若從經濟實體的層面來看，則不能不說犯下了一個基本的謬誤。說到底，森嶋的假設，也就是鎖國乃是「從西歐的出口攻勢下保衛日本的手工業，從而讓日本避免淪為單純的農業國度」（第一百五十三至五十四頁）、以及若是不鎖國，則「日本的手工業將在西歐先進工業下徹底毀滅」，這些說法其實都只是他將近現代世界中「先進歐洲對後進亞洲」這樣的關係，直接囫圇投影到過去，從而產生出來的發想罷了，完全不曾反映出當時的現實狀況。

在此僅做更深入一點的說明。鎖國時期的歐洲各國，他們的代表性工業產品是什麼呢？答案是毛織品和火槍（鐵砲）。但是毛織品不管在印度、東南亞、中國，還是日本，幾乎都毫無市場可言。當時東印度公司的史料中，幾乎長篇累牘充滿了「毛織品賣不出去」的報告[010]。不只是歐洲產的毛織品完全不合亞洲的氣候風土，包括日本在內的亞洲各國，本身也有更加便宜的棉、麻、絲織品可以使用。而且絕不可遺漏的事實是，這時的歐洲人，與其說是將工業製品傾銷到亞洲，反而更多是千里迢迢甘冒風險，前來購買東方的物產回去。他們一開始的目標，原本只是香料——特別是胡椒；但當他們到達亞洲後，卻為充溢各地、多采多姿的物產——棉、絲綢、染料、茶、咖啡、砂糖、瓷器、珍珠等——感到瞠目結舌。他們原本期待能用自己生產的毛織品來進行交換，但這樣的期待卻落了空；他們所能拿出來交換的，就只有真金白銀而已。特別是銀，更是付款時非用不可的必要貴金屬。事實上，英國和荷蘭東印度公司用來支付亞洲貿易的物資中，百分之八十到九十都是金幣和銀幣[011]。自歐洲人抵達亞洲的一五〇〇年左右，到歐洲工業革命發軔的一八〇〇年前後，在這將近三百年間，歐洲人一直為了貴金屬的流出而頭痛不已[012]。若是將先前透過伊斯蘭商人進行仲介的時期也算進去，則歐洲作為亞洲製品的進口國（同時也是赤字國）的時間，則還要來得更長[013]。

正因如此，和森嶋的假設截然相反，瀕臨手工業危機的不是亞洲各國，而是面臨到東方絲、棉製品源源不絕傾銷的歐洲手工業者[014]。自一七〇〇年左右起，以英國為首的歐洲各國為了保護國內的手工業，不只設下保護關稅，甚至還好幾次頒布了「禁止進口法」（雖然實效如何不問可知），來因應這樣的危機[015]。

隨著時代流逝，在十八世紀英國著名的幾位發明家——約翰・凱、哈格里夫斯、阿克萊特、克朗普頓、卡特萊特等的發明下，歐洲終於走上了進口替代產業勃興的道路，緊接著更萌生了工業革命，從而使得事態為之一變[016]。現在變成了英國的棉織品，反過來向東方輸出；從這時候開始，亞洲各國的手工業頭一遭面臨到危機[017]。東印度公司總督在一八三〇年代，做出了這樣的報告：「這種貧困的情況，乃是商業史上堪稱前所未見；棉紡工人的骸骨，幾乎鋪滿了整個印度大平原。」[018]然而，這已經是進入十九世紀之後的事態了。因此，要說比這更早兩百年的鎖國時期，當時歐洲的產業就已經較亞洲各國更為先進，完全是誤認事實。

另一點則是有關火槍（鐵砲）的問題。據說，鐵砲是由葡萄牙人於西元一五四三年左右，傳入日本九州的種子島。日本人很快就熟悉了它的製造法，當葡萄牙人於兩年後再度造訪日本時，在堺、紀伊和九州等地，都已經出現了鐵砲的製造和買賣行業，葡萄牙人得知了這點，不禁大為驚嘆[019]。儘管在這時候，阿拉伯人、印度人、中國人也都已經開始使用火器，但在歐洲人以外成功大量製造鐵砲的，就只有日本人而已。在接下來不到半世紀的時間中，日本迅速成長為世界最大的鐵砲使用國。不只如此，從「matchlock」（火繩槍）改良而來的「flintlock」（火石槍），據說也很有可能是從日本，經由葡萄牙人之手反過來傳入歐洲的[020]。技術是相互交流的，建造朱印船的時候，也採用了歐洲的造船技術；而擁有這種船隻的，也正是當時資源（森林、鐵砂、金、銀、銅）首屈一指豐富的日本[021]。因此，要說鎖國時期日本的工業資源和技術劣於歐洲，未免言之過早了。

二、亞洲物產的國際流通與鎖國

那麼，對於鎖國，我們又該抱持何種看法呢？日本過去曾經在對中國的政策上，採行所謂「政經分離」的策略；從這個角度來思索，鎖國政策的背景，其實有異曲同工之處——簡單來說，它就是一種「政教分離」的策略。葡萄牙、西班牙的活動，乃是以「政教合一」為宗旨；他們對基督教（天主教）的傳播，以及對商業利益的追求，乃是密不可分的[022]。所謂鎖國，就是將這些堅持「政教不可分」方針的葡萄牙人與西班牙人拒於門外。相對於此，荷蘭人和英國人則為了追求經濟利益，並不拘泥於宗教。日本在英國自行退出之後，便只與十七世紀歐洲最富庶的國家——荷蘭進行通商。這時候從歐洲各國的視野來看，是商業利益高於一切的荷蘭獨占了日本貿易；而從日方的角度來看，則是幕府獨占了貿易，並將宗教因素排斥在外。雖然就禁止日本商人自由活動的意義上而言，這樣的作法堪稱消極，但也可說是貫徹了政教分離的大原則。

但話又說回來，德川幕府之所以下定決心鎖國，其實箇中原因更加複雜。包括基督教問題、國內政治安定、乃至於和中國的外交關係等，諸多非經濟的各方因素，彼此錯綜糾結在一起[023]。關於這些鎖國相關要素的研究，迄今為止不勝枚舉。然而，這裡有一個重大卻常被人遺漏的有趣問題，那就是：在這種種因素驅使下，儘管國民被強迫進入鎖國狀態，但他們的生活卻依舊能維持下去；既然如此，那支撐國民生活於不墜的經濟條件，究竟是什麼呢？這個問題之所以重要，是因為在鎖國開始前的兩百五十年間，日本採取的是一種和自給體系截然相反，積極和各外國通商、堪稱為「貿易立國」體系的時代特質。此事的重要性，只要念頭一轉，從現代日本的情況來推想，就可以馬上清楚察知。現今的日本也是以貿易立國，假使政府驟然決定要鎖國，那情況會變成怎樣呢？答案不證自明。現代日本是絕不可能鎖國的，這點可說明若觀火；假使不顧一切硬要推行的話，必定會造成經濟嚴重的崩壞。然而，當寬永年間下達鎖國令時，日本卻完全看不出任何混亂的跡象，這不是很不可思議嗎？

鎖國當時，葡萄牙在和英國、荷蘭的競爭之中敗北，而英國則在一六二三年的安汶大屠殺後[8]，將東方貿易的霸權讓給了荷蘭。然而，對當時身為西歐商業國家之雄的荷蘭來說，在利益上最足以構成威脅的不是別人，正是日本。事實上，日本當時擁有的貿易力量，甚至還凌駕於荷蘭之上。關於這時期日本貿易的情況，在格拉曼教授（Kristof Glamann）的研究以及岩生成一的《鎖國》一書中，有詳盡的描述。在此僅引用一段後者的內容：「當時，若是扣除掉日本，全世界的銀產量據推估大約是在三十九萬到四十二萬公斤之間；因此，日本光是每年輸出的白銀數量，就已經達到全世界產能的三成至四成。由此可見，當時日本在世界貿易史上所占的地位有多麼重要。」（第二百二十三頁）然而日本卻採取鎖國政策，要將這麼大規模的貿易削減到極致[024]。

因此，問題就在於，當貿易如此急遽萎縮之際，日本國民的生活為何不曾出現任何混亂？在議論鎖國的是非之前，必須先理解到底是怎樣的生活基礎，讓鎖國帶來的自給自足體制得以成立，如此方為正解。

日本在十五到十六世紀（室町至戰國時期），不只在流通和商業層面，包括語言、婚姻型態、女性地位、遊戲等相關習俗，乃至於食物體系方面，都產生了在民族史上堪稱劃時代的重大轉換[025]；而這個時期燦爛展開的國際交流，毫無疑問地為這種轉換賦予了強大的動力。從日用品層面來看，日本在這時期於衣料材質方面，歷經了一場「由麻轉換到棉」的「纖維革命」[026]。棉作為當時的軍需品，被廣泛使用在戰國大名軍隊的軍裝、船隻的帆布、乃至於火繩槍的火繩上，絕非可以等閒視之的物資。日本的棉織品原本必須從朝鮮和中國進口，直到戰國末期，才終於成功移植了棉種[027]。相較於麻，生產棉所需耗費的勞力較少，因

8 編注：一六二三年，荷蘭人襲擊了位在印尼安汶島上的英國商館，屠殺了所有商館成員。此事導致英國放棄東南亞的香料貿易，轉而將目標指向印度。

此隨著棉的移植，日本的家族型態也從一直以來的複合大家族，逐漸轉變為以夫妻為核心的小家族[028]。隨著棉織品的採用，「麻織品那種有稜有角、筆直箕張的線條造型遂徹底消失無蹤，取而代之的是削肩和柳腰……變成了極為普遍的造型……而人們也因此變得比以前更加美麗了。」（引用自《棉出現前的種種》，柳田國男著）[029]因此，棉對生活帶來的影響，絕對非同小可。

在糧食層面，我們則可以舉醬油的發明和普及，以及因為飲茶習慣盛行所發展的茶葉栽培為例。醬油的日用化相當重要，畢竟世界上幾乎所有地區的料理，都必須使用香料，但香料只產在東南亞，必須仰賴進口才行；然而拜醬油所賜，日本不需要依賴香料進口，也能做出自己的料理。醬油的歷史，雖可追溯到古早以前的「醢」[9]，但它和今日由大豆和小麥製成的日本醬油，還是有著明顯的差異。醬油的祖先是「溜」，是鎌倉時代的禪僧在研究中國傳來的徑山寺味噌製作方法時，意外發現的副產品；由「溜」再加以改良，就變成了醬油。醬油初次出現在文獻上，是始於一五二一年編纂的《易林本節用集》[030]；室町時代以後，遂廣為各個家庭所愛用。除此之外，這時期也有很多自外地輸入的重要日用品，例如砂糖和菸草。同一時期，陶瓷、生絲、絲綢等也從中國大量進口到日本。

和這些物資密切關連的重要發展，就是戰國大名為了進口它們，積極針對作為必要交換手段的各種物資——也就是金、銀、銅等礦脈進行開發，結果使得日本在金銀的生產和輸出方面，成為一大國度。美洲新大陸的金銀產量，曾經造成歐洲的「價格革命」，然而這時的日本卻足以和美洲新大陸匹敵，甚至凌駕其上[031]。重要的是，前述物資在近世期成功地國產化，從而使得日本各地紛紛出現了種植這些作物的特產地[032]。

值得注意的是，這些物產有很多都和歐洲人在這個時期乃至之後，企圖透過大西洋交易獲得的國際商品相當類似。這代表著什麼意義呢？簡單來說就是，日本在與廣大的歐亞諸國加深國際交流——亦即從室町時代到戰國時代再到鎖國的這段期間，將原本必須倚賴進口的國際商品，成功地加以國產化。而當我們更進一步地將這項成就與歐洲進行對照觀察時，便會浮現出一項相當鮮明的歷史事實：那就是歐洲各國因為氣候等緣故，完全無法在國內的環境下，達成這些國際商品的自給自足；換言之，他們必須透過持續的國際交流與貿易，才能獲得這些物產。

當達伽馬繞過好望角，抵達印度的卡里卡特之際，印度的土王問他為何而來，達伽馬回答道：「我是為了傳基督教與找尋香料而來」[033]。促使歐洲人進行地理大發現的主要動機，除了宗教因素之外，就是為了獲得黃金與香料。這些香料是產於今日的東南亞、當時稱為「香料群島」的地區[034]。歐洲人來到「香料群島」後，形成了結合中國、印度、東非三大

---

9 編注：日語發音為ひしお，是一種將豆麥發酵後，再加上醃製物做成的拌醬。

陸，朝氣蓬勃的「亞洲貿易圈」，這點已是眾所周知的事實。在他們所發掘的這個「印度洋世界」中，除了有胡椒和各種香料以外，還有棉、絲綢、砂糖、咖啡、寶石、瓷器、鴉片、稻米、靛藍、馬、象牙、鹽、木材、奴隸，以及更多「數也數不盡的事物」（引用自阿瑟・劉易斯的話）[10]可供交易[035]。也正是在這個時期，東南亞成為世界交易的中心區域，其中特別重要的，是如下圖所示的「三角貿易」之存在[036]。阿拉伯人（後來被歐洲人取而代之）為了獲得香料，首先會從印度取得可供交易之用的棉布，並將之運往「香料群島」；而為了取得棉布，他們也必須將金銀（特別是白銀），運往號稱「白銀沉眠之國」的印度。當然，歐洲人這時候已經開始前往美洲新大陸，但在最初的一百多年間，美洲除了貴金屬（金、銀）之外，幾乎不產任何歐洲所必須的物資；歐洲想要的東西，幾乎全都蘊藏在亞洲，但歐洲本身卻生產不出任何亞洲人想要的產品。結果，從新大陸運往

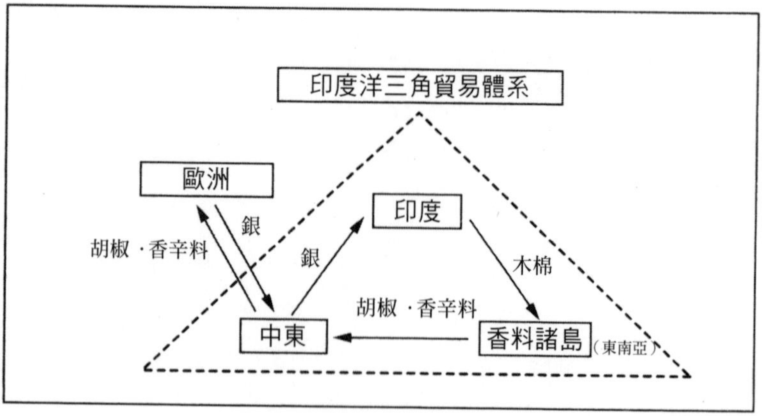

歐洲的貴金屬，至少有四分之一的龐大數量，是為了和東方物產進行交換而流往東方（特別是印度）。畢竟除了地中海沿岸的部分地區外，歐洲的土地幾乎完全無法針對這些東方物產進行自給。

在這種情況下，歐洲人又是如何因應的呢？他們不久後便將原本屬於亞洲貿易的重要物資（例如砂糖、咖啡、稻米、奴隸等），移植到美洲大陸的熱帶地區，又或者是在當地發現了類似的事物（例如棉花）。從這些交易的主要物產來看，它們其實都是「傳統亞洲貿易物資的歐洲版」，只是在環大西洋地區形成罷了[037]。換句話說，歐洲各國為了擺脫對東方物產的依存，以及金銀向東方的流出，於是和美洲新大陸的連結遂變得日益深厚。英國以此為基礎，成為大西洋商業世界（The Commercial Empire of the Atlantic）的盟主[038]，並在這之後形成了「大西洋經濟圈」（The Atlantic Econimics），亦即近代世界經濟的基礎構造[039]。用華勒斯坦的話來說，這就是「近代世界體系」的開展。

當我們一面眺望歐洲世界演進的歷史過程，一面鳥瞰日本、中國、朝鮮等進入「鎖國」狀態的東亞世界時，便會察覺到某種歷史的巨大波動。簡言之，相較於東亞各國脫離「海洋亞洲」的過程，乃是將迄今為止仰賴輸入的物產成功地加以內化（朝鮮的情況，大多是

10 編注：歷史上唯一一位獲得諾貝爾經濟學獎的黑人。

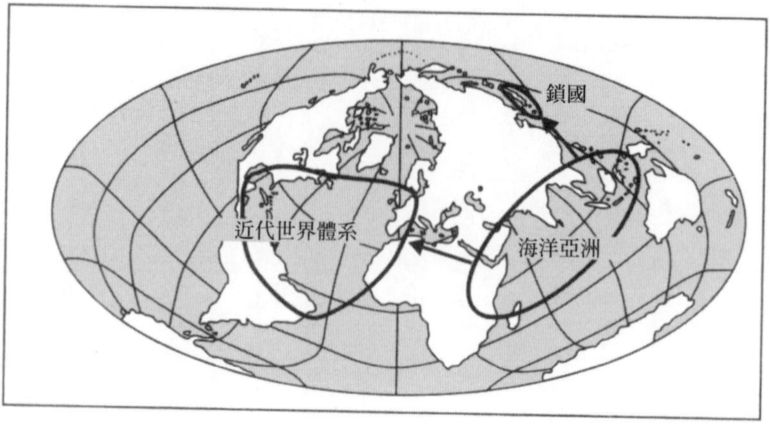

從日本進行二手輸入），歐洲各國就算面對國內大眾對東方物產的需求日增，也無法將這些物資進行內化；為此，他們反過來從外側，也就是將歐、美、非三塊大陸重新結合成一個大西洋體系，和亞洲的狀況呈現極端的對照（參照上圖）。就這樣，一方往內、一方則往外；在這種相反的歷史過程中，作為中心描繪出其軌跡的國家，在歐洲是英國，在東亞則是日本。為什麼英國會是中心，理由相當清楚，那就是它乃是透過加工貿易，樹立起來的「最初的工業國家」，這是不證自明的事實。既然如此，那日本為什麼又是東亞的中心呢？其理由之一，就是日本乃是唯一一個貨幣材料（金、銀、銅）能夠完全自給自足的國度。為了證明位處歐亞大陸兩端的英國與日本的動向確實互為對照，接下來我想舉棉花為例，來更詳盡地加以敘述。在下面這段歷史過程中，棉花是大眾衣料不可或缺的重要物產；對英國，棉紡織業是工業革命最主要的部門，對日本，它則是江戶時代商品經濟的核心推手。

早在西元前數千年，印度就已經有人栽種棉花。之後有很長的一段時間，它都是印度首屈一指的獨占性物產。不過到了十四至十六世紀，棉種也傳播到東亞其他地區；在這段期間，中國、朝鮮以及日本，都陸續移植了棉種[040]。棉種的移植之所以會如此之晚，是因為它原本是熱帶植物，因此要如何開發出能耐東亞溫帶地區寒冷的品種，長久以來一直是個難題；當品種改良、移植成功後，棉花的品質也產生了變化，結果誕生了世界上纖維最短的棉花，學名為 *Gossypium arboreum race sinense*——這種棉花只分布在朝鮮、日本和台灣而已[041]。東亞的短纖維棉花適合紡織粗大的棉線，以此為材料，誕生了東亞地區傳統的厚棉布。柳田國男就說，「將棉布弄得柔軟蓬鬆，然後在帶點濕氣與暖意的情況下將它裹在身上，乃是十分常見的景象。」[042]

另一方面，印度棉花的向西傳播，則是以九到十一世紀的「阿拉伯農業革命」[043]為先驅，到了中世紀後期，已經在地中海沿岸的部分地區進行栽培[044]。當時，棉花主要是作為絨布（fustian，用棉麻混紡而成）的材料使用，但因為原物料不足導致價格高漲，再加上三十年戰爭等外在因素，結果走上了衰退之途[045]。歐洲人和棉布的正式相遇，要等到他們從東方大量進口廉價且優質的印度棉布才開始。對習慣了厚重毛織衣料的歐洲人來說，從印度傳來的薄棉紗，簡直就像是「由清風編成的織物」，美麗而充滿了魅力。棉布除了可以用來當作桌巾、窗簾、床單以外，還可以當作內衣褲來使用[046]。到這時候為止，西洋的一般大眾都不穿著內衣褲，而衛生清潔也從沒被列為必要德行之一。順道一提，他們也沒有沐浴的習慣；這是因為受到基督教的影響，認為肉體乃是骯髒的事物所致[047]。

和毛織品不同，棉布不只清洗簡單、價格也便宜，因此廣受各界重視，從而產生了龐大的需求；在這種狀況下，如何應付印度薄棉布的進口攻勢，就成了西歐各國的當務之急。要生產足以替代薄棉布的產物，必須要有纖細的棉線；而這種細線的生產，要一直等到美洲新大陸原生、纖維細長的棉花被發現，以及專門紡織細線的紡紗機「騾機」（Spinning mule）誕生，才終於看見曙光。順道一提，這種長纖維棉花和舊世界（亞洲）所產的短纖維棉花，兩者屬於不同種（species），也就是不能彼此配種繁殖；這點是在一九二八年，由俄羅斯的遺傳生物學家柴謝夫所發現的[048]。就這樣，美洲新大陸的原料、英國的技術，以及作為銷售市場的環大西洋地區（歐、美、非三大陸），彼此結合起來，最後形成了「將奴隸輸送到美洲、再將棉花輸往英國，最後把製品輸往非洲大陸」的循環，也就是著名的大西洋三角貿易[049]。於是，就如上面所略述的來龍去脈，在同樣源自印度、但卻各自相異的歷史環境中，邁入十九世紀的西歐和東亞，在互為對照的品質連鎖影響下，各自確立了屬於自己的棉紡織事業[050]：

	原料棉花	棉線	棉布
西歐	長纖維棉	細線	薄布
東亞	短纖維棉	粗線	厚布

不管是西歐還是東亞，都是從引進原本屬於印度專賣商品的棉布開始，並在歷經棉布成為必需品的過程後，終於各自達成棉花的自給自足；然而前者是在開放的大西洋經濟圈體系中，後者卻是在封閉的鎖國體系中完成這樣的任務，兩者之間的對照，確實極其鮮明。在西歐是以英國為中心，形成了號稱「世界工廠」的棉業王國，這是眾所周知的事實；在東亞，則是近世日本在棉業發展上，將同時期的中國和朝鮮給拋在身後[051]。以中國來說，棉作在耕地面積不變的情況下，必須要和其他穀物相互競爭，除此之外還要面對技術改善的問題；因為這些經濟之外的制約，所以中國棉花產業的發展一直停滯不前[052]。在朝鮮方面，則是因為棉布被當成貨幣使用、屬於政府重要的財源，所以政府的橫徵暴斂一直很嚴厲，如此也抑制了棉作的發展[053]。相較於這兩個國家，日本以近畿和瀨戶內海為中心，在棉作與棉業上則有相當醒目的發展[054]，堪稱是「江戶時代經濟發展最高階段」的展現[055]。因此，從東西兩洋的棉花經濟史來看，英國在西歐世界的相對優勢，和近世日本在東亞世界的相對優勢，乃是相

對應的。

從棉花這個例子可以看出，以環印度地區為共通起源的各種物產，會同時向東西兩方展開傳播。洞悉這樣的事實之後，對以下這件事也就能夠清楚理解了：當日本在安政年間從鎖國夢中驚醒、被迫開港以後，從歐洲進口的物資，主要是以棉花和砂糖為大宗，而這兩種物資在日本都是早已存在之物。關於這點一向都被認為是偶然，而這種偶然也常被視為是日本這個「落後國家」，在棉業與糖業等傳統產業上的一大不幸。另一方面，歐洲人的主要需求、同時也是日本的出口品，則是以生絲和茶為中心；日本會有這樣的出口機運，也常被認為是偶然，而且還是能獲得外匯、相當幸運的一種偶然。然而，這兩者其實都不是偶然。日本和歐洲之所以會有類似的重要物產，只要探究一下這些物產的起源，就能清楚得知其原因。這些物產都是過往便已存在於亞洲，且是源自日本和歐洲遲遲未能參加的亞洲世界貿易之中。用喬杜里（K. Chaudhuri）[11]先生的話來說，就是「The Trading World of Asia」。

因此，若光從物產層面來看，假使以英國為中樞、在環大西洋圈樹立起來的商品世界，可以稱為「近代的宏觀世界經濟」的話，那近世江戶社會，便可以稱作是一種「凝縮的微觀世界經濟」。近世江戶社會，的確是個身分區隔明確的社會；但在此同時，它也如同速水融所言，是個「經濟社會形成與確立的時代」。正如前文所述，速水先生指出，當歐洲經歷「工業革命」（Industrial Revolution）之際，日本則經歷了「勤勉革命」（Industrious

Revolution）；而這兩者之間的差異，就在於對生產要素（資本與勞動）的著力點不同。相對於日本是在小小的微觀世界中，大量集約勞力，歐洲則是以環繞大西洋的廣闊大陸為範疇，投下大量資本。正因如此，兩者在規模上有著顯著的差異，但不論是日本或是歐洲，都形成了所謂的「經濟社會」。所謂經濟社會，按速水先生的說法，指的就是「人們在社會中採取經濟行動、經濟價值從其他事物之中獨立出來，且按各種經濟法則持續運轉的社會」；在這點上，日本與歐洲並無差異[056]。

三、日本的鎖國、開國與近代世界體系

近代歐洲世界經濟是在何種原因下，於何時何處成立的？華勒斯坦在《近代世界體系》中，針對這個議題提出了挑戰。據他的說法，歐洲世界經濟是在一四五〇至一六四〇年左右，於環繞大西洋的大陸地帶，形成了核心、半邊陲、以及邊陲的三重架構（而這個時候，正好也是日本的鎖國政策大致成形的時期。關於兩者時期的重疊，我們必須特別留意）。既

---

11 編注：印度著名史家、作家。

然如此，那它形成的主因又是什麼呢？華勒斯坦認為，那是因為十四世紀的歐洲全境，都面臨到所謂的「危機」狀態；這些危機的內容，包括了技術毫無進步的封建制度所造成的地力疲憊、戰爭頻仍、以及自十四世紀中葉起，斷斷續續襲擊整個歐洲的疫疾。為了克服這些危機，歐洲人開始摸索嶄新的經濟秩序；這種摸索為日後歐洲世界經濟的開花結果，埋下了種子。

然而，華勒斯坦沒有注意到的是，十四世紀陷入危機的，並不只有歐洲而已；包括中東和歐亞大陸的其他地區，人類面臨到前所未見的危機。有些學者試圖在十四世紀到十五世紀間降臨整個歐亞大陸的寒冷氣候身上，找出危機的主因，但更受矚目的，則是麥克尼爾（William H. McNeill）提出的瘟疫說[057]。這場幾乎造成歐洲三分之一人口死亡的瘟疫，帶來的影響極其深遠。由於瘟疫不論對信仰無所用心者、或是一心侍奉神明者，都毫無區別地加以襲擊，因此引發了人們對於中世紀最高權威——宗教的懷疑，而在探究疾病原因的過程中，也為近代的科學精神奠下了基礎。然而，近代醫學的建立還需要時間，所以當人們在面臨死亡逼近眼前的恐怖時，仍然只能求助於中世紀的醫療手段。

那麼，這種狀況跟歐洲在地理上的擴張又有何關係呢？概略來說的話，大致就是以下的情況：構成中世紀醫療的重要手段之一，不是別的，正是包含胡椒在內、各式各樣的香料[058]。這些香料通常會在醫院的管理下，由藥局（Apothecary）進行販售。西洋人為什麼不顧危險，在那段時間像是著了魔一樣，拚命地找尋香料呢？當然，箇中也有把它當成食物的防腐劑或是佐料，珍重視之的意味在，但若想到在那個不問身分高低、一視同仁地將人們帶往黃泉路上的疫疾四處蔓延的時代裡，「香料其實是被當成藥品在使用」的事實，或許就能有所理解了。不管開價多高都能賣得出去，這就是香料。它也是種能夠當作貨幣的替代品，帶給人們巨大利益的物產。相較於此，對買方來說，即使價錢開得再高，也不得不買。砂糖、茶、咖啡，在一開始引進歐洲的時候，全都是被當成藥物來使用的。

席捲歐洲大陸廣大區域的疫疾，大約是始自一三五〇年左右，並在之後至少一百五十年間，持續給整個歐洲帶來嚴峻的危機。一三五〇年代在日本，正好是倭寇開始大為猖獗的時代。倭寇在中國、朝鮮沿岸大肆破壞，對人口和糧食進行擄掠；之所以如此，據推測應該是和日本國內的糧食問題有關。這個時期，日本國內正處於南北朝的內亂期，危機的徵兆同樣相當顯著。日本的中世紀也以這個時期為界，劃分為前期和後期——不，不只如此，這甚至可以視為是日本史整體的轉換期，是一個劃下深刻斷絕鴻溝的時代。網野善彥就說「這是民族體質、乃至民俗根基在構造上的巨大轉換期」；以這段動亂期為轉捩點，「巫術性質逐漸從社會上消失……理性漸漸占了優勢。」[059]這樣的演變，和歐洲對宗教的懷疑、以及理性精神的崛起如出一轍，而這並非偶然。

假使事實正如前文所述，那麼亞洲舊大陸的人類在十四世紀中葉，普遍面臨了前所未見的生存危機；為了解決這樣的危機，他們開始跨足海外，在被舊大陸所環繞的印度洋海上，以海賊或是貿易商的身分彼此邂逅。這是有史以來頭一遭，有這麼多的民族，在名為「亞洲海域」的這片舞台上，進行如此多彩多姿的國際交流。日本人也在亞洲海域——特別是環中國海（渤海、黃海、東海、南海）大為活躍。縱使他們的主要動機已墮落為對現世利益的追求，但在此同時，當迥然相異的精神交迸出火花之際，仍然帶來了光芒燦爛的文化交流。如果基督教的傳教活動最能代表歐洲的文化衝擊，那麼日本文化的精華之一就是茶道。這碗茶水不只帶給歐洲人強烈的精神震撼，更深深浸入了英國人的日常生活當中[12]。

總而言之，這種經濟文化交流的背景，乃是源於中世時期，人類在超越自身智慧與能力的疾病方面，所共同擁有的危機體驗。為了解決這個問題，他們踏足未知的海外，在那裡展開熱烈的國際交流；而直到此時為止，不論在地理或是歷史上，都只能稱作文明世界外圍、甚至是「邊陲」的歐亞大陸兩端地區——英國和日本，也在這種背景下，各自產生了理性的新秩序，從而形成了近世（近代）社會。其中一個方向最終在歐洲形成了開放的「近代世界體系」，另一個方向則趨於封閉，最後產生了日本的近世江戶社會。

史家巴拉盧（Geoffrey Barraclough）在他的著作《世界史的轉捩點》中曾說：「當歐洲擴大的同時，東亞各國卻像貝殼一樣緊閉，這不能不說是令人驚訝的狀況。」[060]活動規模擴張到新世界的歐洲，與將自己凝縮到宛若造景模型般小小天地中的日本，相較於兩者在理性經濟社會方面的共通性，其相異性質確實是比較顯眼。我在這裡就以一句話來概括其相異性，並作為本章的結尾。這句話就是：「日本與歐洲的相異性，其實乃是和軍備與經濟的問題密切關連（更廣義來說，就是「戰爭與和平」）。」

江戶社會的形成，是始於「對鐵砲的放棄」。關於鐵砲傳入日本的故事，我們都已耳熟能詳，但「放棄鐵砲」，又是怎麼一回事呢？

放棄鐵砲在意義上的重大，其實完全不遜於鐵砲的傳入。一部世界史，就是戰爭的歷史；而戰爭的歷史，同時也是武器發達的歷史。不只如此，武器發達和技術發達之間，又有著密切的關連。在人類史的漫長歷程中，技術（道具）的發達乃是一以貫之；然而在此同時，人類在殺戮方面的技術與道具，也隨之發展起來。這樣的過程筆直前進、看似無法倒退；然而在這世間仍有例外，那就是日本。

在戰國時代深切的國際交流中，日本引進了歐洲科學技術的精華——鐵砲，熟習了它的製造方法，並且成為當時世界上最大的鐵砲擁有國。豐臣秀吉在朝鮮之役中，也大量使用了這些鐵炮。然而當近世江戶社會展開之際，日本卻對此毫不留戀，毅然回到了「刀的世界」[061]。姑且不管這項政策背後的意圖何在，總而言之，結果就是在殺人技術方面倒退了。

---

12 角山榮，《茶的世界史》，中公新書，一九八〇年。

這項事實對於今天核武所代表的兩難——既是人類科學技術輝煌進步的象徵、也是人類滅亡的象徵，不也是一個很好的啟示嗎？

確實，若是將鎖國這個選擇和歐洲進行對比，我們便可以看出，它具備著「放棄鐵砲、選擇和平」的層面。在「鎖國」當中，日本謳歌著天下太平的盛世；但在「近代世界體系」中，歐洲卻把戰爭奉為圭臬。十九世紀中葉，當歐洲高居世界霸者之際，蘭克寫了一本廣受稱譽的名著《世界史概觀：近世史的各時代》。蘭克在書中所言的「世界史」，除了西洋史之外再無他者；而在書中亦隨處可見他的歐洲沙文主義偏見，以及把亞洲當成文化破壞者的蔑視筆調。[062]後來，他的追隨者仰其鼻息，透過長篇累牘的歷史論述，將歐洲「近世史的各時代」描繪成兵連禍結的戰爭歷史，並使之廣為深入人心。簡言之，「近代世界體系」最大的特色，就是經濟與戰爭合而為一。

日本與「近代世界體系」睽違兩百五十年的再次相遇，就是「黑船來航」這起重大事件。從這裡開始，日本被迫面對新形態的國際交流，從而捨舊採新、斷然實施維新，並高舉「富國強兵」的口號。這個口號，其實正巧妙地看穿了「近代世界體系」那種「經濟力與軍事力」合而為一的本質，不是嗎？走上富國強兵路線的日本，躋身源自歐洲的近代世界體系之林，在日清戰爭、日俄戰爭、第一次世界大戰中步步獲勝，最後卻在第二次世界大戰中慘遭敗北。之後，日本再次放棄了軍備。第一次放棄鐵砲，是出於對正面國際交流的歸結，這次放棄軍備，則是負面國際交流（戰爭）的結果。前者確立了近世經濟社會，後者則帶來了高度經濟成長；這兩者其實都是下意識選擇了和平，從而走上同樣軌跡所致的啊！

為了避免誤解，我在這裡必須做個嚴正聲明：以上的議論，並不是要歌頌鎖國。在今日的地球、在已是宛若太空船「地球號」般存在的時代裡，呼籲回到鎖國，無異是一種時代錯誤。正如撰有巨著《世界經濟的歷史、理論與展望》的堀江忠男先生所述，現代最重要的課題，就是「以地球規模進行問題思考的必要性」[063]。

但是，地球作為「賦予我們生存的整體」這一事實，和鎖國這個「封鎖的世界」之間，確實是有可以相互比擬之處。從「賦予我們生存的整體」這一共通點來看，鎖國在國境上擁有明確的界線，而地球也是有限的存在。地球的物質資源不只不是無限，而且是有限且稀少的。把世界當成無限開闊，到處找尋征服對象，將開拓邊疆（破壞環境）當成美善之事，高舉優勝劣敗、弱肉強食，以及達爾文風格的自然淘汰、適者生存口號，實為「近代世界體系」的價值觀。相較之下，把世界看待成地球是一個「有限的整體」，比起生物之間的競爭更強調共存共榮，這種今西錦司所主張的「分棲共存」原理，其展現出來的自然觀，才是真正值得學習的原理，而它與各民族的「分居共存」世界觀，又是彼此相通的[064]。以今西進化論、或者說今西自然學為根基，重視「整體調和」的理念，乃是在日益加深的國際交流中，和各國命運與共的日本所不可或缺的。

承之章　關於史觀

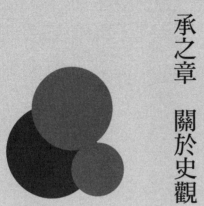

我在大學執教日本經濟史將近十五年，在這段期間中，我痛切感受到我們必須要有一部新的歷史教科書才行。在日本經濟史的課程中，我們不只論及日本史，也講到西洋史和東洋史；對於這樣的授課，學生在考試作答的時候，紛紛表示「授課內容跟我們原先預期的很不一樣」。他們不是失望，而是驚訝地感覺到，原來歷史不只是默背暗記，而是壯闊的人類史篇章；不只如此，要理解日本史，也絕不可缺少世界史的視野。正因這樣，所以他們都覺得「經濟史很有趣」。只是，他們原先預設的「日本經濟史」課程，到底是怎麼一回事呢？我想，他們大概都認為日本經濟史就只是高中學過的日本史的延伸，是講講日本國內發生的經濟大小事就結束的課程吧！在他們腦海裡，從沒預料過要理解日本史，還必須理解東洋史和西洋史，這完全是一種鎖國式的思維。

之所以如此，責任並不在學生，而是在於歷史教師……不，因為歷史教科書是由學者所執筆，所以最終的責任乃是在史家身上。現在，全國層級的歷史相關學會有歷史學研究會、土地制度史學會、社會經濟史學會等，其中又以擁有將近七十年傳統、聚集研究者超過千人的社會經濟史學會為最盛；每年在全國大會上，都會提出相當多的研究報告。只是，報告會場千篇一律，都是分成日本相關、西洋相關、東洋相關三個場地進行，很少有橫跨三個地區的報告。歷史研究也是一樣，彷彿分成三個章魚壺般，在各不相關的領域中埋頭進行。

日本從何處來，又該往何處去？要闡明全球化時代日本的來歷，光靠陳述日本列島內部發生的各種事件，是絕對不夠的。日本和世界各國是相互依存的關係，將日本史從世界的步伐中切離，這是嚴重的問題。因此，我們必須要樹立起一套能夠深刻理解世界史的日本史才行。

研究會趨向專門化、個別分析，這是必然之事；但在教育的最前線，我們必須將統合起來的成果，有效傳遞給青少年才行。然而，現實並非如此。對應歷史學界的「章魚壺」現象，日本史和世界史在高中用的是不同的教科書，負責教課的也是不同的老師，考生必須在兩者之間進行選擇；結果，考世界史的學生無視日本史，而選擇日本史的學生，則認為不了解世界史也無所謂。這就是彼此互不相關的章魚壺式歷史理解。現在，日本的高中入學率將近九成，而大學的入學率也有五成；換言之，日本全體青少年接觸的，都是這種章魚壺式的歷史認知，而史家對此也都表示默認或贊同。這對日本的歷史研究與教育，都是至關緊要的問題。為了不讓日本在邁向全球化時代之際走上錯誤的道路，以全球視野理解日本過往一路走來的歷程，乃是不可或缺的要務。日本的將來，必須與世界各國攜手共存；因此，將日本的步伐與世界的腳步割裂開來進行理解，乃是相當嚴重的問題。但，為何會演變成這樣的狀況呢？

日本近代史學的奠基始於一八八七年（明治二十年），帝國大學（現在的東京大學）設立史學科，並禮聘德國史家路德維格．里斯（Ludwig Riess）前來講授世界史；這時里斯不過才二十六歲而已，此後直到一九〇二年（明治三十五年）為止的十五年間，他一直從事世界史的授課工作。里斯是有「近代歷史學之父」美稱的德國史家蘭克（Leopold von Ranke）的弟子。蘭克有一本名著《世界史概觀：近世史的各時代》，在書中有一段膾炙人口的名言：「一切古代史，都像是匯流到同一個湖中注入羅馬史；而從羅馬史當中，又流出了近世史的全貌。」從這句名言可知，在蘭克心目中，世界史就只是西洋史而已，除此之外再無他物。換言之，明治時代引進的「世界史」，內容不過是西洋史罷了，而這種「世界史」想也知道不包含日本在內。兩年後的一九〇四年，帝國大學設立了以日本為主軸的國史學科，接著在一九一〇年（明治四十三年），又設立了以漢籍為研究對象的東洋史學科。就這樣，西洋史、日本史、東洋史這種三足分立的章魚壺式史學奠立了基礎，而我們直到今日，仍在為它付出代價。

為什麼這種章魚壺式的史學，能夠存活將近一個世紀呢？這是因為我們接納了西洋史學（特別是德國史學）當中極具特徵的「發展階段論」。發展階段論的萌芽始於福澤諭吉，他在《文明論概略》中，以法國人吉佐（Guizot）的《歐洲文明史》、英國人巴克爾（Henry Buckle）的《英國文明史》為基礎，提出了「未開化→半開化→文明」的三階段論，同時也介紹了以發現大森貝塚而聞名的愛德華．摩斯（Edward Morse）的進化論。透過福澤的引薦，這樣的論點在明治時期粗具雛形，而更進一步形成完備的理論，則有賴馬克思的史觀。

在徹底改變許多人看待世界史眼光的《政治經濟學批判》的序言當中，馬克思將社會的發展階段，區分為「亞細亞、古代、封建、近代資產階級」這樣的序列；他明白指出，近代公民社會「宣告了人類前史的終結」，而人類未來必將發展到平等的社會主義、共產主義社會。在承續這篇文章寫成的《資本論》德文版序言中，馬克思又以「先進國家是後進國家未來的樣貌」作為通篇主軸；許多學者對此深信不疑，日本的知識分子亦不例外。

馬克思主義就像是灌注到乾燥沙漠的泉水一般，一路滲透到近代的日本社會當中。之所以如此，其背景乃是因為幕末維新時期，除了攘夷派，就連開國派也抱持著和西洋對抗的意識形態，因此對於批判西洋文明的馬克思，才會產生如此共鳴。也正因如此，日本知識分子不管或明或暗，都和馬克思主義有所關連。馬克思的分析對象是西歐，特別是英國；因此這些人也以英國史為比較基準，來研究日本史與東洋史的演進步伐。歐洲是由古代奴隸制社會經過中世封建制，最後建構起近代資本主義社會。將這樣的歷史事實理解為社會發展法則後，就可以對日本史用同樣的脈絡，亦即封建社會↓資本主義社會↓社會主義社會的轉換歷程來加以解釋。明治維新究竟是「由封建制的最後階段轉變為專制主義」，還是「產生出近代社會的資產階級革命」？這樣的論爭，正是源於這種以歐洲歷史為座標軸的視野所致。現代中國的歷史教科書也寫說，中國史乃是由封建社會↓資本主義社會，再經過反封建、反帝國主義運動後建設起社會主義社會，直到今日；換言之，中國也被馬克思史觀抹上了厚重的一層油彩。

可是，現在我們都清楚理解到，資本主義和社會主義，不過是在經濟發展上，走向市場經濟與計畫經濟的區別罷了，和發展階段之類的問題完全無關。在蘇聯和東歐，社會主義計畫經濟徹底破產，中國也急遽朝著僅有社會主義虛名的「社會主義市場經濟」邁進；至於北韓，則正為嚴峻的饑荒所苦。當把社會主義理想化的作法已經走進死胡同之際，用馬克思史觀來編纂教科書，就變成了一種時代錯誤。對馬克思主義史觀時代錯誤的反省，必定會蔓延到中國史學界，而「如何汰換那些公式主義、教條主義的歷史教科書」這一課題浮上檯面，也只是早晚的問題而已。日本的教科書問題究其根本原因，其實也是源自於為二戰後日本歷史認知提供基本框架的馬克思主義，在史學方面的破產所致。

若說馬克思唯物史觀是西洋進口史觀的代表，那日本固有史觀的代表，就是京都學派的生態史觀了。本章將針對這兩個學派各自的史觀、以及與之相對應的自然觀（達爾文進化論和今西錦司的分棲共存論），一併進行批判性的檢討，並在下一章，為了理解身處人類至今仍在體驗的「全球化時代」中的日本，提出一套從海洋來掌握世界史的嶄新史觀——「海洋史觀」。

一、唯物史觀——達爾文與馬克思

二十世紀是戰爭的世紀，也是革命的世紀，更是社會主義與馬克思主義的世紀。社會主義被深信為是繼資本主義之後，世界史的下一個更高階段與層次；屬於自由主義圈、資本主義圈的西方各國，都受到馬克思的幽靈深深威脅。但是，當蘇聯和東歐圈在冷戰中敗北，所處的實際情形也真相大白後，我們可以看見在這些舊社會主義圈子中，嚴峻的貧困四處蔓延，朝向自由經濟、市場經濟、資本主義經濟公然「開倒車」的景象屢見不鮮，因此馬克思史觀可以說是已經破產，而馬克思的世紀也已劃下了句點，這可說是對二十世紀的一個總結。

提到馬克思主義的核心經典，自然就是《資本論》。在資本論的內頁上，有這樣一段獻詞：「獻給我難以忘懷的朋友，勇敢、忠實且高尚的無產階級先鋒戰士，威廉・沃爾夫。」但有一段軼聞指出，其實馬克思當初原本是想將資本論，獻給著有《物種起源》、也是進化論的創始者——達爾文（Charles Darwin），不過遭到了達爾文所婉拒。姑且不論這段軼聞真偽，當我們遍覽兩人的著作，便可以清楚發現馬克思的資本論與達爾文的進化論間，具有某種程度的血脈關連。以達爾文進化論為基礎、主張弱肉強食的社會進化論（也被稱為社會達爾文主義），和馬克思描繪的近代資本主義競爭社會，全然如出一轍。誕生於十九世紀的馬克思社會觀，在歷經二十世紀的實驗後，已經證明完全禁不起考驗；因此，對於和它具有血脈關連的達爾文自然觀提出質疑，也是理所應為。

馬克思和達爾文之間，其實應該有書信往返才對；然而，有件從以前開始就讓我感到很不可思議的事，那就是在全四十八卷的《馬克思恩格斯全集》當中，完全沒有兩人曾經通信的記錄。就在這時，我讀到了中村勝己的《英國歷史紀行》，在書中有這樣的一段記述：「以進化論著稱的達爾文，他的隱居處所，位在倫敦南邊十六英里處的堂村（Downe village）。達爾文因為提倡進化論，不容於教會乃至社會，所以隱匿在這個荒僻的小村莊中，潛心度過四十年研究與思索的歲月……在他的藏書中包含了馬爾薩斯的《人口論》，同時也有展示他閱讀了馬爾薩斯關於糧食與人口間的科學法則後深受感動，寫給馬爾薩斯的信件。不只如此，在這裡也展示了馬克思寄贈給達爾文的《資本論》第一卷、達爾文針對此事寫給馬克思的信件，以及馬克思讀了《物種起源》後，表示自己深受感動的書信。」

一九九五年夏天，我趁著前往英國走訪了當地。要前往位在荒郊的堂村，必須要先從倫敦的維多利亞車站搭二十分鐘的火車來到布羅姆利南站，然後再搭半個小時的巴士前往奧爾平頓鎮，最後再換乘一小時一班的小巴士，花上十五分鐘的車程才行。那是一個閑靜的鄉間小鎮，在巴士站的旁邊，就是達爾文直到一八八二年逝世為止，四十年間一直在此思索研究的乳白色洋樓與庭園（Down House & Garden, Kent）。這棟故居允許參觀，但因為建築持續老化，所以正在募集修繕資金；至於它的內部，則是一概禁止攝影。我在那裡並沒有發現馬克思寫來的信，不過看到了達爾文寫給馬克思的信。那是一封手寫的信件，也是我先前一無所知的史料。達爾文所寫的內容如下：

Dear Sir,

I think you for the honour which you have done me by sending me your great work on Capital, and I heartily wish that I was more worthy to receive it, if understanding more of the deep and important subject of political economy. Though our studies have been so different, I believe that we both earnestly desire the extension of knowledge, and that this in the long run is …… add to happiness of mankind.

I remain, Dear Sir, your faithfully

Charles Darwin

承蒙您惠贈您關於資本的偉大力作，鄙人深感光榮。鄙人由衷期盼自己能夠成為足以拜領本書之人，今後亦當在政治經濟學這個深刻且重要的領域方面日益精進，以求能得更深一層之理解。儘管我們兩人的研究性質極端相異，但都是渴求著知識的增進，並將長遠的眼光，寄寓於人類幸福的改善之上。

為什麼達爾文寄給馬克思的信件，會出現在他自己的故居當中呢？從《馬克思恩格斯全集》當中沒有收錄這封信來推斷，應該是達爾文並沒有將它寄出吧！又或者說，這只是封草稿而已呢……我腦海中的疑念不禁紛至沓來。在信的旁邊，放置的是一本謹呈給達爾文、一八七二年刊行的《資本論》（第二版）。由此可以明白得知兩人之間確實有通信往來，而且馬克思也相當傾慕達爾文。究竟達爾文是哪一點吸引了馬克思呢？

◎達爾文與馬克思

達爾文的《物種起源》[1]出版於一八五九年。關於馬克思與達爾文的關係，馬克思獨一無二的摯友恩格斯，曾經留下這樣的意見：

本書（《資本論》）特別值得注目之處，在於作者（馬克思）認為經濟學的命題，並不像一般認為的那樣乃是永遠妥當的真理，而是一定歷史發展的結果。甚至自然科學，也有漸漸和歷史科學合流為一的趨勢——這點可以參照達爾文的著作。[23]

關於本書（《資本論》）的性質……他（馬克思）認為，就像達爾文證明了自然史一樣，社會領域也是透過逐步變革的過程，從而確立起其法則。這種逐步產生的變化，實際發生於由古代歷經中世、直至今日不斷演變的社會關係當中。[4]

以上是恩格斯為馬克思《資本論》第一卷所寫的書評。同樣的主旨也出現在恩格斯對馬克思的悼詞中：「正如達爾文發現生物界的發展法則一般，馬克思也發現了人類歷史的發展法則。」[5]在為《共產黨宣言》英文版撰寫的序文中，恩格斯也說，「就像達爾文學說為自然科學的進步奠立基礎一樣，［馬克思的］學說，也肩負著奠立歷史科學基礎的使命。」不只如此，恩格斯在《反杜林論》，以及將之更加精煉而成的《社會主義從空想到科學的發

1 八杉龍一譯，岩波文庫，一九九〇年。
2 編注：〔〕內為川勝補註，以下皆同。
3 一八六七年十一月十七日，恩格斯刊載於《杜賽爾多夫新聞》，有關《資本論》第一卷的書評；收錄於《馬克思恩格斯全集》第十六卷。
4 一八六七年十一月二十七日，刊載於《觀察家報》的《資本論》第一卷書評；收錄於《馬克思恩格斯全集》第十六卷。
5 刊載於〈在馬克思墓前的講話〉，《社會民主報》，一八八三年三月二十二日，收錄於《馬克思恩格斯全集》第十九卷。

展》[6]中，也作了以下的陳述：

達爾文證明了今日一切有機的自然界，亦即包含植物、動物——人類更不在話下，都是幾百萬年不斷進化過程中的產物；透過這種證明，他極其有力地打擊了形上學的自然觀……只要某個工業部門引進這種高度的組織方法（資本主義生產方式），就不會允許舊的生產方式與之共存。當它侵入手工業領域時，古老的手工業便隨之衰亡。勞動的場所變成了戰場。隨著新大陸的發現以及持續不斷的殖民，商品銷路的擴張數以倍計，同時也促成了由手工業往工廠生產的轉變。在這種狀況下，不只是地方上的生產者間彼此鬥爭頻仍，之後又從地方性質的鬥爭演變成全國性質的鬥爭，接著更在十七和十八世紀，演變成所謂的商業戰爭；最後，大型工業和世界市場的樹立，將這場鬥爭擴大到世界等級的規模，其熾烈程度亦屬前所未聞。不論在個別資本家之間、或是全體產業乃至全體國家之間，自然或人為生產條件的優劣，已然徹底成為決定生死存亡的要素，失敗者將會被毫不留情地淘汰。這正是達爾文所謂的「個體生存競爭」，以更加兇暴的形式，從自然界移植到社會的結果。我們人類發展的頂點，呈現出來的竟是一副動物自然狀態的模樣！

從這裡我們可以清楚明瞭，馬克思是用生存競爭的觀點，來詮釋經濟史的發展。換言之，他是將達爾文在《物種起源》中所言，由「生存競爭」導致「自然淘汰」這一觀念，套用到人類社會上；因此，達爾文的自然觀與馬克思的社會觀，兩者之間具備共通性乃是無可否認的。接下來我想針對這兩者的關係，再做更詳盡的檢討。

相當巧合地，馬克思經濟學誕生的起點——《政治經濟學批判》，其出版時間正好與《物種起源》同樣，都是一八五九年。這個時候，馬克思應該還不知道達爾文。馬克思得知達爾文的《物種起源》，是透過恩格斯的引薦。恩格斯在這年歲末寫給馬克思的書信中，盛讚了《物種起源》：

——我現在正在閱讀達爾文的作品，這真是一本相當不簡單的書哪！迄今為止，目的論都是聳立在眾人面前、難以打破的高牆，但這本書卻前所未見地突破了它。為了達成這個目的，達爾文進行了古今未有的壯闊嘗試，力圖證明在自然當中，其實蘊含了歷史發展的規律；到目前為止，像這樣的嘗試，還不曾有過如此成功的案例……[7]

6 一八八〇年；大內兵衛譯，岩波文庫，一九四六年。

7 一八五九年十二月十一或十二日，恩格斯致馬克思的書信，收錄於《馬克思恩格斯全集》第二十九卷。

就這樣，在摯友恩格斯的推薦下，馬克思開始閱讀《物種起源》。一八六七年，當馬克思完成《資本論》第一卷的時候，據說曾經打算將獻詞致贈給達爾文，但最後則是改成了向沃爾夫致意。

馬克思在《資本論》第一版的序言中寫到，「本書乃是我在一八五九年發表的著作《政治經濟學批判》的延續。」從《政治經濟學批判》到《資本論》這將近十年之間，他不斷在學術之路上苦心鑽研，同時也明顯意識到了達爾文學說的存在。那麼，究竟《物種起源》有何魅力，能讓馬克思傾慕不已呢？

《物種起源》包括了序言與全部十四章的正文。在第一、第二章，達爾文談了在飼養栽培以及自然界中，所觀察到生物的種類變異；接著則是有名的第三章「生存鬥爭」（生存競爭），以及第四章「自然選擇」（自然淘汰）。在這兩章中，他針對「世界上繁衍的無數物種，究竟是怎樣變化而來的」這一問題進行了探討；最後，他透過對自然界的觀察，得出了「生存競爭」這個概念。這套「生存競爭」說，直至今日仍對人們的自然觀與社會觀有著極大的影響。達爾文為什麼會用「生存競爭」、「自然淘汰」的概念，來解釋物種的起源呢？

在序言中，他是這樣說的：

在接下來的章節〔第三章〕中，我們可以看到世界上所有的生物，都會以高度等比級數的方式進行增殖，結果就不得不面對所謂的「生存鬥爭」。換句話說，馬爾薩斯的原理，其實適用於整個動植物界。不管哪個物種，想要生存，就必須盡可能讓更多的個體得以存活下去，因此頻頻展開生存鬥爭；就算多一點點也好，只要能出現有利的變異，那生物就能在複雜且變化萬千的生活條件之中，獲得更好的生存機會。這就是**自然的選擇**。以遺傳下來的堅實原理為基礎，自選擇中脫穎而出的變種，全都是能夠適應新變化形態的物種。關於「自然選擇」這一基本問題，我將會在第四章做更詳盡的說明。

值得注意的是，達爾文在這裡提及了「馬爾薩斯的原理」；由此顯現出他的生存鬥爭（競爭）概念，其實是借自馬爾薩斯。在這篇序言的最後，達爾文用了一句話作為結尾：「其實我很確信，『自然選擇』雖是演變的主要方法，但並不是唯一的方法。」從這句結論也可以察知，即便是達爾文自己，對於自然淘汰（自然選擇）說，也未必就感到滿足；關於這點，我們應當銘記在心。

馬克思閱讀《物種起源》的時間，從以下書信中可以推出，應該是在一八六〇年十一月到十二月左右。他將自己的讀後感，這樣寫給了恩格斯：

在我飽受磨難的這段期間——也就是最近的四週間，我閱讀了各式各樣的書籍，其中也包括了達爾文那本討論「自然淘汰」的書。儘管這本書的英語論述能力相當粗糙，卻足以為我們的見解提供博物學方面的基礎。[8]

馬克思在信中提及的「我們的見解」，指的就是「迄今為止一切社會的歷史，都是階級鬥爭的歷史」[9]這一論點。他在接下來的書信中，也清楚證明了這點：

達爾文的著作相當了不起。我清楚感覺到，它可以做為歷史性質的階級鬥爭，在自然科學方面的立論基礎——當然，我們還是得忍受他那種雜沓的英國式論述方法才行。儘管有諸多缺陷，但以此為開端，不只對自然科學當中的「目的論」產生致命的打擊，同時也讓它的合理意義，得以在經驗性質上獲得分析。[10]

就如上述，馬克思認為《物種起源》為階級鬥爭史觀提供了自然科學的基礎，進而給予它很高的評價。之後在一八六二年，他又重讀了一次《物種起源》；這次他所注目的地方，是這本書的序言：

我再次閱讀了達爾文的作品；他說，他認為「馬爾薩斯式」的理論也適用於動物和植物，這點令我感到頗有意思。事實上，馬爾薩斯理論的核心之處，不正在於它並不適用動物和植物，而是只適用於人類（換言之，只有人類才會按照等比級數成長）嗎？達爾文值得注目的地方在於，他在動植物界中，重新認識了他所處的英國社會——也就是那個分工、競爭、開拓新市場與「各種發明」，還有馬爾薩斯式「生存競爭」結伴而來的社會。這用霍布斯的話來說，就是bellum omnium contra omnes（一切人反對一切人的戰爭），同時也讓人想起黑格爾的《現象學》；在這裡，資產階級社會呈現出「精神上的動物界」樣貌，但在達爾文的論述中，動物界則以資產階級社會之姿呈現。[11]

在這封書信中，馬克思透過對達爾文學說與馬爾薩斯和霍布斯之間進行連結，將它拉到了自己的擂台上。在《資本論》第一卷第二十三章〈資本主義積累的普遍法則〉中，他對馬爾薩斯的人口論提出了批判。馬克思說，馬爾薩斯的思維太過偏狹，他只從勞動者「絕對的

---

8 一八六〇年十二月十九日，馬克思致恩格斯的書信，收錄於《馬克思恩格斯全集》第三十卷。
9 引用自《共產黨宣言》。
10 一八六一年一月十六日，馬克思致斐迪南．拉薩爾的書信，收錄於《馬克思恩格斯全集》第三十卷。
11 一八六二年六月十八日，馬克思致恩格斯的書信，收錄於《馬克思恩格斯全集》第三十卷。

過度增殖」來解釋過剩人口，卻沒有針對「相對的過剩化」進行解釋。

馬克思對人口的看法是：「一切特殊的歷史生產樣式，都在各自特殊的歷史下，具備其相對應的人口法則。所謂抽象的人口法則，只存在於人為的歷史干涉不曾出現、宛若動植物般的狀況下而已。」據此他更進一步說，在資本主義生產樣式下的人口法則，會在景氣良好時吸收過剩人口，並在不景氣時期形成過剩人口。

馬爾薩斯（Thomas Robert Malthus）在《人口學原理》[12]當中，做了這樣的陳述：

> 我認為，人口的增加力度，必定大於為人類生產其生活資料的土地生產力。人口若是不加以限制的話，會呈等比級數增加，但生活資料只會呈等差級數增加。

這就是馬克思所批判、認為欠缺歷史性的「抽象的人口法則」。當馬克思重讀《物種起源》的時候，他認為達爾文借用的馬爾薩斯「生存競爭」說，不過是霍布斯的說法換了層皮而已，因此對於這種作為進化機制的「生存競爭」說，抱持著強烈的保留態度。然而，他並沒有因此排斥達爾文的進化論；這點從兩年後的一封書信，可以看得相當清楚：

> 其實，從達爾文證明「猴子是我們共通的祖先」起，已經沒有什麼震撼，能夠更加強

烈的動搖「我們對祖先的崇拜」了。[13]

馬克思在從進化的角度來看人類社會形成這點，和達爾文有著深刻共鳴；可是，他對用「生存競爭」來解釋進化機制的達爾文，仍然抱持著疑問。既然如此，那生物又是為何而進化呢？馬克思持續懷抱著這個問題意識，在重讀《物種起源》四年後的這封信中，可以窺見一斑：

有一本非常重要的著作……等我做好必要的筆記之後，就馬上寄給你〔恩格斯〕。這本書是《人類及其他生物的起源與變異》，作者是P．特雷莫，於一八六五年在巴黎出版。他的學說是……凌駕於達爾文之上，非常重要的進步。……對達爾文來說，進步只是純屬偶然，可是在這本著作中，它卻是作為地球各個發展期基礎的必然之事。達爾文沒能說明的退化，在這本著作中也顯得簡單明瞭；和物種類型的進化緩慢相比，單純過渡類型的消滅非常急遽，這點也解釋得很好。因此，讓達爾文陷入混亂的古生物學空

12 一七九八年；高野岩三、大內兵衛譯，岩波文庫，一九三五年。

13 一八六四年六月二十五日，馬克思致萊昂．菲力浦斯的書信，收錄於《馬克思恩格斯全集》第三十卷。

隙，在這本書中認為是必然之事。同樣地，作為必然的法則，一旦某個物種被構成，就會依循著某種固定性（個體之類的變異除外），持續發展下去……說到底，只有當和其他物種交配、並多子多孫繁衍下去的可能性徹底消失之際，某個物種才會實際開始建構、組織起來，這點是已經得到證明的事。因此，這本書不管在歷史或是政治上的應用，都遠比達爾文還要重要，內容也相當豐富。[14]

恩格斯從地質學的基礎出發，對特雷莫的著作提出了批判，不過馬克思對此，則是做出了以下的回應：

關於特雷莫，你（恩格斯）的判斷是，「他不了解地質學，更連一般的文獻或史料批判能力也沒有；他的所有理論，全部都是不值一提的東西。」然而，當你去重新翻閱居維葉的《地球變遷論》時，你會發現你的評論，和反對「物種變異」的他，在措辭上幾乎完全如出一轍。居維葉在著作中嘲笑德意志的自然幻想家，說他們只不過是在自己能夠證明的範圍內，仿效達爾文的基本思想進行主張罷了。然而，儘管居維葉是位偉大的地質學者、自然研究者，還是位難得的文獻與史料批判家，但這並不妨礙他是錯的、而主張新思想的人是對的這一事實。在我看來，特雷莫有關土壤影響的根本思想（當然，

> 他對這種影響造成的自然歷史變化並沒有做出評價，而我認為在這種歷史變化中，還應當計入我們人類透過農業對地表造成的化學變化，乃至於石灰層等物質對各種生產樣式，產生的形形色色影響），在科學中應當明確占有一席之地，因此是該被主張的必要思想，而這和特雷莫本身的記述，完全沒有關係。[15]

就像這樣，儘管馬克思認同恩格斯對特雷莫的著作提出批判，也清楚認識到它的缺點，但還是再次肯定了他的貢獻。馬克思也察覺到達爾文「生存競爭」理論的缺點，但對他從「進化」這種歷史視野來看自然界仍抱持肯定，認為是種相當新鮮的見解。同樣地，馬克思對特雷莫在「進化」之餘也能認識到「退化」這點，給予很高的評價；至於特雷莫到底有沒有成功說明退化為何而來，這點則另當別論。對深信資本主義會瓦解的馬克思而言，理解自然界中存在著「退化」，是相當重要的一件事。馬克思也推薦庫格曼（Ludwig Kugelmann）閱讀特雷莫的著作：

14 一八六六年八月七日，馬克思致恩格斯的書信，收錄於《馬克思恩格斯全集》第三十一卷。

15 一八六六年十月三日，馬克思致恩格斯的書信，收錄於《馬克思恩格斯全集》第三十一卷。

我也推薦你閱讀特雷莫的《萬有起源論》。雖然他的敘述很鬆散，在地質學上的謬誤也多如牛毛，在文獻、歷史批判上更是有許多缺點，但就整體而言，他比達爾文還要來得更加先進。[16]

以上是馬克思直至《資本論》付梓為止，對於達爾文學說的大略看法。簡單來說，馬克思在初讀《物種起源》之際，深信它賦予了自己的社會觀「自然科學的基礎」，因此深受感動；可是當他再次閱讀這本書的時候，卻清楚察覺到了箇中立論的薄弱之處。

順道一提，馬克思在《資本論》第一卷中，曾經有兩處提及達爾文，分別是第十二章的注三十一和第十三章的注八十九，在此謹引用後者：

達爾文將他的關心投注在自然的技術史，也就是動植物作為謀生之用的生產工具（它們的各種器官）是如何形成的。既然如此，那社會性的人類生產器官形成史、以及每個特殊社會組織中物質基礎的形成史，難道不值得同樣關注嗎？這樣的歷史，難道不是更容易加以提供嗎？畢竟，就如維柯所言，人類的歷史和自然的歷史是有所區別的——前者是我們自己創造的事物，後者則非。

就像這樣，馬克思將自然史與人類史區隔開來。同樣的看法也見於恩格斯對《資本論》第一卷的書評；這部分在前面已經引用過，不過實際上，為了幫助恩格斯寫這段書評，馬克思自己曾經給恩格斯一份「草稿」。在這當中，馬克思本人這樣表明：

> 本書作者〔馬克思〕認為，現在的社會從經濟視野來看，其實正孕育著某種嶄新的更高型態；當他指出這點的同時，他其實只是和達爾文對自然史的論述一樣，從社會層面揭示出逐步變革的過程而已。[17]

馬克思對自然史和人類史有著嚴格區別；對於那種將兩者混同的議論，他的筆鋒可說毫不留情。例如說對朗格（Friedrich Albert Lange）的批判，就是一個例子：

> 朗格先生（在《論勞工問題……》第二版中）對我大加讚揚，但其實只是為了擺出一副自己高高在上的架子而已。朗格先生認為他找到了一個重大發現，那就是歷史整體可

16 一八六六年十月九日，馬克思致庫格曼的書信，收錄於《馬克思恩格斯全集》第三十一卷。
17 一八六七年十二月七日，馬克思致恩格思的書信，收錄於《馬克思恩格斯全集》第三十一卷。

> 以被納入一個偉大的自然法則當中，而這個自然法則就是「生存競爭」；但這完完全全就是一句空話（達爾文的說法套用在這裡，就只是一句空話而已……）。在這句空話底下包裝的是馬爾薩斯的人口法則，更正確地說是過剩人口法則。簡單地說，這完全沒有分析到在各自特定社會型態中，以歷史樣貌呈現出來的「生存競爭」；要說他到底做了什麼，那就只是把各自具體的鬥爭，全部變成「生存競爭」這樣的一句空話，然後再把這句空話轉換成馬爾薩斯的「人口幻想」而已。對於那些惺惺作態、偽裝出一副學者模樣、擺出高高在上架子實則無知、懶得思考的人來說，這毫無疑問，確實是個相當有說服力的論點。[18]

馬克思對於將自然法則與人類社會隨意揉合大表反彈，並且批判作為自然法則被談論的「生存競爭」，乃是毫無內容的空洞文句。他所關心的與其說是物種發展，還不如說是物種消滅。例如說，他在遺稿《剩餘價值學說史》[19]的第九章第二節中，就以〈對達爾文的馬爾薩斯人口論，做事實上的反駁〉為題，作出了下列的批判：

> 達爾文在他那本卓越的著作中沒有察覺，當他在動植物界中發現「等比級數」的時候，其實就已經把馬爾薩斯的理論給顛覆掉了。馬爾薩斯的理論，正是建立在他把華萊

士的「等比級數增加」，和他幻想的動植物「算術」級數增加相互對應之上。其實在達爾文的著作中，從諸如物種消滅（這點在基礎原理上完全不同）這種細節之處，也能找到從博物學上對馬爾薩斯理論的反駁。[20]

簡單來說，達爾文所觀察到的事實，其實已經溢出了馬爾薩斯式的解說框架。在《剩餘價值學說史》中，馬克思一方面給予身為自然史家的達爾文很高評價，另一方面又這樣闡述了他和自己在社會觀上的異同：

> 在現實中被「積累」起來的事物，並不是死氣沉沉的數量，而是以活生生姿態被累積起來的東西，那就是勞動者的技能，以及勞動的發展程度……這正是形成出發點的真正先決條件，而這樣的先決條件，又是各式各樣發展過程所產生的結果。積累在這裡是一種同化，是在維持過往傳承下來的事物、以及已然實現的事物同時，又不斷地進行改

---

18 一八七〇年六月二十七日，馬克思致庫格曼的書信，收錄於《馬克思恩格斯全集》第三十二卷。

19 由考茨基（Karl Kautsky）編輯，於一九〇五至一〇年間刊行。

20 收錄於《馬克思恩格斯全集》第二十六卷之二。

造。在這樣的思考下，達爾文主張，一切有機體——包含植物和動物——都是透過遺傳的「積累」，來建構推動其形成的原理。因此，各有機體本身都是透過「積累」被形塑而成；也就是說，它們不過是活生生主體的「各種發明」逐漸積累而成的發明物罷了。可是，對生產而言，這並不是唯一的先決條件。以動植物的情況來說，所謂先決條件，就是對它們而言屬於「外部」的自然；不只是無機的自然環境，也包括了和其他動植物之間的關係。在社會中從事生產的人們也是如此；包括變形的自然（特別是已經內化為他們自身活動機制的自然事物）、以及生產者彼此間一定的各種關係，都是以既存事物之姿，呈現在我們眼前的要素。這種積累，一部分是歷史過程的結果，一部分則是個別勞動者間技能的傳承。[21]

在這裡，馬克思也將對動植物而言「外部的自然」，和對人類而言「變形的自然」相互對比。由此觀之，馬克思從達爾文那裡學來的認知，可以用我們前面引用過、出現在《資本論》第一卷中的一句話來一以蔽之：「人類的歷史和自然的歷史是有所區別的——前者是我們自己創造的事物，後者則非。」

物種是在自然的歷史中進行演變，這點對今日的我們而言雖然已經是常識，但在目的論式的自然觀仍被深信不疑的那個時代，「自然也有歷史」這樣的認知，其實是相當嶄新的。

但是，達爾文的自然觀，在立論依據上是很脆弱的。察覺到這點的其實不是別人，正是達爾文本人，再來就是馬克思。達爾文在《物種起源》的序言中這樣說道：

物種並不是個別單獨被創造出來，而是和變種一樣，是源自於其他的種類；我可以充分預想到，我們最後必定會抵達這樣的結論。然而，儘管這樣的結論乃是立基於最有力的理由之上，但在這個世界上生長繁衍的無數物種，究竟是歷經了怎樣的變化而來，而那些令我們大為驚嘆的完善構造以及相互適應，又是如何產生而來？在明白揭露這點上，仍有無法滿足之處。

為了解答這個疑惑，達爾文不是從生物學，而是從人文、社會科學領域，借用了「生存競爭」的說法。依循這項事實，我們可以大致明白達爾文的生存競爭說，為何會以「社會進化論」之姿，成為人類世界的解釋原理而風靡一世的理由。

以上就是我所做的彙整。確實，馬克思在閱讀達爾文著作的最初，便發覺了作為自己社會觀骨幹的階級鬥爭，與作為達爾文自然觀骨幹的生存競爭之間，有著密切的血緣關係，

21 收錄於《馬克思恩格斯全集》第二十六卷之三。

並因歷史的階級鬥爭有了自然科學的基礎（也就是進化論），而感到雀躍不已。可是，這種進化論的基礎是很薄弱的；對這點抱持深刻自覺的不是別人，正是達爾文本人。因此，達爾文在《物種起源》中，針對「在這個世界上生長繁衍的無數物種，究竟是歷經了怎樣的變化而來」提出質問，並為了解答，產生出「生存競爭」與「自然淘汰」這樣的概念。達爾文在《物種起源》的序言中，明言生存競爭這個概念，就是「將馬爾薩斯的原理適用於全體動植物界」；在這種從社會科學借用過來的「生存競爭」概念下，產生有利變異的個體，會在複雜變化的生活條件下進行淘汰，而被淘汰的變種，又會衍生出新的形態，這就是「自然淘汰」論。可是，針對這種論點，達爾文在這篇序言的末尾也說，「其實我很確信，『自然選擇』雖是演變的主要方法，但並不是唯一的方法。」說到底，從作為社會科學書籍的馬爾薩斯《人口學原理》借來的生存競爭論、還有以此為基礎衍生出來的自然淘汰論，都沒辦法真正滿足達爾文，而這也是理所當然之事。

馬克思在重讀《物種起源》的時候，就敏銳察覺到了這樣的缺陷。馬克思既已認知到馬爾薩斯人口論的非歷史性，對於借用這個理論來解釋自然界的不足與薄弱，當然也比誰都理解得更清楚；也正因此，他才會發出「在這句空話底下包裝的，是馬爾薩斯的過剩人口法則……它只是把各自具體的鬥爭，全部變成『生存競爭』這樣的一句空話」的貶抑之詞。達爾文的物種變異（進化），乃是在時間之流中，以歷史的方式呈現，對於這種認知，馬克思給予很高的評價；可是，對於該怎麼解釋這點的理論脆弱性，他們兩人都很清楚地有所自覺。

達爾文進化論的理論依據，是社會科學家馬爾薩斯透過觀察人類得出的「生存競爭」概念。為什麼人類要為了生存展開競爭呢？馬爾薩斯深信，那是因為「人口會呈等比級數增長，但糧食只會呈等差級數增長」；這就是他唯一的根據。然而，馬爾薩斯並沒有對此作出任何論證，只是憑著直覺如此認定而已。當馬爾薩斯在世的時候，英國人口從一七五〇年的一千萬人，暴增到一八五〇年的兩千八百萬人。馬爾薩斯斷定，人口增長的根本原因乃是來自性慾；他深信，「男女的情慾是不變的」，而這也是「人類社會的普遍標準」。性慾既然無法駕馭，那麼只以等差級數增加的糧食，必然養不活呈等比級數增加的人口，而環繞著不足的糧食，必定會展開生存競爭，也必定會導致貧困與道德敗壞。為了讓這種悲慘的狀態消失，馬爾薩斯從道德的立場出發，主張必須抑制性慾。他對人類社會的觀察（說得更精確點，是一廂情願的主觀發想）產生出了「生存競爭說」，而這種論述又被達爾文採用來對自然界進行解釋；因此馬克思會表示唾棄，也是理所當然的。從馬克思的《資本論》出現在達爾文的宅邸內、而達爾文又寫了寄給馬克思的感謝信（草稿）這點看來，馬克思曾將《資本論》寄贈給達爾文，乃是毫無疑問的事；只是，他是否真的一開始就要用獻詞向達爾文致意，則仍然是個疑問。

◎超越「達爾文—馬克思」的典範

達爾文思索進化論的契機，是源自於他在一八三一年十二月到一八三六年十月這五年間，搭乘軍艦「小獵犬號」環繞世界一周的旅程[22]。在這當中，特別以他在一八三五年九月到十月這一個月間（僅僅只有一個月！），在漂浮於太平洋中、位在赤道正下方的加拉巴哥群島所做的觀察記錄最為有名。在小獵犬號順道停泊的這塊陸地上所做的觀察，乃是達爾文對活生生的自然界，堪稱僅此唯一的田野調查記錄。回國後，他因為健康受損之故，隱居在堂村閉門不出，除了觀察村內所謂「小小的自然」之外，就是在書齋裡專心一致地思索與寫作。因此，達爾文和活生生自然界的接觸，實在稱不上豐富；特別是和生態學者今西錦司相比，這種感覺更是明顯強烈。今西錦司的「分棲共存」論，正是對達爾文理論的反駁。

今西錦司不只在日本完成了登上一千五百座山岳的偉業，也走遍世界群山，在登山界、探險界享盡盛名。他九十年的人生，大半都是在荒郊野嶺度過；透過對山野的實地觀察，他對自然的敘述與分析相當逼真，而他的觀察方法，也是只此一家、別無分號。舉例來說，在今西理論立足的基礎——日本靈長類學領域，今西鍾愛的弟子伊谷純一郎先生就拿到了有「人類學諾貝爾獎」美稱的赫胥黎獎章，同時也是唯一一位以靈長類學者之姿，獲得這項獎章的人物；由此可見，他們在這方面的研究，確實是世界一流。今西從自然界得出的結論是這樣的：

生物對某種環境進行適應，乃是一種「特殊化」的歷程。對於無法持有道具的生物而言，往往必須等待身體結構的改變，才能夠適應環境；結果就是，一旦適應某種環境，就意味著很難再去適應其他環境。因此，對這種生物而言，剩下的選擇就只有為了完全適應這樣的環境，而一味地將這種特殊化發展到極點。——如果所有生物都是像這樣，各自適應特殊的環境、並成為其主宰的話，那麼如此構成的生物世界，就是各生物依循「分棲共存」之理，和平共存的世界，同時也是以異種或同種間掀起的生存競爭為前提的自然淘汰說，毫無置喙餘地的世界。[23]

今西就是這樣，將「生存競爭」論明確地從生物世界中排除出去，並以「分棲共存」論取而代之。

生存競爭在以自由競爭為原則的資本主義社會中是一種現實，但在自然界中，卻沒有人

22《小獵犬號航海記》，島地威雄譯，岩波文庫，一九五九至六一年。
23〈丘淺次郎的進化論〉；收錄於《我的進化論》，思索社，一九七〇年。

真的觀察到「由生存競爭而來的物種進化」。相反地，分棲共存則是就算門外漢在庭院裡也能觀察到的現象，因此就對生物世界的解釋來說，今西理論顯然遠遠更具說服力。

儘管如此，今西的理論還是有一個難解之處，那就是它無法用來解釋人類社會。人類也是一種生物；既然如此，那人類和其他生物也能分棲共存嗎？

對於這個問題，今西先生用有點曖昧的語氣，親口告訴我：「儘管我也想更了解關於人類的種種，但對我來說，生物世界果然已經是極限，要跨足人類世界，還是力有未逮。」[24]世界的人口在元年時是三億，到了一五〇〇年增加到兩倍的六億，到了二〇〇〇年，則預計將會超過六十億。日本的人口在江戶初期，大約是一千一百萬到兩百萬左右，明治維新時期是三千五百萬，太平洋戰爭敗戰時是八千萬，現在則是一億兩千多萬。日本也好、世界也好，過去四百年間，都歷經了人口達十倍以上的急遽增加。人口增加，必然伴隨著對其他生物生活世界的入侵，而人類與其他生物之間，要以「分棲共存」原理一以貫之，也相當困難。因此我們只能說，今西的渾身本領，就在於對人類以外的生物世界進行徹底觀察，以及從這樣的觀察之中所導出的洞察與見解。

今西詳細觀察、位於生物世界之中的分棲共存現象，並非一朝一夕形成的景象，而是三十二億年生物歷史的結果。既然如此，那為什麼生物世界會形成這種分棲共存的景象呢？關於這一點，今西的解釋仍然停留在推論階段。他在《生物的世界》中這樣寫到：「自然界的所有生物，原本都是從同一個起源分化而出；因為都是始自同樣的起源，所以世上的所有生物都有某種相似之處；但另一方面，也因為是由同樣的起源分化而出，所以它們也都各有相異之處。」今西將自然界的樣貌用「相似」與「相異」兩個概念加以涵蓋；這個世界上雖然沒有完全相同的物種，但它們全都是依循著「分化」這一自然界的原理，來「變出自己應當改變的模樣」。

今西的理論在最近獲得了出乎意料的援軍，那就是專攻宇宙與地球的物理學者松井孝典的著作《論地球倫理》[25]。松井將大霹靂以來，宇宙、地球、生命、人類四個世界的依序誕生乃至今日，長達一百五十億年的過程，以「歷史」這樣一個統一的觀點加以敘述；而貫穿這段宏偉歷史的關鍵概念，就是「分化」。換言之，他用「分化論」取代了「進化論」。

人類在地球四十六億年的分化歷史中，誕生於四百萬年前。分化，其實就是「多樣化」的別稱；我們可以發現，不管宇宙史、地球史還是生命史，都是按照分化的步伐，去達成多樣化的意志。人類別說和其他生物了，就連彼此之間共存都很難達成，而這就自然界的本質——亦即就多樣化來說，是種倒行逆施的狀況。那麼，我們從將人類社會的形成包含在

24 參照在我的作品《富國有德論》中，所收錄與今西錦司的對談。
25 岩波書店，一九九五年。

內、廣及宇宙的「大分化史」中，應該學到些什麼呢？身為物理學家、同時也是哲學家的康德在《實踐理性批判》中就曾感嘆地說：「天上閃耀的星辰，與內在的道德規律竟是如此相似。」進而展現出他的尊崇之意。如果說天上的星辰是「和光共存」的話，那麼生物就像今西錦司的發現一樣，也是「分棲共存」。那反過來說，人類又該如何呢？不管單位要以國家也好、還是民族也好，難道不該遵循分化或多元化的道理，為了「分居共存」而竭盡智慧努力嗎？

取代達爾文—馬克思式的典範，並樹立起嶄新的自然觀與社會觀，是一個相當重要的課題。今西錦司自「分棲共存」衍生而出的物種共存說，和達爾文自「生存競爭」衍生出的「自然淘汰」說，正好是極端的對照。關於民族，宣示「階級鬥爭」史觀的《共產黨宣言》如此主張：「一切民族如果不想滅亡，就不得不採用資產階級的生產模式。一言以蔽之，資產階級創造了形似其自身的世界。」根據這種民族觀的展望，世界各民族都會在資本主義經濟下，形成一元化的狀態。相對於此，「分棲共存」的基礎則是認同。按照這種理論的展望，擁有同樣認同的民族，應當會以「分居共存」之姿，一起邁向未來；簡單說，就是從物種社會的「分棲共存」，對民族的「分居共存」之道提出展望。

今西在晚年，將自己的學問命名為「自然學」。今西自然學雖然沒有明示，不過在它當中，其實包含了眺望人類史的獨特構想。事實上，從受今西影響的學者們（今西學派）的成果中，確實有可能凝聚出一種世界觀。例如說，廣松涉在《生態史觀與唯物史觀》[26]中就說，「在朝著統一掌握人類史由起源到現今狀態的眾多努力當中……馬克思學派與今西學派，堪稱是一時瑜亮。」那麼，以今西自然學為立足基礎的情況下，會開拓出怎樣的史觀呢？接下來我就要試著探討這點。

二、生態史觀——戰後京都學派（今西學派）

◎戰後的京都學派

說到戰前、戰後的「京都學派」，絕不能遺漏西田幾多郎的存在。相對於此，戰前、戰後的東京學派（就算沒有這種明顯的學派，至少也有作為進步知識分子堡壘、或是堪稱「東大學院派」這種給人強烈印象的流風存在），則是絕不能遺漏馬克思的影響。在戰前，整個

26 講談社學術文庫，一九九一年。

京都都被「不醉心西田哲學者，不配稱為京大人」的風潮所籠罩；另一方面，在東京的學者間，社會科學家則比起人文學家和哲學家，更加積極批判那些和馬克思主義沒有關係的議論。在社會科學當中，山田盛太郎的《日本資本主義分析》[27]，堪稱是馬克思主義的頂峰。戰後的「東大學院派」也在社會科學領域，以宇野理論、大塚史學、丸山政治學為代表，在和馬克思主義具有強烈親近性的「西洋風」或「近代」學術領域開花結果。因此，京都學派的西田哲學，和東大學院派的馬克思主義是相互對應的。

西田哲學與馬克思主義，乍看之下彷彿水火不容，但兩者其實有共通之處，那就是「超越、克服近代」的志向。馬克思主義是以資本主義高度生產力的成果為媒介，意圖克服近代資產階級社會的運動與意識形態，而西田哲學則是以東洋思想為媒介，意圖超越西洋近代。

西田在一九四五年（昭和二十年）六月七日逝世。同年八月十五日，隨著日本戰敗，政治犯全數獲得釋放，但有一位因為窩藏逃犯之嫌，被當成刑事犯逮捕的人物，並沒有遭到釋放，那就是西田哲學最優秀的繼承者三木清。三木在一九四五年九月二十六日，死於巢鴨的拘留所當中。他被共產黨批判為右派，卻被檢調單位認定為左傾思想。三木雖不幸未能徹底完成他的哲學體系，但作為西田哲學與馬克思主義的媒介，用句他常常掛在嘴上的詞彙來表示其立場，就是「中間的存在」。有位共產黨員高倉照，平日常常對三木進行批駁，但因為預見敗戰將至，所以拜託他協助逃獄。對人總是心存善意的三木於是收留了高倉，還為他提供食宿和金錢，結果高倉反而恩將仇報，向政府當局出賣三木，導致他遭到拘提。三木可以說是馬克思主義者和政府當局兩者的犧牲品，而戰後的京都學派也因為他的逝世，打從起步開始，就失去了西田哲學最好的繼承者。

西田的思維雖是京都學派哲學的基礎，但他用日語寫成的文章相當艱澀難懂。然而，若將他的重要概念翻譯成其他語言，其實會明快到讓人大失所望的程度。例如說「絕對矛盾的自我同一」這個眾所周知的概念；「自我同一」是個翻譯語，英語寫作「identity」（認同）；這個詞在今天的日文裡就直接用片假名寫成「アイデンティティ」，以外來語之姿被普遍使用在像是「ID card」之類的用語上。因此，若說西田哲學的核心是「認同論」的話，那在字面上就不會難以理解了。只是，前面的「絕對矛盾」這個詞，仍是一個難解的形容詞；既然如此，那該怎麼解讀它呢？其實這和「identity」這個詞的用法，也還是脫不了關係。簡單來說，在英語裡面，「identity A with B by C」，意思就是「透過C，可以把A和B視為同樣的事物」。正如同透過護照（C），可以把某人（A）和早稻田太郎（B）視為同一人般，A的身分認同會構成問題，乃是因為在文法構造上要求他「必須成為B和C」。換句話說，「identity」（自我同一）之所以成其問題，就是因為A（我）光是憑著A（我）

27 一九三四年，岩波文庫；一九七七年。

本身，沒辦法達成絕對的認同（自我同一），而是必須要藉著C（他者）才能達成。這就是西田所使用的「絕對矛盾」這個難解之語的意義。

除此之外，還可以舉出其他的例子。西田晚年曾經著有一篇名為「我與你」的論文[28]；在其中的一節裡，有著這樣一段文字：

> 我只能以身為絕對他者的你作為媒介，來認識我自己，而你也只能以身為絕對他者的我為媒介，來認識你自己。『我和你』說到底，都必然是辯證法上的直觀意義。

類似的表現手法不斷出現在這篇文章中。儘管西田會把上述引文中「辯證法的直觀」，轉換成「一般者」、「絕對無」、「場所」等用語，但是如果把它替換成「神」或「佛」，那西田所要講的東西，就不是那麼遙不可及了。簡單來說，在這個場域中有你、我、佛三者，而我跟你的存在就根本上來說，都有佛在其中。這對宗教人士來說，絕非理解困難的命題。不只如此，我們還可以將「我與你」替換成「男與女」；在這種替換下，把「我」看成「男性」，「你」看成「女性」，沒有任何不當之處。那麼，在經過這樣替換後，會變成怎樣的狀況呢——

男人只能以身為絕對他者的女人作為媒介，來認識男人自己，而女人也只能以身為絕對他者的男人為媒介，來認識女人自己。『男與女』說到底，都必然是辯證法上的直觀意義。

就是如此。在同一篇論文當中，也有其他地方將「我」替換成「男人」，「你」替換成「女人」，例如說「男人必須透過女人的認同，才能成為男人，女人也必須透過男人的認同，才能成為女人；男人的根本中存在著女人，而女人的根本中也存在著男人；男人透過這種男性本質和女人結合，而女人也透過這種女性本質和男人結合。正因是絕對他者之故，所以內在才能結合。」；「男人與其說是透過對女人感同身受來理解女人，毋寧說是透過和女人相爭，從而更進一步了解女人。」熟知人情世故的人，對這樣的文句想必會心有戚戚焉吧！西田哲學就是這樣，以毫不做作之姿，在墜落情慾世界的同時，也昇華到神人之愛的境地。

西田幾多郎在《善的研究》的序言中這樣說道：「對梅菲斯特[29]來說，那些不停思索的

28 收錄於《西田幾多郎哲學論集Ⅰ》，岩波文庫，一九八七年。
29 編注：歌德《浮士德》中的惡魔。

傢伙，或許會被他嘲笑成是『在翠綠草原上吞食枯草的動物』，但我在思索哲理的時候，就跟那位自稱應受懲罰的哲學家（黑格爾）一樣，不得不以一度吞食禁果的人類之姿，陷於深深的苦惱當中。」從這段話裡，清楚呈現出西田那種禁慾的性格。但是，禁慾愈深，抱持的大志也愈高，結果潛在的大慾反而更加熾烈，不是嗎？因此，西田哲學蘊含的深刻悲愴性，可以一轉而為明快的樂天主義、甚至是享樂主義，也不是毫無理由的。西田哲學在戰前和戰中，之所以能抓住青年的心，是因為他雖然對直接面對死亡的人們闡述「死亡哲學」，但在此同時，卻也展現出一套自己的「生命哲學」；而這毫無疑問的，正是西田哲學自《善的哲學》以來，透過其特質所帶來的結果。

> 要了解自己永遠的死亡，就必須越過永遠的死，從而獲得永生才行。然而，單單越過死亡，並不等於就是活著；活著這件事，必須有死作為對照才行。這實際上是相當矛盾的事，但就是在這樣的矛盾之中，才有著我們自身的存在。[30]

這正是生死一如的哲學。他將主觀與客觀、我和你、生與死、有和無……這些二元對立的事項，用「絕對無」或「場所」之類的概念加以克服，從而構成一套完整的邏輯。有關「生與死」這個西田哲學不斷追究的存在問題，若從「對於『死』的常在，總是抱持一種危機意識並加以接納」這點來看的話，它的悲劇性格可說相當強烈。但另一方面，從「它不時為永恆的『生』獻上生命讚歌」這點來看，它又具備了樂天主義的性質。在這種雙面性格中，戰前作為危機意識代表的是三木清，戰後以樂天主義之姿扮演中心要角的，則是今西錦司。兩人雖然屬於同一世代，但戰後京都學派的一大特徵，毫無疑問就是樂天主義。悲劇的認知，隨著三木自己的悲劇死亡而消失，這堪稱是極具象徵性的事件。在戰後的京都學派中，那種魔魅般的意念、追尋生的意志、和死亡與宗教間的融合……這些傾向全都消失無蹤。儘管悲劇性的蹤跡已然消失，但這才是戰後京都學派的真正悲劇。對那些埋頭苦幹、認真找尋和猴子之間共鳴的學者，世人在多少抱著尊敬念頭之餘，也往往會用不覺露出笑意、像是在觀賞戲劇般的心情，來眺望他們的演出。戰後的京都學派，擁有的只是一種枯乾的樂天性；以此為出發點，他們用明朗的性格，堂而皇之地肯定起現狀。這種調性在人文學界中的代表，就是梅棹忠夫了。梅棹在戰後立刻歌頌起「旭日昇天教」[31]，這種樂觀主義，在其他地方打著燈籠都找不到。儘管對現狀的完全肯定，必然與虛無彼此相通，但對現狀幾近完

30 〈場所的邏輯與宗教的世界觀〉，收錄於《西田幾多郎哲學論集III》，岩波文庫，一九八九年。

31 編注：梅棹忠夫預言，戰敗之後的日本必定會從舊的桎梏中獲得解放、從而如同旭日昇天一般雄霸世界，因此被揶揄為「旭日昇天教教主」。

全認可的態度，確實是戰後京都學派的一大特徵。這和抱持否定現狀態度的馬克思主義，堪稱是兩極對照。

◎支配近代日本的世界觀——唯物史觀

日本在「中心—邊陲」的文明史位置關係中，總是處於邊陲的地位。日本人對中國文明或近代西洋文明這些位居世界中心的文明，總是抱持著憧憬、接納、或是對抗的態度，而日本人的世界觀也由此而生。近世以前的中心是中國文明。上山春平監修的《日本文明史》[32]，將中國文明的導入（七〇〇至九〇〇年）定位為日本文明成形的出發點，並將日本文明區分為創造（九〇〇至一二〇〇年）、展開（一二〇〇至一六〇〇年）、成熟（一六〇〇至一九〇〇年）等幾個階段，也是基於這樣的認知。就近世朱子學的情況來說，自江戶初期林羅山成為幕府儒官林家之祖以來，它便以官學之姿，孕育出許多優秀的學者和思想家。在這當中，自然也存在不局限於朱子學，而是積極研究儒教原典的學者。山鹿素行的古學，伊藤仁齋的古義學，荻生徂徠的古文辭學，都是其中代表，由此也促進了國學的發達。儘管對四書五經的研究益發深入，但日本人愈是鑽研，就愈是發現，儒教與其說是日本的事物，不如說更趨近於中國固有的產物。在這種情況下，他們反過來產生了一個疑問：「既然如此，那我們日本固有的『心』究竟是什麼？」以這個疑問為開端，他們開始摸索作為日本民族精神根源的「古道」，而《古事記》、《萬葉集》也重新獲得重視。契沖、賀茂真淵、本居宣長等人認為，日本國學興隆的前提必須建立在回歸古典上，從而形成了所謂的「古學派」。總而言之，日本古學派的興起是源於對朱子學的接納和理解，而朱子學的根源又是儒教，至於儒教的起源，則是中國文明。

當日本接納了近代西洋之後，世界觀也跟著產生變遷。日本開國後，在一八七三年廢止了禁教令，開始允許基督教的傳播。然而，儘管基督教透過同志社、札幌農學校等據點，逐漸普及開來，但綜觀整個戰前期，信奉基督教的人數，還不到總人口的百分之一。相較於此，在明治啟蒙時代，以「野蠻→半文明→文明」這種發展階段論為基礎的世界觀，以及弱肉強食的社會進化論，則是風靡一時。這些都是伴隨著「進步、進化、開化」的意識，從西歐引進的新思想。在這當中，以發展階段論世界觀之姿，在日本人之間尤其具有根深蒂固影響力者，就是馬克思的唯物史觀了。

唯物史觀，是一種認為社會乃是經由亞細亞生產模式，歷經「古代奴隸制→中世封建制→近代資產階級資本主義」再轉移到社會主義，最後再發展到共產主義的世界觀。這種論

32 全七卷，角川書店，一九九〇至九二年。

點被稱為「世界史的基本法則」，而接受唯物史觀的權威史家，對此也都深信不疑；他們撰寫了日本史的教科書，於是今日的教科書，幾乎找不到和「封建社會→近代市民社會」這樣的架構唱反調的內容。負責審定教科書的文部省，也受到唯物史觀所浸染。唯物史觀不只局限於概念層次，也深深滲透到日本人的日常生活當中，但隨著冷戰終結，唯物史觀支配的時代也跟著告一段落。近代日本的唯物史觀，和古代、中世的佛教史觀，以及近世的儒教世界觀，足以相互匹敵。要把握住唯物史觀這座高山的全貌，就必須走到山腳下仰望才行；於是，當我們從東京翻越箱根的山巔，下到京都盆地後，就能清楚看見東大學院派的壯盛容貌。東大學院派，是一部吸收包含唯物史觀在內，歐美文化種種積累的知識機器，也是歐美文明的變電所，更為日本提供了近代社會建設的模範。可是，在明治之後這一百年間，隨著以歐美近代文明為主的積累不斷深入，變電所的存在已經不再那麼必要；於是在戰後這半世紀間，和西洋起源的唯物史觀在質或量上都足以對抗的世界觀，遂隨之應運而生——這就是以今西錦司為中心的研究者們，所致力獻身的事業。

首先，讓我們來概觀一下馬克思的唯物史觀。唯物史觀最簡潔明瞭的呈現，就是馬克思為《政治經濟學批判》撰寫的序言。馬克思認為，「在我本人看來，它的內容相當清晰，只要讀過它，就能夠對我的研究掌握住關鍵線索，從而獲致普遍的結論。」換言之，這就是所有唯物史觀的公式基礎。馬克思認為，社會的發展是源於生產力與生產關係間的矛盾。生產關係是人們為了謀生，不管喜歡或討厭，都不得不彼此牽連，從而產生的關係，例如薪資勞動者和資本家之間的關係，這樣的關係構成了經濟機制，或者又可稱為「下層結構」；社會受到下層結構的制約，包含政治、法律、宗教、藝術、哲學等，都可以視為是被下層結構所決定的「上層結構」。當勞動生產力提高的時候，原本涵蓋它的生產關係無法繼續對它加以抑制，於是下層結構便開始產生變化，而上層結構也隨之而變；就這樣，社會整體的面貌徹底產生了改變。在這個公式的末尾，馬克思以這樣一段話作為統整：「經濟的社會結構按照進步階段區分，大致可分為幾個區段：亞細亞、古代、封建、乃至於近代資產階級的生產方式。」

乍看之下，「亞細亞生產方式→古代奴隸制→封建制→近代資產階級社會」在馬克思的論述裡，應該是一個接一個繼之而起地出現，事實上大部分的人也都做這樣的解讀；可是，這其實是錯誤的。在《政治經濟學批判》中的〈經濟學之方法〉一節中，馬克思解釋了自己的歷史理論，作為關鍵的命題之一是這樣的：「就一般而言，所謂的歷史發展，其最後的型態，乃是立基於過去的各個型態，於其自身立足的階段中所呈現出的種種樣貌。」這裡所謂「最後的型態」，指的是近代資產階級社會。「能夠理解這個社會的架構，就能同時洞察那些已然沒落的社會型態當中，所擁有的架構與各種生產關係。」換句話說，他是以近代資產階級社會為基準，和除此之外的其他社會進行比較。就像「對人體的解剖，可以為解剖猿猴提供關鍵方法一樣」，「資產階級經濟，也可以為古代以及除此之外的其他經濟提供關鍵的剖析方策」。因此，資產階級社會以外的社會型態，在近代資產階級社會中，多少都會階段性的並陳其中，差別只是在近或是遠而已；簡單說，就是一幅以資產階級社會為正面視野，呈現出遠近法差異的構圖。馬克思的發展階段論，並不是因循世界實際的歷史過程，再加以歸納和抽象而產生的事物。馬克思自己就明白地說，他的邏輯構成「與其說是按照歷史發展的順序，不如說是完全反向操作」。

作為最好證據的，就是馬克思親手寫成、作為唯物史觀例證的《資本主義生產以前的各種形式》（*Formen, die der kapitalistischen Produktion vorhergehen*）[33]。在這部作品中，馬克思詳述了各種生產型態的基本構造（也就是生產手段的所有關係），卻沒有解釋各型態之間如何進行轉移。不過，從馬克思歷史理論的特質來看，這倒也不是什麼讓人意外的事。馬克思在這本書以及《資本論》第一卷〈本源的積累〉中提到，社會往封建制的轉移，主要是出現在西歐歷史上；而對從封建制轉移到資本制，他明白指出，「這明顯是局限於西歐各國的狀況」（〈致薇拉．查蘇里奇的書信〉，收錄於《資本主義生產以前的各種形式》中）。由封建社會轉移到資產階級社會，並不是理論，而是發生在西歐的史實；因此，就馬克思自己的說法來看，唯物史觀並非在任何地區都能成立的「世界史的法則」；至少馬克思本人，並不相信單線式的發展階段論。

也正因如此，西歐以外的世界——例如日本，並不受這樣的「法則」所束縛。日本和歐洲乃是截然不同的空間，這是不證自明之事；但對從歐洲的地平線放眼遠眺，幾乎看不出任何差異的東洋地區，馬克思主義者卻把它清一色塗抹上「亞細亞生產方式」的色彩，從而把歐洲凸顯出來，卻讓自己沉落在遠近法的遠景當中。跳脫這種遠近法，才是真正意義上的自我認識。內村鑑三、岡倉天心、新渡戶稻造等先覺者所致力的事業，都有這樣的傾向，不過最有體系從事這方面工作的，還是戰後的京都學派——更具體來說，就是今西學派。

◎存在與空間——京都學派的認識論

從亞洲的地平線來描繪世界的文明地圖、堪稱劃時代的巨作，這就是梅棹忠夫於一九五七年刊登在《中央公論》二月號的〈文明的生態史觀〉。梅棹在文中這樣寫道：

促使我放眼比較文明論的……是我在巴基斯坦和印度的旅程。……我在當下最大的弱點，是自己並沒有實地前往西歐和東歐進行考察。[34]

---

33 手嶋正毅譯，國民文庫，一九六三年。
34 梅棹忠夫《文明的生態史觀》，中央公論社，一九六七年。

就像這樣，梅棹在遍歷亞洲大陸的旅程中，構想出一套文明模式；這套模式的獨特性在於，它企圖為從歐亞大陸東北斜向貫穿西南的大乾燥地帶生活模式，在文明史中尋求一個定位。鄰接乾燥地帶的農耕地區，不斷遭到遊牧民的破壞，並且重複著專制帝國建設與崩解的歷程。然而，在遠離乾燥地帶的日本和西洋，因為得以免於遊牧民的破壞，結果就如同順利展開演替（succession）[35]並達到極相（climax）[36]的植物群落般，誕生出流暢發展的近代文明。

這個發想的軸心與其說是歷史階段，不如說是地區類型；如果用抽象的方式形容，那就是比起時間，更偏重於「空間」。反過來說，它在「時間」軸這方面不只薄弱，甚至還有點抱持排斥的態度。梅棹將自己的立場稱為「機能論」，對構成各地區文明的各要素在整體上的關連，抱持著關心的態度；至於這些要素在歷史方面的淵源，也就是所謂的「系譜論」，他則明白表示，自己並不是那麼地關心。實際上，梅棹文明論雖然力圖解釋歐亞大陸各地區的文明型態，但對於為什麼「各個帝國會在特定的時期興起又滅亡」這樣的歷史因果關係，並沒有任何解釋。簡單來說，他對歷史的淵源以及系譜傳承毫無關心，而是偏重「地區」與「空間」，而這並非偶然。

梅棹忠夫的恩師今西錦司在《生物的世界》中，同樣抱持著偏重空間的鮮明立場；其產生的結果，就是「分棲共存論」。分棲共存論，是對達爾文生存競爭論的反駁。如前所述，達爾文的自然觀與馬克思的社會觀之間，存在著某種血緣關係；達爾文從生物個體的變異出發，以個體當中唯有適者得以生存的「自然淘汰」視角為基礎，來觀看整個生物界。據馬克思所言，達爾文《物種起源》最大的貢獻，就是發現了生物界的歷史。相對於此，今西錦司則是主張物種社會的分棲共存，才是生物界的實際狀態，而分棲共存，正是一種傾向於「空間」的概念。《生物的世界》一書最亮眼的地方，就在推演分棲共存論的第四章〈關於社會〉。這篇關於空間的社會構造論，後來發展成為《生物社會的邏輯》[37]一書。透過這本書，今西奠立了生物社會學的基礎，不過它的內容，主要是環繞著生態學者克萊門茨（Frederic Edward Clements）對於演替和極相的學說是否正確而展開。相對於克萊門茨的單一極相論，今西則主張多極相理論。他認為，極相並不只有一個，而是可以有很多個。

梅棹在《文明的生態史觀》中就說：「在我的腦海裡，作為理論模範的，正是生態學理論……我所意圖呈現的，則是共同體生活模式的變化。用生態學的話來說，就是所謂的演

---

35 編注：指在群集發展變化過程中，由低級到高級，由簡單到複雜，一個階段接著一個階段，一個群集代替另一個群集的自然演變現象。

36 編注：植物學術語，意指當一個演替和它的環境及主要氣候達到動態平衡時的終極群落。

37 思索社，一九五八年。

替。」他把這種生態學式的史觀稱作「生態史觀」，並且將它和進化史觀，做了這樣的比較：

過往的進化史觀，總是以一直線的方式來思考進化；不論彼此之間有何差異，最後總是會邁向同樣的終點。因此，現狀的差異，只是邁向終點的過程中，在發展階段上的差異罷了……但從生態學的角度來看，道路當然不只一條。因此，在第一區域與第二區域當中，社會能夠發展出各種不同的生活模式，一點也不讓人意外。

這可以說就是今西的多極相理論在人類社會方面的應用。因此，今西錦司與梅棹忠夫在學說上的關係之深，自是不在話下。

今西錦司也明顯受到西田幾多郎的影響。在《生物的世界》第一章中，他這樣述說了自己的根本思想：

形成這個世界的一切事物，原本都是從同一個事物分化發展出來的。

這和西田在《善的研究》當中，秉持的根本思想——「實在的分化發展」，可謂如出一轍：

我們可以認定，無限的唯一實在，乃是由小到大、由淺到深，自己不斷分化發展。這樣的分化過程，乃是發現實在的方式，而宇宙現象也是由此成立，並持續往前邁進。

西田的「實在」是種「意識現象」，但今西的生物世界乃是「具體的存在」。為《生物的世界》講談社文庫版撰寫解說的哲學家上山春平就說：「西田先生與今西先生的差異在於，西田先生連一步都沒有踏出哲學的世界，但今西先生卻開拓出了一條由哲學世界通往科學世界的道路。」這段解說確實鞭辟入裡。

晚年的西田將思索集中在有關場所的邏輯論證上。西田的「絕對無」場域，和黑格爾顯現「絕對精神」的時間世界，正是極佳的對比。黑格爾在晚年的著作《歷史哲學》[38]中說，「世界史是在普遍的時間中，進行一種精神的展開」；這和西田的場所哲學，正好處於兩極相對的位置。

就這樣，相對於近代西洋誕生的三位知識巨人——哲學家黑格爾、自然科學家達爾文、社會科學家馬克思所各自提出，以時間為軸樹立起來，關於絕對精神自我實現、生物進化以

---

38 長谷川宏譯，岩波文庫，一九九四年。

及社會發展階段的世界觀，京都學派哲學家西田幾多郎的場所論、自然科學家今西錦司的分棲共存論、人文學者梅棹忠夫的生態史觀，則是以空間為軸樹立起來的世界觀。相對於扮演西洋文明變電所的角色，對「後進日本」力陳近代化的基礎、啟蒙大眾的東大學院派所抱持的「進步立場」，京都學派則是呈現出一種映襯的樣貌；兩者在構成世界觀的框架上，可說是有著根本的差異。

京都學派對東大學院派旗幟鮮明的反論，並不是因為他們對近代西洋知識體系抱持著封閉的態度所致。事實上，毋寧說正好相反。他們在對歐洲世界敞開精神的同時，也對西洋知識體系所無法掌握住的異質地區與世界，產生了高度的自覺。「西田幾多郎↓今西錦司↓梅棹忠夫」這一傳承所代表的京都學派，其特徵就是在接納近代西洋知識典範的同時，也為了對抗它而努力打開一片屬於自己的天空。儘管如此，相對近代西洋知識界透過歷史與時間的形式來理解世界，京都學派則是透過場所、分棲共存、生態、地區等概念來理解世界；因此，它們仍是對近代西洋知識體系的一種映襯，不曾改變。從架構上來說，相較於近代西洋以「存在和時間」為主的構圖，京都學派則是以「存在和空間」，作為其認識論的藍圖。

若將黑格爾和西田幾多郎、達爾文和今西錦司放在對照的位置上，我相信不會有人有異議；但是，把馬克思和梅棹忠夫放在對照地位上，不管怎麼說都毫無道理。上山春平在比較馬克思史觀與生態史觀的論文〈歷史觀的摸索〉[39]中就說：「生物（動植物）社會邏輯的演替理論，絕對無法在毫無媒介的情況下，套用到人類社會的邏輯當中；就算要用，也只能停留在比喻或是類比的層級而已。當然，梅棹先生應該相當理解這點才對，但是他卻為了完成自己的理論，而試圖強調生物社會的邏輯和人類社會的邏輯，有必要構成一套統一的邏輯。」這確實是直指核心的批判。在這樣的批判下，以生物學為支柱的今西理論，以及受其影響的今西學派，是否真的成功在邁向社會科學的道路上，建立了一套理論基礎？這就是問題所在了。

◎今西理論的射程

今西錦司的學問，包含了蜉蝣研究、生態學、生物社會學、進化論、靈長類學、人類學、乃至於人稱「山岳學」，將登山與探險加以結合的領域[40]。由於他的視野擴展到整個地球（今西稱之為「geo-cosmos」），並將自然界中觸目所及的種種有形事物，全都包含在

39 收錄於《大東亞戰爭的意義》，中央公論社，一九六四年。
40 《今西錦司全集》全十三卷，講談社。

內，因此今西又將之命名為「自然學」[41]。

今西的「自然」，是活生生、會呼吸的事物。今西在年輕的時候，就對仰仗死去生物的標本來進行型態分類的生物學方法抱持著懷疑態度，從而獲得了「生物應當在活生生的領域中，進行觀察與研究」的啟示；也就是從這裡開始，今西的整體學術視野，產生了一百八十度的大轉變。田野調查雖是今西做學術研究的主要方法，但並非他所獨創。他真正的獨創性在於，對自然界中活生生的生物，在「生物整體社會」這一整體架構當中，由生活型態相同的個體一起構成「物種社會」的狀態進行發掘，並以「分棲共存」的觀點來掌握物種社會之間的關係，最後並以此為基礎，提出一套自己的生物社會論與進化論。

在這世界上，並沒有不屬於物種的個體；因此，從這層意義上來說，生物的構成單位就是「物種」。世界上有大約一百七十萬種生物存在，假使物種之間都是抱持著弱肉強食的關係，那麼在三十二億年的生物歷史當中，弱者應當都會遭到淘汰，只有屈指可數的幾種強勢物種殘存下來才對；但現實所呈現的卻是物種如此繁多，並不只有強勢的種類存活下來。物種乃是自同一起源分化而出，不分強弱大小、古老新舊，各式各樣多元的物種，共存於生物界中。生物的歷史並非收斂為一，而是相反地朝向多樣化發展，同時分棲共存的程度也愈趨細緻。

生物若是分化自同一個起源，那麼彼此之間必定會有相似之處；因此從這當中，可以抽象出「相似」的概念。而在此同時，既然萬物都是從同一起源分化出來，那理所當然也會以不同的方式各自生存；因此從這當中，又可以抽象出「相異」的概念。生物乃是具有形體的「物」，因此它們的形象，既可以用「相似」，也可以用「相異」的形式來加以掌握；「相似與相異」，正是將世間一切生物型態抽象出來之後的形式。

儘管一切有生命之物在型態上都可以統整為一，但生物乃是環境與主體相互關連下的產物，因此在受到環境限定的同時，應當也會受到主體本身所限定。我們可以對「物種社會」的種內構造（一個物種社會內部個體間的關係），以及種間構造（各個物種社會間的關係），做出多樣且細密的觀察；但是，就算再怎麼深化這種從外部進行的研究，還是無法解答最根本的問題，也就是「為何分棲共存的現象會存在」，而支持分棲共存的生物主體，其內部的原理又究竟為何？這個問題仍然懸而未解。針對這個堪稱今西理論致命弱點的問題，今西本人提出了一個概念——「原歸屬性」（proto-identity）。

所謂「原歸屬性」指的是，所有生物個體對於自己應當歸屬的物種，都具有本能且直觀，甚至是先驗的歸屬能力。若是能夠證明這種先驗能力存在，就能解答為何生物會以「物種」為構成單位，同時又以歸屬能力為原理基礎，將生物主體結合起來這個大問題；然而，

41 《自然學的提倡》，講談社，一九八四年；《自然學的展開》，講談社，一九八七年。

這是不可能證明的。原歸屬性說到底，就是一種存在於形上學領域當中的概念；但透過將隸屬形上學概念的原歸屬性，與分棲共存現象加以表裡一體的整合，今西自然科學在學術上的縱深，遂得以更進一步深化。古典物理學的支柱，同樣也是形上學。對於和物體落下或光線折射等物理運動相關的物理現象，我們人類該如何理解呢？針對這個問題，本身是物理學者、同時也受到英國經驗論影響的哲學家康德提出論述，認為作為經驗事實的物理現象，可以透過科學法則來加以認知，這就是《純粹理性批判》。康德說，人類的認知雖是伴隨著經驗而展開，卻非從經驗當中產生而出。

人類對事物，具有先於經驗（先驗）的認知能力（直觀）。康德將這種直觀能力，命名為「先驗感性」。先驗感性的運作又會以兩種形式呈現，那就是空間與時間。物體的運動，乃是以時間和空間兩軸在進行；而人類之所以能夠理解它，是因為我們擁有與生俱來、對時間和空間的認知能力。康德在《純粹理性批判》中，嘗試將自然科學當中以牛頓為代表的古典物理學，從認知主體的方向建構起基礎。將物體機能透過分析（歸納—演繹）加以概念化，亦即昇華成「科學」這樣一門學問，對於這樣的運作流程，康德稱之為「悟性」。但重點是，要以悟性為媒介、讓科學性質的認知得以成立，必須要有一個大前提，就是人類必須具有能夠直觀時間和空間的先驗能力；若不具備這個前提，則人類就完全無法認知事物。先驗感性因為是超越經驗之物，所以並不屬於以實驗（實證、經驗）為支柱的科學世界。康德的先驗哲學所要討論的，並非被認知的對象，而是認知主體的世界，同時也是形上學的世界。

若說物理學的課題是要探討物質運動的現象，那生物學的課題，就是要探討物種社會的分棲共存現象。對於物質運動這一物理現象，康德的形上學認為人類（主體）具有先驗認知的直觀（先驗感性）能力；對於「物種社會的分棲共存」這一現象，今西的形上學也從認知主體的先驗能力角度出發，認為一切生物個體都對自己所屬的物種社會，具有先驗認知的直觀（原歸屬性）能力。當然，今西的議論和康德相比，明顯欠缺了那份精緻程度；然而他所要嘗試的，是為生物理論建構起一套哲學基礎。今西認為生物現象的基礎，是個體依據物種認同，進行直觀能力的先驗性，從中可以呈現出生物普遍的主體性。若是更進一步衍伸的話，正如物質運動可以在「時間和空間」的形式下加以直觀般，物種（及其認同）也可以用「相似與相異」的形式來加以掌握。對康德來說，將物理現象透過概念、法則加以運作的是「悟性」；對今西來說，用來看透「分棲共存」下物種類緣關係的運作原理，則是「類推」。透過這樣的整理，我們可以發現，今西生物學在架構上，其實足以和物理學相匹敵：

	物理學	生物學
現象	物質的運動	物種社會的分棲共存
直觀的名稱	先驗感性	原歸屬性
直觀的形式	時間與空間	相似與相異
概念化的作用	悟性	類推
認知結果	物質的運動法則	物種的類緣關係

從分棲共存論中，又可以衍生出相當多的命題；其中最重要的就是，「同一物種的個體之間，並沒有優劣的區別」。根據這項命題，即使在物種當中，出現了因為突然變異而顯得比較優秀的個體，也不代表物種本身就因此而產生了「進化」；反過來說，假使這一個體因為意外而死亡，也不代表物種就陷入「退化」的狀態。這項主張和達爾文進化論所認定，物種會隨著內部的個體變異或個體間的優劣差異而產生淘汰作用，因而導致「進化」的主張是相對立的。根據今西的說法，進化是整個物種一起產生的；一旦某個物種社會產生變化，由於該物種社會與其他物種社會長期以來一直處於分棲、平衡且相互依賴的狀態，所以原本分棲共存且安定的物種社會全體均衡會被打破，而由物種社會所建構而成的生物整體社會，也

會隨之產生變化。換句話說，不管是像物種社會這樣的局部社會，還是生物的整體社會，都是「該變的話自然就會變」。

話雖如此，但進化又為什麼會發生呢？由於這個問題必須以生物三十二億年的歷史為探討對象，在實證上相當困難，因此免不了會出現甲論乙駁、各唱其調的狀況。可是另一方面，進化又是銘刻在化石當中，鐵錚錚的事實。在爬蟲類的全盛時期——中生代，恐龍支配了世界；到了新生代，則是哺乳類取而代之，猛獁象縱橫於整個世界。至於人類，則是尾隨在哺乳類稱霸的餘緒之後，一直持續興盛到現在。這個事實清楚描繪出，就算我們不明瞭進化的機制本身，也可以看到進化乃是一種實際存在的狀況，且不管在哪個時代，都存在著位於進化最尖端的生物。

今西透過分棲共存掌握到的生物世界，不是動態且具有活力的世界，而是靜態、維持現狀、具備自我圓滿性質的世界。在這種局限下，它呈現出一副排斥進化的樣貌；也正因如此，動態的物種進化與靜態的分棲共存，兩者應當如何整合，遂成了一個重大疑問。

我們可以說得更具體一點：今西錦司以分棲共存這個觀察到的事實為根據，主張生物並非依循自然淘汰這種弱肉強食的「競爭原理」，而是依循和平的「共存原理」在生活；但是，這項主張和「世界上總是會存在著位於進化最尖端的生物」這一事實之間，感覺起來並不相容。畢竟，對那些位於進化最尖端的物種（例如人類）而言，自然界的空間就像是無限寬廣一樣，而人類對自然的不斷「開發」，也是不爭的事實；這和物種本身會限定自己生存空間的「分棲共存」這一存在形式，明顯有著矛盾。簡單來說，人類和其他物種社會間，並不處於「分棲共存」的關係。今西抱持的立場是，包含人類在內的全體生物，都是遵循著「分棲共存」這一生物整體社會的大原則在運作。「分棲共存」因為是在生物與其所生存的環境間相互融合的情況下所掌握住的概念，所以與生態學有著密切關連。雖然只是粗具雛型，不過今西學派也嘗試著用生態史觀的觀點來掌握人類史，然而這點就理論上來說，其實是個填不滿的大坑。因此，像梅棹的「生態史觀」這樣，以今西生物學為依據，毫無批判地將「人類世界」論證為「生物世界」的延伸，是完全行不通的。

◎今西學派的人類學

受今西錦司影響的學者為數甚多，研究領域也相當多彩多姿。在今西錦司六十歲紀念論文集《自然》、《人類》、《猿猴》，以及七十歲紀念論文集《山岳、森林、生態學》、《形質、進化、靈長類》、《社會、文化、人類學》、《探險、地理、民族誌》[42]中投稿的各篇論文，就像這些論文集的標題所示般，涵蓋了各項科學的全方位領域，堪稱是不負「今西學派」之名的壯盛陣容。在這當中特別值得注目的，就屬靈長類學了。

今西將構成物種的個體稱為「specion」、物種社會稱為「specia」、至於存在於世上約一百七十萬種物種所構成的整體、亦即生物整體社會稱為「holospecia」。「生物的世界」就是這樣，由物種個體（specion）、物種社會（specia）、以及生物整體社會（holospecia）三層結構所構成，而將這個生物整體社會涵蓋其中的，就是今西自然學所謂的「自然」。這種地球上的自然，也可以稱為「geo-cosmos」；因此今西自然學就整體而言，一共擁有四層結構。

在物種個體、物種社會、生物整體社會、自然四者當中，我們必須特別著重在掌握物種個體與物種社會之間的關係，因為這和今西進化論的基本主張息息相關。簡單來說，相對於達爾文著重物種個體的差異，認為優秀的個體會在生存競爭中脫穎而出、成為物種之中的多數，因而帶來物種進化的主張，今西進化論認為，從物種社會的角度來看，物種個體之間的差異並無優劣之別；進化不是發生在物種的個體層次，而是發生在社會層次，而新誕生的物種社會，會處於彼此分棲共存的狀態。這樣的主張，貫串了今西進化論的全部著作。

既然如此，那剩下來的物種社會、生物整體社會、自然三者之間的關係，又是怎麼一回事呢？在這方面，今西的論述其實相當模糊。雖然他寫了很多關於人類的著作，但是人類與這三者之間的關係究竟該如何定位，他也沒有很明確的說明。根據今西的理論，物種個體

---

42 今西錦司六十、七十歲紀念論文集分別於一九六五至六七年、一九七六至七八年由中央公論社出版。

擁有對自己所屬物種的歸屬意識（也就是原歸屬性），從而構成了物種社會；既然如此，那人類又如何呢？人類有身為物種的歸屬感嗎？面對這樣的質問，今西的回答是：「這是一個非常難解的問題。直到現在，我們仍不能確認『人類』這種事物，擁有一個屬於單一物種社會的『人類社會』。至於將來是不是能確認有這樣一個物種社會的存在，我只能說，我們正在朝著確認的方向前進，但最後到底能不能確認，我也不知道。」[43]在另一篇文章中，他也這樣說：「儘管我們平常總說自己是人類的一員，但對人類卻沒有抱持著充分的歸屬意識。」[44]就像這樣，今西對於在其他生物身上可以辨識到的歸屬意識，是否能夠毫無例外地適用於人類身上，抱持著保留態度，而這一點也堪稱是今西晚年最大的難題（aporia）。直到離開人世為止，今西都一直無法釐清這個難題。

今西在生涯最後之作《自然學的展開》一書的〈後記〉[45]中，做了這樣的陳述：

雖然要我針對「生物整體社會」再寫些什麼，恐怕在時間上已經不允許了，但這是一個非常重大的問題，而這個問題又與 geo-cosmos 相互結合。Geo-cosmos，是將生物與環境統合為一的場域。當邁向這個層次的時候，我迄今為止一直思索的 specia 這個概念，就不能再用普通的方式論之了。在超越 specia 的事物中，產生了 geo-cosmos。雖然我想針對這方面進行解釋，但時間上已經不允許了。若是追本溯源，它其實是不放進來討論不行的東西，可是……正因如此，我由衷期盼自然學在今後，還能繼續不斷發展下去。

就這樣，今西錦司承認了「分棲共存」論，無法徹底論證生物整體社會與geo-cosmos，而這也可以說是他承認自己直到最後，都無法解決這個難題的敗北宣言。

根據今西的說法，物種個體若是能夠直觀自己所應歸屬的物種社會，就能夠達成分棲共存的狀態。既然如此，那倘若人類欠缺這種歸屬意識，就超出了「分棲共存」這個今西理論核心的範疇之外。

分棲共存之所以給人一種靜態的印象，或許和這點也脫不了關係。簡單說，它是扣除掉人類以外的生物社會，自我圓滿下的狀態。因為分棲共存除了「物種社會的共存」之外再無他物，所以從這個議論當中，只能推演出「該變的就是會變」這個今西流派的命題，而不能為生物社會提出一種能動的邏輯。

可是，無法在生物整體社會中分棲共存的人類，不只是區區的存在，更經常造成物種社

43 引用自《VOICE》一九八四年一月號。
44 《人類的周邊》，筑摩書房，一九八一年。
45 一九八七年四月十日口述筆記。

會與生物整體關係的不安定。說得更積極一點的話，人類就是擾亂生物整體社會的要因，同時也是帶給自然能動性的存在。或者用更普遍的角度來說，位於進化最尖端的生物，其存在本身就會帶給生物整體社會一種能動性。

如果人類是生物世界的擾亂要因，那麼今西關於人類的一連串著作——《人類以前的社會》[46]、《人類社會的形成》[47]、《人類的誕生》[48]、《我的靈長類學》[49]，在今西自然科學的四段構造中，又該被定位在何種位置呢？

今西學派對靈長類的研究，首先始於一九四八年對日本獼猴的研究；第二年，他們設立了靈長類研究群，到了一九五六年更成立了猿猴研究中心，整個研究體制開始趨於完善。在歐美學界，美國在戰前於這個領域中，一直處於領先一步的狀態，卻因為第二次世界大戰而中斷，直到一九六〇年以後，才產生了新的研究氣象；因此唯獨在靈長類研究這方面，日本完全不需要在意歐美的學術成果。不只如此，相對於歐美並沒有猿猴棲息，日本可以就近研究猿猴，在研究條件上也較為有利。於是，日本的靈長類學，遂在近代日本的大部分學術（特別是自然科學）多是由歐美引進的潮流中，成長為一門由本土自己誕生、極其例外且大放異彩的學問，而它的研究方法，也是日本自創的產物。

今西學派對靈長類的研究方法，主要有三大核心：餵食馴養、長期持續觀察、個體識別，而這全是西洋人極難想像的做法。餵食馴養是對研究對象進行干涉；長期觀察是觀察者代替猿猴本身，持續不輟地對猿猴社會的「社會史」做記錄；進行長期觀察之後，觀察者得以對每一隻猿猴加以識別，也明瞭牠們的個性，從而在觀察者與猿猴之間，產生出一種「共鳴」。當彼此心靈相通程度提升的時候，男性觀察者會對雄猴的行動心領神會，但反過來對雌猴的行為，則顯得不易理解。對於今西學派的觀察報告，最初西洋學者認為他們是陷入了「擬人論」（anthropomorphism，意指把人類的情感移入事物當中的擬人主義）的窠臼，並且大加批判。

然而，如今他們的成果在國際間普遍博得好評；正如前述，靈長類學者伊谷純一郎在一九八四年，獲頒有「人類學諾貝爾獎」美稱的赫胥黎獎章。這項獎章的獲獎者，除了《金枝》的作者弗雷澤以外，還有芮克里夫—布朗（Alfred Radcliffe-Brown）、李維史陀（Claude Lévi-Strauss）等，都是赫赫有名的人物，而伊谷則是世界上第一位獲獎的靈長類研究者。因此，今西學派有關人類起源的研究，實為絕對無法忽視的存在，但在這裡我沒有太多筆墨空間，足以一一介紹他們的成果。靈長類研究的目標，是要清楚揭露人類的起源，

46 岩波新書，一九五一年。
47 NHK Books，一九六六年。
48 河出書房新社，一九六八年。
49 講談社，一九七六年。

或者說從猿猴到人類的進化歷程，故其特徵一言以蔽之，就是要發現猿猴與人類之間的連續性。包括社會、文化現象（幸島的猿猴清洗芋頭）、道具的使用（黑猩猩）、乃至對亂倫的忌諱（對近親相姦的迴避）等，這些原本都被深信為人類獨有的特徵，但研究之後證明，事實並非如此，在猿猴身上，已經可以看見類似的情況。

不過，這裡有一件或許是因為太過不證自明，所以甚至不構成問題的事，那就是不管日本獼猴、黑猩猩或是大猩猩，都有其固定的棲息地，也就是處於「分棲共存」的狀態。在設想中和猿猴擁有連續性的人類，也是處於狩獵採集階段的未開化社會，因此他們在這個階段，理當也是依循著「分棲共存」的原理在生活。畢竟在狩獵採集階段，人類的生存必須仰賴可以當作糧食採集的植物與魚貝類，以及可供狩獵的獵物，因此生活環境也被局限於糧食生物的存在範圍之內。在這種限制下，狩獵和採集與其他動物的生存條件並無差異，而動物們當然是依循「分棲共存」的原理在生活。因此，今西學派研究的猿猴和人類，都不曾打破「分棲共存」的框架，而從中獲得的知識體系，不管多能提供知性的刺激，本質上也都屬於「非歷史」的世界。簡單說，它總是位處於同樣的現實當中，而從重要性來說，不管哪個生物社會都是同等的；每個社會都以分棲共存的構成要素之姿，持續以相似且無分優劣的物種社會樣貌存在著。

但是，今日以地球規模進行的生態系破壞，可以說是人類毫無顧忌地，對分棲共存的生物世界侵門踏戶的結果。人類的存在態勢，和分棲共存是相互矛盾的。和猿猴處於連續線上的人類歷史，占了整部人類史百分之九十九以上的時間長度，但在剩下這百分之一不到的時間中，卻出現了斷絕的過程，亦即文明的誕生；這對今西自然科學而言，堪稱是一種對原理的挑戰。儘管今西的「分棲共存」論、以及今西學派的人類學，擁有能夠眺望生物三十二億年進化歷程的廣大射程，但它所能總括的範圍，也只能抵達人類文明階段的入口處而已。

◎今西學派的文明論

今西學派及其外圍支流對於文明的論述，堪稱是百花齊放，令人目不暇給；因此，要對其做出有系統的評論，其實並無方法，而我在這裡，也僅列出吸引我關注的幾個重點。首先是關於農耕文明起源的問題，飯沼二郎的《農業革命論》[50]在這個領域已經堪稱經典的地位；而以中尾佐助《栽培植物與農耕的起源》[51]為先聲的「照葉樹林文化論」[52]，則對打開

50 未來社，一九六七年。
51 岩波新書，一九六六年。
52 上山春平編《照葉樹林文化》，中公新書，一九六九年；除此之外尚有其他為數眾多的文獻。

有關日本文化源流的眼界，產生了極大的貢獻。這種文明論常將「東亞半月弧」和「肥沃月彎」相互對照比擬，但是它有一個難題，就是相較於「肥沃月彎」本身就是大農耕文明，「東亞半月弧」與其說是大農耕文明，倒不如說是處於栽培植物化的發源地區；而在這個地區，作為起源的長江或恆河流域，大農耕文明都相當發達，因此在農耕文明的成熟度上，兩個「月彎」相較起來仍有明顯差異。另一方面，今西錦司在〈混合樹林考〉[53]中，嚴厲批判照葉樹林乃是「否定人類生活的植被類型」，這點也是不能不提之事。川田喜二郎的《素樸與文明》[54]雖是抱持著一種孤傲的亞洲文明論觀點，不過其規模之宏大，足以和梅棹文明論相匹敵。在對亞洲個別地區文明進行論述的嘗試方面，以京都大學研究團隊對東南亞進行的田野調查為主體，由矢野暢主編的《講座東亞學》全十卷[55]，也是絕不可錯過的好作品。

畜牧文明論中最出類拔萃的作品，則屬梅棹忠夫《狩獵與遊牧的世界》[56]，以及收錄於《梅棹忠夫著作集》第二卷[57]中的〈蒙古研究〉；這兩篇作品和今西錦司的《遊牧論及其他》[58]一起，為狩獵起源的畜牧文明論揭開了序幕。人類將原本作為狩獵對象的動物「群落」，直接加以家畜化。在今西和梅棹看來，栽培植物的起源與家畜的起源，並沒有孰先孰後之別；也就是說，它們其實是並行進化的。《狩獵與遊牧的世界》還有一個副標——「自然社會的進化」。關於自然社會，伊谷純一郎和河合雅雄在這方面扮演了先驅的角色；而針對由植物栽培化產生的農業文明進行論述的中尾佐助，以及針對動物家畜化產生的畜牧文明進行論述的梅棹忠夫，也都處於各自領域中先驅者的地位。農耕社會和畜牧社會是由自然社會分化出來，這種對文明誕生史的理解，是今西學派共有的學說。關於其整體大綱，可以參照今西錦司《世界的歷史Ｉ：人類的誕生》[59]。

在產業文明論方面，馬克思史觀一直抱持著「由封建制轉移到資本制」的論調，但在一九六〇年代，京都大學方面針對東京大學的「大塚史學」，提出了「世界資本主義論」[60]。其中的雄辯家角山榮，在《產業革命論》[61]中主張，工業革命其實就是能源革命；這種論點為舊有的階級史觀投下一顆震撼彈，至今讀來仍令人覺得新鮮有趣。以京都大學人

53 《季刊人類學》第十六卷三號。
54 講談社學術文庫，一九八九年。
55 弘文堂，一九九〇—九二年。
56 講談社學術文庫，一九七六年。
57 中央公論社。
58 收錄於《今西錦司全集》第二卷。
59 河出書房新社，一九六八年。
60 河野健二、飯沼二郎編《世界資本主義的形成》，岩波書店，一九六七年；《世界資本主義的歷史構造》，岩波書店，一九七〇年。
61 收錄於《人間》。

文科學研究所的桑原武夫為中心的研究團隊，他們對近代法國的研究成果，也為戰後的京都學派增添了光彩。在日本文明方面，上山春平的《包容與創造的軌跡》[62]，尤其為迄今為止的成果，做出了相當優秀的彙整。上山的一連串作品，是了解以人文科學研究所為中心的戰後京都學派，最佳的入門導引。除此之外，梅原猛的愛努學、橫山俊夫的「禮讓的體系」，也都在日本文明論領域大放異彩。

今西學派在自然社會往農耕社會、畜牧社會的演變過程上，堪稱是開闢了一條獨創的道路；但是在論及近代文明的時候，他們就呈現出百家爭鳴的樣貌。之所以會給人這種在立論上欠缺體系的感覺，主要還是和梅棹忠夫在知識方面的建構有關。梅棹將關注的焦點從動物生態學轉移到比較文明論，在文明論這個領域上，堪稱是戰後京都學派象徵性的存在。將學術發現以平易近人的日常言語加以發表，這種手法或許是今西有意識指導下的成果，但使之形成戰後京都學派一大特色的，則是梅棹忠夫；梅棹執筆長達半世紀，文章中常用平假名，筆觸淺顯易懂，可以說是這類論述中最佳的典範。由於近代知識體系起源於歐美，因此學術論文也大多充斥著外語翻譯的味道，因而導致艱澀難解。梅棹打破學術用語和日常言語之間的高牆，這份功績無論如何強調都不為過。

另一方面，透過梅棹和川喜田二郎的努力，知識被視為是一種技術。他們所提倡的「知識的生產技術」與「ＫＪ法」[63]，對於知識的普及有很大的貢獻。擁有獲得知識的方法後，就能夠將龐大的知識加以彙整、並且乾淨俐落地進行整理，並將其中的一部分陳列在博物館，向大眾開放。

在國立民族學博物館中，世界的各文明與各文化，不分優劣、並排展示在大眾面前，堪稱是「羅列並舉」思想的具體化。和民族的大小無關，地球上的所有文化，全都同列並陳；今西意圖呈現的 geo-cosmos 範疇，在眼前的展示中，獲得了成功的體現，同時也和文化與文明的一元史觀（「一以貫之」的思想），形成了強烈的映襯。然而，當我們讚賞它的優點的同時，也免不了會產生「這樣的做法，是否會陷於相對主義」的批判。動物也好、植物也罷，透過對自然界生物社會採取的種種行動，文明才得以成立。然而，這種行動在今日已經演變成對自然社會的破壞，因而反過來讓人類社會本身，因為依循這樣的原理對自然恣意毀壞而陷入危機當中。面對這樣的危機，光憑相對主義是無法找出解決之道的。因此，應當讓知識回歸本來該扮演的角色。確實，從廣義上來說，知識就是一種技術，但所有的技術，都有其應當負起的責任。這是它的使命，而使命則是依據角色的不同，受到社會和歷史的制

62《日本文明史》第一卷。

63 編注：將未知的問題、未曾接觸過領域的問題的相關事實、意見或設想之類的語言文字資料收集起來，並利用其內在的相互關係作成歸類合併圖，以便從複雜的現象中整理出思路，抓住實質，找出解決問題的途徑的一種方法。

約。和羅列並舉的地上各文明、文化密切相關的知識，不該只是默守旁觀，而是應當依循它們各自的立足點，為它們在受歷史、社會、地區制約，以及立體的人類文明史潮流中，尋求適當的定位。包含預測在內，歷史意識的重新復活，乃是我們必須追求之事。社會和歷史不只是被動賦予之物，而是我們人類生存其間、作為其形成要因、日復一日不斷塑造下的成果。對於形成歷史、社會、地區的主體性在統整方法上面的欠缺，正是今西學派在論述近代文明時步伐紊亂的原因。因此，自覺地回歸主體性，乃是重要的課題。

◎西田幾多郎的一百八十度大轉換

康德在《純粹理性批判》中，針對一直以來認為「認知是受到對象制約」的摹寫論，提出了「對象是受到認知制約」的主張。雖然只是視野的逆轉，但康德對此相當自負；他在這本書的第二版序言中說：「這跟哥白尼的主要思想完全如出一轍。」無論如何，透過康德，認知被二分為主觀與客觀，從而確立了觀念論。

克服二分法與主觀主義的方式有兩種：第一種是黑格爾的做法，他針對二分法，樹立了辯證法的邏輯。馬克思在繼承黑格爾辯證法的同時，也把這種觀念論顛倒過來，以現實世界為媒介，構築起唯物辯證法的邏輯。

還有另外一種克服方式，那就是相對於康德的二分法，嘗試透過主客未分的「純粹經驗」論，來達成「主客合一」的目標，其代表正是西田幾多郎的《善的研究》。然而，這仍是一種靜觀、一種觀念式的論述而已。為了克服這點、並建構起能在現實世界中立足的邏輯，之後的西田飽經「惡戰苦鬥」，最後終於提出了他的論點，那就是在〈從運動的事物到眼見的事物〉中提及的「場所的邏輯」，以及在《哲學論文集》中強調的「製作（poiēsis）的邏輯」。

在「場所的邏輯」中，西田把自亞里斯多德以來一直作為哲學前提的「主語邏輯」，轉換成「賓語邏輯」。從主語的統一來考量，自我的屬性乃是一種集合，亦即「有」；但是西田將之逆轉過來、從賓語的統一來考量，認為自我乃是一種「產生某項事物的場域」，也就是「無」。透過從「有」到「無」、從「主語邏輯」到「賓語邏輯」的視野轉換，西田進行了一百八十度的大轉變。主語邏輯存在著「有」的程度問題，賓語邏輯則存在著「無」的程度問題；西田認為，「無」不存在「有」的欠缺，是一個無止盡且豐饒的世界。

當自我突破「無」的底限，就可以達到「絕對無」的境地；那是時間和空間都未曾誕生，也就是主客未分的「純粹經驗」。時間、空間，都是伴隨著「有」而生成；作為「有」的事物，不管生物、非生物、還是人工物也好，都會占據一定的「場所」。不是空間決定了場所，而是場所的成立形成了空間，並制約了空間的構造，因此空間在這層意義上，具備了「有」的屬性。事物若不能持續下去，就不能成其為物；物理學中的慣性就印證了這一點，而在生物層面，則是必須持續保有對「形」的認同。從物的持續中產生了時間，因此時間在這層意義上，也具備了「有」的屬性。物以場所和持續為其存在條件；透過這樣的條件，產生了時間和空間。「有」的事物，是空間和時間的統一體；隨著各式各樣的物，在各自的場所持續存在，遂形成了多樣的空間和時間。

場所可以分為「無的場所」、「相對無的場所」、「有的場所」；在這三個「場所」當中，有關「無的場所」的邏輯，無庸置疑是西田幾多郎終其一生的哲學核心。肉眼所見的生物世界是「有的場所」，以此為對象的是今西錦司；受到帕斯卡《思想錄》啟迪，從「中間的存在」去掌握人類的三木清，則是位居在「相對無的場所」。從這兩個場所，打開了通往歷史實在的道路。

◎今西錦司的一百八十度大轉換

今西錦司從「有的場所」出發，來展開他的邏輯。在生命的時空中，身為統一體的生物所占據的「有的場所」，究竟是怎麼一回事呢？

當我在山中漫步之際，忽然間，一隻正在啃食蜂斗菜葉的蚱蜢，吸引了我的目光。若是按照我一直以來的習慣，我應該會把這隻蚱蜢抓起來，將牠塞進我從口袋裡取出的毒瓶中；若我覺得牠沒有這個價值的話，那大概是看看就算了。就只有這兩種選擇。如果是前者的話，那等我回到家之後，應該會用大頭針把這隻死掉的蚱蜢串刺起來，排列在標本箱裡進行研究。如果這就是我所認定的「分類學」，那我必須說，不管這門學問為了蒐集材料，在野外如何辛勤奔走，最終還是一門回到室內、面對死物的學問。

現在我眼睛所見的蚱蜢，跟那樣的死物截然不同；牠是活生生、在啃食葉子的生物。唯有在自然之中這樣活著的蚱蜢，才是真正的蚱蜢。這是一個重大的轉機；從此以後，儘管我仍不會無視以死物為對象的分類學的意義和價值，但我很清楚，自己必須研究的不是死去的生物，而是活生生的生物。[64]

這是一則今西踏出分類學、邁向生態學的插曲；重要的是，今西對於「生物的世界，必須在『存在的場所』中進行觀察，才能開始獲得理解」這樣的方法產生了自覺。分棲共存，是「生物（有）的場所」存在的形式。今西確立了「發現分棲共存的『場所』，並對場所直接進行觀察」，亦即野外觀察（田野調查）的方法論。生物以有生命、自我圓滿的物體之

64〈我的道路〉，收錄於《今西錦司全集》第九卷。

姿，占據了「有的場所」；而這樣的場所（田野），是可以進行觀察的。因此，今西學派的方法論，其實就是以田野調查為本質。

可是，按照西田哲學的論點，「有的場所」若不以「無的場所」為媒介，就不能依循主體，樹立起其根本。突破意識底層的「絕對無」世界，就是主體性本身。西田將之稱為「睿智的自我」、「自由意志」、「行為的自我」、或是「作為行為的直觀」[65]。這種「行為的直觀」，毫無疑問正是今西斷然拒絕稱之為「動物本能」，而是使用「動物對生活的創造」、「自由」等詞彙來描述的主體性[66]。

今西試圖從「主體」的觀點，來解釋「分棲共存」與「進化」；在這方面，他的企圖心可說相當強烈。說到底，「個體識別」這項貫徹今西信念的獨特觀察法，正是以「每個生物個體，都具有彼此相異的性格」這種生物的主體性為前提。不只如此，今西雖在關於進化論的眾多著作中，樹立了「進化就是物種社會分棲共存的細緻化」這一命題，但在作為今西進化論總括的《主體性的進化論》[67]一書中，他則是換了一種說法，認為進化乃是「主體所呈現自我運動的軌跡」。因此我們可以說，在發現蜉蝣的物種社會與分棲共存後，今西在後半生將理論的課題，放到了「主體」論的確立上。即使到了八十三歲的高齡，今西仍然說：「自從《生物的世界》以來，我為了在生物中確認其主體性，可說煞費苦心。」[68]。直到九十年生涯的最後，他始終不斷在追尋、探索，從自己發現的「有的場所」，通往主體賴以立足的「無的場所」的道路。

「原歸屬性」的概念在一九八〇年代誕生，對今西整體的學術成就來說，不過是在末尾多添一筆色彩，但對他本人而言，卻具有極其重要的意義。「我甚至可以斷定，若是沒有放進『原歸屬性』這個概念的話，我的生物社會學和進化論，就會變成沒有靈魂的泥塑木雕。」[69]從他這樣的敘述中，可以清楚明瞭到這一點。原歸屬性，就是今西靈魂所追求的青鳥。那是作為生物社會自我圓滿性的基礎，屬於一切生物個體的主體能力。今西相信，從「原歸屬性」這個概念中，可以看到從「有的場所」向「無的場所」展開的道路。

今西學派長期對「有的場所」進行觀察，他們的野外觀察（田野調查）在國際間也獲得很高的評價，因此他們可以說是貨真價實的「野外觀察者」。但從另一方面來說，正如身為觀察者的事實所呈現般，他們自始至終，都只停留在旁觀者的領域裡。他們對猿猴或是其他

65 〈邏輯與生命〉，收錄於《西田幾多郎哲學論集II》，岩波文庫，一九八八年。
66 參照〈人類以前的社會〉卷末，今西與伊谷的論爭。收錄於《今西錦司全集》第五卷。
67 中公新書，一九八〇年。
68 〈回歸《生物的世界》〉，收錄於《自然學的展開》。
69 〈原歸屬性論〉，收錄於《自然學的展開》。

生物的野外觀察有多徹底，從伊谷純一郎自《高崎山的猿猴》[70]到《猿、人、非洲》[71]這段期間中的記錄和分析，就可以清楚明瞭。可是，觀察者無庸置疑，並非動物世界形成的參與者。即使在以人類為研究對象的民族學領域，這樣的情況也沒有改變。蒐羅了包含日本人在內，有關世界各民族龐大記錄的《梅棹忠夫著作集》[72]，堪稱是一部現代人類學誌，而梅棹貫串全卷的研究方法，就是徹底地「進行實地觀察」。這些優異程度令人驚嘆的實地觀察，其基礎正是來自今西理論；但這也代表，對於世界的形成，它並非必然參與其中，因而也欠缺了為主體對世界的形塑進行媒介的理論。從對原歸屬性論的深切思索，可以看出今西本人對於主體論的欠缺有著深刻的洞察；但受他影響的今西學派，對此卻似乎沒有充分的理解。今西在一九六六年就對伊谷純一郎說：「伊谷君雖然長時間跟隨在我身邊，但到現在卻似乎仍不了解我的真意，這點除了遺憾之外，實在再無他話可說。」[73]然而，在經過了二十五年後的一九九〇年，伊谷在今西最後的著作《自然學的展開》講談社學術文庫版的解題中，談到今西的原歸屬論時，卻給了「焦慮與矛盾的收尾」這樣一個評價。看樣子，今西與今西學派之間的鴻溝，並不單單只是「對於觀察事實的解釋該如何整合」這種層次的問題而已；更重要的問題，其實是隱含在認識論當中。

一言以蔽之，承擔「無的場所」的西田，與承擔「有的場所」的今西錦司及今西學派，兩者之間其實相當欠缺作為媒介的議論，這就是問題所在。抽離掉媒介的邏輯，就不可能找出「生物世界的邏輯」與「人類世界」之間的統合理論；因此，要指望今西學派針對剝離主體就毫無意義的人類社會進行分析，並建構起一套社會科學，基本上是不可能的。

◎未完的一百八十度大轉換——「形的邏輯」

上山春平曾經在〈馬克思史觀與生態史觀〉[74]中指出，「這一流派〔今西學派〕的理論指導者——今西錦司的生態學理論，大致彙總在他的主要著作《生物社會的邏輯》以及《生物的世界》當中。以今西理論和馬克思理論為線索，試著闡明將社會科學與生態學統一的方法，是我這幾年來在理論上的課題。」從這裡可以讀出，上山並不把今西學派當成是社會科學的體系。

要從京都學派誕生出嶄新的社會科學，那就必須以開闢出從西田哲學通往自然科學道

70 思索社，一九五四年。
71 日本經濟新聞社，一九九一年。
72 中央公論社，一九八九—九四年。
73 《人類社會的形成》。
74 收錄於《大東亞戰爭的意義》。

路的今西自然科學為媒介，重新折返今西理論的母胎——西田哲學，並試著摸索出從西田哲學通往社會科學的道路才行。在這條道路上，其實已經有位先驅者，那就是以馬克思理論為線索，踏上從西田哲學通往社會科學的道路，卻在中途便不幸於獄中倒下的三木清。

相對於西田的「場所」、今西錦司的「分棲共存」，三木所著重的是「現實」。西田的「場所」，並非物理上特定的場所，而是作為一切存在的根本，讓「有」的存在成為可能的「絕對無的場所」。今西的「分棲共存」，是擁有色彩、聲音、氣味、形狀的「有的場所」。至於三木，他則是這樣說的：

> 與其說現實是相對於我們，不如說我們就存在其中。我們在其中生存、勞動、思考、死亡，這就是現實。[75]

在《人生論筆記》[76]中，以「關於死亡」為發端，談論「死去之物的生命邏輯」的三木，他的立場比起今西的「有的場所」，更加接近西田的「無的場所」；對於這點，我們可以稱之為「相對無的場所」。

三木認為，我們可以把人看作是「擁有感性（pathos）與理性（logos）的存在」，從而加以瞭解。感性是掌握事物的主體意識，理性則是關於被掌握的客體意識。理性的程度愈高，所包含的對象就愈清晰，客觀性也愈強。相對於此，感性的程度愈深，就愈看不清對象，甚至會趨於無對象；但因為在感性所掌握住的主體事實中，包含了存在的根本，所以比起客體的事實，反而更加趨近於真實。三木就將自己的心力，投注在解答為客體事實樹立起根本、作為主體意識的感性之構造上。構想出新形式、製作出新事物，作為形塑歷史主體的人類，並不存在於今西自然學當中。對於這種身為主體的人類，三木將他們整合感性與理性的能力，稱為「構想力」——這正是三木的主客合一理論。

在堪稱三木哲學集大成的《構想力的邏輯》[77]序言中，三木表示：「我所思考的構想力邏輯，其實就是『形的邏輯』，這點已經漸漸趨於明朗。」透過這段話，他強調構想力的邏輯，就是「形的邏輯」。在同一篇序中，他又說：「從廣義來說，一切的行為就是製作事物，也就是都蘊含了『製作』的意義。構想力的邏輯，就是這樣一門製作的邏輯。一切被製作出來的東西，都具有其形態；行為就是對物進行動作，使物的形態產生變化，進而創造出

75《哲學入門》，岩波新書，一九四〇年。
76 新潮文庫，一九四一年。
77 岩波書店，一九三九年。

新的形態。形態作為被創造出來之物，乃是歷史性的事物，同時也是隨著歷史變遷之物。」強調構想力的邏輯，就是製作這一行為的邏輯。

三木對於形成「形」的主體的構想，乃是得自於西田晚年在《哲學論文集》中所演繹、關於「製作」的邏輯。例如，西田在《哲學論文集第二》的序中，就表示了這樣的立場：「所謂勞動，指的必定是在歷史的現實世界中，創造事物的行為……而所謂活著這件事，指的不是感情或是神祕的直觀，而是客觀的製作。」在同論文集所收錄的〈實踐與對象認識〉這篇論文中，他也明白提出了這樣的命題：「所謂矛盾的自我同一，就是物被製作出來這件事，同時也是製作這件事。」在《哲學論文集第三》的開場，他又提出了這樣的命題：「歷史的現實世界就是製作的世界，也是創造的世界。」除此之外他還表示：「作為絕對矛盾的自我同一，從被造之物到製造事物的這個世界，必定就是『製作的世界』。」「我們可以在行為的直觀中，確切掌握住製作的實在。」凡此種種不勝枚舉，而在《哲學論文集第四》中所收錄的論文〈製作與實踐〉，更成為西田哲學的主題。

三木在《構想力的邏輯》中，以制度、神話、技術、經驗等人類製作的「形」為主題進行了論述。這種構想力的邏輯能夠與今西自然學，在「形的邏輯」範疇下達成統整：

> 構想力的邏輯，就是形與形之變化的邏輯……形的邏輯是……自然與文化、自然的歷

史與人類的歷史彼此結合下的產物。自然同樣具備技術性、也會製造形態。人類的技術乃是自然作品的延續。相對於將自然、文化或歷史抽象分離對待的看法，構想力的邏輯則能在形的變化（transformation）這一見解下，對〔自然與歷史〕兩者進行統一的掌握。不應從自然思索歷史，而是應當從歷史思索自然。

因此，三木哲學原本完整的面貌，應該是一套涵蓋自然、生物的歷史，以及人類歷史的「形的哲學」。

生物歷經漫長的進化過程，從而具備了現在的形貌。人類除了身體這個形貌外，也不斷構想出新的形態、並製作出擁有新形態的事物。人類所作之物的形態，並非自然之物；然而，這樣被製作出來的物，對人類而言就是賦予其形貌，因此是第二個自然。像這樣透過主體性去形塑第二個自然的形態，這種行為是動物所不會做的。人會創造「形」；自然的歷史和人類的歷史，除了「形的變化」外再無他者。前者是以被製作物之姿存在，後者則是以「人類在其間進行製作與被製作，從而改變的物」之姿存在著。人類透過改變「實在的方法」，讓歷史的形態產生了改變。

「形」是三木人類哲學晚年的關鍵概念，但對今西自然學來說則是出發點。今西在《生物的世界》開頭就說，「我們的世界，實際上是由形形色色的物所構成的」，並以「相似和相異」的概念，來掌握這些物的形態。中村雄二郎在《形式的奧德賽》[78]中，認為宇宙一切現象都與「形」有關，從而展開了值得注目的考察；他認為「相似與相異」不只是呈現在生物的形態上，而是貫串了聲響、節奏、音韻、氣味等一切的一切。在這層意義上，「相似與相異」，就是用來識別一切事物形象的兩種形式，而今西對這兩者的概念，可說極為重要。

相較於今西對擁有自我圓滿特質、保守的生物形態的關心，三木則對擁有「能夠製作、改變型態」這種存在方法的人類抱持著關切。相較於今西在為生物學奠立哲學基礎之際，將自然當成「創造完成的形」來加以討論，三木的人類哲學則在建立哲學基礎的同時，把人當成「從事創造的形」來進行論述。今西的自然學與三木的人類哲學，都是透過「形的邏輯」來奠立其基礎；我們可以說，今西自然學是形的靜態學，而三木人性哲學是形的動態學。

若是我們回顧在近代以前對物都是以實體概念來思考，近代以後則都是以關係概念（函數概念）來思考，我們就會發現，今西將生物、三木將人以「形的邏輯」來掌握，是極其醒目且具有劃時代意義的作法。三木對此也有自覺，從《哲學入門》中以〈物、關係、形〉為題的一節，就可以清楚證明這點。「古代是透過實體概念進行思考，近代則是透過關係概念或機能概念（函數概念）來進行思考。新的思考必須是形的思考；形不單只是實體，也不單只是關係或機能，而是兩者的綜合。」在《人生論筆記》中，插進〈關於人的條件〉一文裡的這段話，為三木的「形的邏輯」做出了簡潔的定位。又，自然科學的法則乃是以函數概念為基礎，而被視為社會科學之父的馬克思，其唯物論的基礎也是「關係」概念（生產關係），那麼「形」這個概念，就可以視為是對這兩者的揚棄，從而被一併提起，這是應當加以註記的事。

形是活用主體、統一主體的事物。今西所掌握的，是自然當中已經製作完成、既有的形。但是，晚年的今西投身於和構成生物之形的「主體」之間的搏鬥，直到過世前夕才提出了「原歸屬性」這個主體概念。另一方面，從「主體」出發的三木，則是察覺到「形」的重要性，直到入獄中斷工作為止，都一直在探尋作為「形的邏輯」的「構想力的邏輯」。今西從生物這邊逼近作為三木人類哲學前提的「主體」，三木則從人類這邊，逼近作為今西自然科學前提的「形」，這並非只是偶然。「形」的邏輯和「主體」的邏輯並非對立；兩者會互相吸引，而有志包含兩者的理論體系，就是未完成的「構想力的邏輯」。

社會科學是針對「作為歷史實在的人」存在的方式，進行分析的一門學問；而要分析存在的方式，除了掌握住存在的型式以外別無他法。型式是形態結構化下的產物。在形的自覺當中，孕育了對作為既存型式的客體（社會構造），透過主體性進行變革行為的契機。在形的自覺中，包含了對新型式的構想。社會科學的前提，不只是作為客體的人，更是作為主體

78 岩波書店，一九九一年。

的人。主體是對客體施展行為的物，離開行為就無法成為其主體。

三木對主體性的拘泥，和他作為人存在的悲劇性其實也有關係。三木哲學的出發點是《帕斯卡哲學中人類之研究》[79]；在這當中，他把人類的悲慘，放在「生的存在論」的根本地位上。對「活著這件事的悲慘」進行理解的知識體系，注定要烙印著悲劇的性格；而悲劇的生，與對尋求解脫無法抑制的衝動是相互結合的。三木的絕筆之作是〈親鸞〉。作為客體的人，被埋沒在「現代」這個歷史的型式中，作為主體的人，則站立在永遠限定著此時此刻自我的「現在」之上。對「現在」的自覺，映照出「永遠的生」與「永遠的死」所孕育的危機意識；歷史意識作為相似之物，也總是從死亡中孕育出新生。三木未完的社會科學，與危機意識是相互結合的。這是戰前京都學派留下的寶貴贈禮，但戰後的京都學派卻不知將之遺忘到何處了。

79 岩波書店，一九二六年。

轉之章　文明的海洋史觀

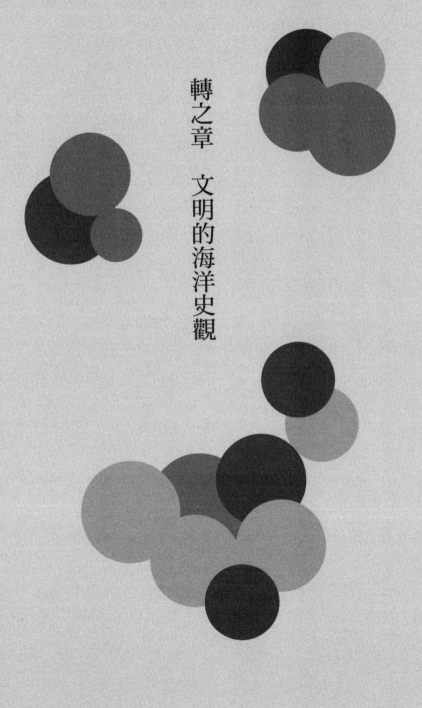

一、海洋史觀

◎朝著「從海洋觀看歷史」啟航

布勞岱爾的名著《菲利普二世時代的地中海和地中海世界》第二版的翻譯，在濱名優美的苦心翻譯下，終於得以完成[1]。這對日本史學的意義，堪稱非同小可。布勞岱爾在《地中海》初版的序言開頭，寫下了這樣一段話：

我特別喜歡地中海……在我想來，這片人們始終眺望、為他們帶來所愛事物的海，正是保留了在過去生活中，有關存在最大資料的寶庫。

《地中海》這部作品最重要的意義，就是將對世界史關注的目光，從陸地轉往海洋。如同後面所要講到的，戰後日本人的歷史觀，是一種「陸地史觀」，其代表就是唯物史觀與生態史觀。對受到陸地史觀深厚浸染的日本人而言，在布勞岱爾原著出版後，相隔四十六年之久後出現的日譯版序文開頭的這句話，堪稱是越過遙遠海洋，吹拂而來的新鮮海風。布勞岱爾的文章，在洗鍊的筆法中，隱含著深邃的熱情；大口呼吸他所帶來的醇美海潮香氣的讀者們，想必也在史觀上，歷經了一場寧靜的革命吧！布勞岱爾的《地中海》，具有讓根植於內陸、受到土地緊緊束縛並形塑的舊有世界史印象，一舉變成落後時代的老骨董，接著搖身一變，成為向「海洋」開放的嶄新印象的力量，因此堪稱是一部革命性的作品。

迄今為止，已經有很多史家受到布勞岱爾從海洋出發的歷史所啟發，在史學界掀起了相當大的波瀾；光是要介紹這些成果，大概就可以寫成好幾本書。然而，眼下所見的這些，只能說是嶄新史學誕生的前奏曲，至於現在正在進行中、更加壯闊的波浪，毫無疑問將會把人們觀看歷史、觀看世界的目光，徹底地洗滌一番吧！

現在，正如大家目光所清楚看見的一般，世界各國的相互依存日益加深；日本自然不在話下，就連美國、英國、印度乃至中國，沒有哪一國可以孤立自存。世界各國在獨立自主的同時，又彼此相互依存；換言之，各國正逐漸變成宛若群島一般的存在。在現代世界中，在章魚壺裡封閉自守的國家，已經是落後時代的產物；各國彷彿島嶼一般，以海洋為媒介進行交流，呈現出一副「多島海式」的世界樣貌。正如所有的歷史都可稱為現代史般，歷史總是背負著必須從今日觀點出發，進行書寫的宿命；不為什麼，只因為我們史家都是生存在今日的人們。

1《地中海》全五冊，藤原書店，一九九一至一九九五年。

讓我們試著把看歷史的眼光從陸地上解放出來，轉而眺望海洋吧。過去在中世到近世的轉換期間，閃耀著燦然光輝的威尼斯，正是一個漂浮在海上的海洋都市國家。十六世紀的西班牙是個海洋帝國，十七世紀的荷蘭也是以海洋國家之姿發展起來，至於稱霸十九世紀的英國，當然更是個海洋帝國；而二十世紀的霸權國美國，也是個曾將前蘇聯比喻為斯巴達，將自己比喻為雅典的海洋國家。日本也是一個島國。在亞洲，像是新興工業化國家（NIES）、東南亞國協（ASEAN），其構成國度也多半是島國。島國或者海洋國家在自立的同時，也獲得了急速的經濟成長，在國際社會中的地位也日益提高。

我們若是從大大小小的海洋（海域與大洋），來眺望每一座島嶼的歷史，就能夠從透過海洋緊密相繫的網絡關係中，得出重新修正的看法。簡言之，就是將世界史以由島嶼和海洋構成的「多島海」這一座標軸為基礎，進行重新審視與評估。這和帝國主義的發想，正好是兩極相對。帝國主義的支柱，是一種將島嶼包含在帝國內部，也就是「圍而納之」的思想；在這種思想下，帝國對帝國之外的存在，普遍抱持著排他性的態度。

相較於此，這裡所說的多島海，則是呈現出一座一座島嶼在自立的同時，也透過海洋緊密相連的樣貌。這種結合與聯繫，套用最近的用語來說，就是「網絡化」或者「網絡」。直到十九世紀為止，聯繫島嶼的手段都是船隻。透過多島海這樣的座標軸，讓我們可以用網絡的樣貌來觀看世界，而那些在歷史上以船為生活手段的人們——海民、漁民、商人、海賊等非農業民、非畜牧民，遂得以重新煥發光彩。十九世紀以降，聯繫手段除了船隻之外，又加進了飛機、電信與電話；到了二十一世紀，更加入了多媒體和網路等手段，交通、資訊、通信基礎的整飭也日益加速。

雖然我們可以將這種世界各地區彼此相連、以及地球上大大小小的陸地透過海域彼此聯繫的現象姑且稱之為「多島海」，但這其實只是個比喻，網絡才是現實。過去只能透過船隻彼此相連的多島海，現在能夠透過其他形形色色的交通、資訊溝通手段來進行聯繫。若我們要以全球視野來掌握世界史的話，朝向網絡觀點發展，乃是必然的趨勢。日本史、東洋史、西洋史這種章魚壺式的並存方法，以現行的狀況來說已是退步落後。因此，為了清楚明瞭章魚壺式／鎖國式發想的極限，並從多島海世界或全球化網絡的觀點來重新觀看歷史，我們就必須在發想上，做出果斷的轉換才行。把日本史包含進世界範疇，同時也把世界史包含進日本範疇，這是我們所要面對的課題。朝著日本史與世界史相互關連的「網絡之海」揚帆啟航，是現實對我們的邀請。

◎從陸地史觀到海洋史觀

在史觀方面朝向海洋揚帆啟航，乃是日本相當確切要面對的課題。由於日本是個島國，因此日本列島的歷史，就是在受到跨海而來的文明洗禮的同時，也以島嶼之姿邁向自立的過程。西洋、東洋、日本的歷史在互不相關的情況下，絕不可能發達起來，相反地，正是因為關連深厚，所以才會發達起來，這是無庸置疑的。日本從德國引進近代史學這件事本身，除了是日本史上的一筆史實之外，也是西洋史的史實；如果砍除掉兩者之間的關連，那就連歷史學自己的歷史都無法闡述。然而，在堪稱歷史研究基礎的史觀方面，聯繫交流的「海」並非其本質；唯物史觀也好、生態史觀也罷，都把注意力放在內陸的歷史事態上，而這與一直以來縱深式、甚至是章魚壺式的史學方法，也不能說全然無關。

身為戰後馬克思主義史學火車頭的大塚久雄，致力於追尋歐洲、特別是英國「由封建制度轉移至資本主義制度」的過程；他所提出的「農村生產者階層分解為資本家與勞動者兩極」理論模式，被稱為「大塚史學」。封建制度的基礎是土地私有，資本主義制度的基礎則是生產手段（工廠、機械、勞動力）的私有；大塚史學就是針對發生在陸地上這所有關係的變化，特別是對內陸農村的變化進行探究，因此它確實是一種陸地史觀。

另一方面，梅棹忠夫則以「文明的生態史觀」[2]的提倡者而著稱。梅棹注目的焦點，是在斜向貫穿歐亞大陸的巨大乾燥地帶中，經過「畜牧革命」而形成的遊牧社會。畜牧革命是將成群的有蹄類動物加以家畜化，榨取雌獸的乳汁，並將雄獸加以去勢[3]。乾燥地帶的遊牧社會，具備了和濕潤地帶的農業社會對等的力量關係，從兩者的對抗關係中，可以鳥瞰歐亞大陸的歷史原動力。由於生態史觀的構成要素是遊牧社會與農業社會，因此它也是紮根於大陸的陸地史觀。生態史觀與唯物史觀乍看之下似乎是水火不相容（事實上，廣松涉也從這樣的觀點出發，彙整成《生態史觀與唯物史觀》一書），但兩者其實具備了一個共通性，那就是它們都屬於陸地史觀。

除此之外，村上泰亮、公文俊平、佐藤誠三郎的《作為文明的家族社會》[4]，也提出了日本文明的歷史乃是由「氏族社會」轉換到「家族社會」這樣一個構想獨特的史觀；但究其內容，他們主張的是，在十到十一世紀的時候，家族社會以「突然變異體」之姿出現在東國；它和原有的氏族社會共存並展開競爭，並在大約過了五百年後，將氏族社會徹底驅逐殆盡，因此，它也是一種陸地史觀。其他代表性的歷史構想，還有上山春平的《包容與創造的軌跡》，他做出了「自然社會→農業社會→工業社會」的三階段區分，但他仍是以陸地上「生產方式不可逆的展開」為基準，因此也是一種陸地史觀。

就像這樣，戰後的日本人，幾乎沒有任何將海洋容納其中的歷史觀。對於包含海洋的歷

2 梅棹忠夫《文明的生態史觀》，中公文庫，一九七四年。
3 參考《狩獵與遊牧的世界》。
4 中央公論社，一九七九年。

史觀，我們可以在這裡將它與陸地史觀相互對照，稱之為「海洋史觀」。

正如布勞岱爾的《地中海》，以及受它觸發產生、集結了日本史家的研討會記錄《透過海洋所見的歷史》[5]所論及的事實與構想般，海洋與人類社會，特別是海洋與市場經濟發達之間的關係，在不久後，應該就會迎接理論化與體系化階段的到來；至於現在，則是給人一種誕生前夕般的預感。相反地，舊有的資本主義發展史理論，則給人一種喪失生命力的感覺。關於這點，我也會進行更詳細的闡述。

◎以海洋洗滌「大塚史學」

資本主義發展史的研究理論在日本誕生，始於一九三〇年代的日本資本主義論爭，而其影響與成果都非同小可。在這當中，山田盛太郎的《日本資本主義分析》，以及宇野弘藏透過原理論、階段論、現狀分析建構起來的所謂「宇野理論」，更是堪稱箇中翹楚。

在這場論爭中，當事人賴以立足的理論，主要是馬克思的《資本論》。《資本論》是透過理論、實證、長期（歷史性）的方式，對英國經濟進行分析的著作；因此，它在研究英國資本主義方面格外具有意義，而後也漸漸形成獨立的分野。可是，這門研究只是一味朝著日本國內發聲，對於和外國學界的意見溝通，卻始終付之闕如；例如，他們和研究英國經濟史的專業團隊——英國的經濟史學會（Economic History Society），就幾乎沒什麼交流。說極端一點，在日本，研究英國資本主義就只是為了替日本資本主義提供分析基準，做一門輔助學術而已。其中的代表之作，就是將起源自農村的「自耕農／中產階級生產者」（yeomanry）看待成工業革命推手、由大塚久雄所著的《近代歐洲經濟史序說》[6]。

如果我們相信馬克思在《資本論》第一版序言中的命題——「先進國家是後進國家未來的樣貌」，那麼英國資本主義就可以當成先行樣板，來作為理解日本的比較基準，而我們也可以用《資本論》所描繪的英國資本主義樣貌為鑑，來討論日本社會近代化的落後與扭曲。《大塚久雄著作集》[7]之所以在今日仍有值得一讀之處，不是因為它可以當作理解英國資本主義的手段，而是因為它可以作為一種線索，讓我們得以理解一九二〇到六〇年代，日本經濟所面臨的種種課題（如農村近代化、國民生產力的形成等）。大塚史學在日本資本主義發展史的方法論上扮演著重要角色，而以大塚史學為代表的日本英國資本主義研究，整體來說算是日本資本主義分析底下的分野之一。

5 藤原書店，一九九六年。
6 岩波書店，一九八一年。
7 岩波書店，一九六九—八六年。

可是，時至今日，大塚史學在日本資本主義分析與東亞資本主義分析方面，可以說已經完全喪失了作為方法論的意義。一九九〇年代，英國的人均國民所得，已經低於殖民地時代的香港（一九九七年七月一日歸還中國）；因此，以英國國民生產力的形成過程，來作為世界第一的日本資本主義分析基準，本質上已經毫無意義。不只如此，生產力至上主義在環境問題的映照下，也隱含了深刻的問題。

事情還不只這樣；透過大塚久雄的觀點來判定、認為現代人所應具備的理想模範類型，也有很大的問題。據大塚久雄在《社會科學中的人類》[8]、《近代化人類的基礎》[9]等作品中的解說，笛福的《魯濱遜漂流記》的主角魯賓遜，正是十八世紀英國中產生產者理念的體現，也是近代人類的理想型態。大塚在《社會科學中的人類》裡，這樣描述魯濱遜的生活：

（魯濱遜）先蓋好了住居，然後在住居周遭，用樹木將它圍繞起來。接著，他在靠攏住居的地方設下了工坊，在那裡用山羊皮製作衣服、帽子和陽傘，同時也製作陶器。之後，他又在為了居住而圈定的土地中剩下的空間裡，設下木柵繼續圈地，從而建立起幾處圈好的土地。他把其中一處圈地當成小麥田，種植在船上發現的小麥；收穫後，他把其中一部分當成種子留存下來，其他則充作消費之用。然後，他又在另外的圈地上開闢牧場，捕捉野生山羊並加以繁衍，並將其中一部分因應需求屠宰。最後，他把羊肉放進自己做的陶鍋裡，做成蔬菜燉肉滿足口腹之慾，又把牠們的皮剝掉，當作衣服、帽子和洋傘的材料。

從大塚的整理可以發現，他是以居住在內陸人們（農民、農產物加工者）的樣貌，來捕捉他心目中的魯濱遜形象。可是，魯濱遜與其說是農民，不如說是船員還來得更加適切。據笛福所言，魯濱遜是一六三二年出生的英國人，二十歲時成為船員，曾經一度遭到阿拉伯人俘虜當成奴隸；之後他逃出生天，渡海前往巴西，在那裡成為一名成功的種植園經營主。一六五九年，他因為有擔任水手的經驗，所以被身為種植園主的夥伴們看上，公推他前往非洲購買奴隸，結果在旅途中遭遇了海難。魯濱遜遭難的地點，並非憑空杜撰之地。據笛福所言，魯濱遜搭乘的船隻，在抵達北緯七度二十二分之處時，遭到了暴風雨的襲擊，被打到北緯十一度、奧利諾科河以北的地方；從那裡，他們朝向巴貝多島前進，但在抵達北緯十八度十二分附近的時候，又再度遭到暴風雨而遇難，只有魯濱遜一個人漂流到無人島上。從笛福如此具體的記述，可以清楚明瞭這並不是幻想出來的島嶼。魯濱遜遇難的時間是一六五九年

8 岩波新書，一九七七年。
9 筑摩叢書，一九六八年。

九月三十日；從那時候開始，他一共歷經了二十八年兩個月又十九天的孤島生活。魯濱遜這樣的人生經歷，與其說是「中產生產階級的體現」，毋寧說是當時海外殖民者典型樣貌的寫照。

讓我們試著一瞥這種生活型態誕生的背景吧。一四九二年，伊斯蘭教徒（摩爾人）從伊比利半島被驅逐出去；之後他們便以柏柏人海盜之姿，最初在西班牙南岸、後來更擴及到地中海全境，對基督教徒展開攻擊。直到法國人占領他們的根據地為止，他們一直在地中海燒殺擄掠。根據一四九四年的《托德西利亞斯條約》，地球被分割為兩半，西半球為西班牙領土，東半球則為葡萄牙領土；在這樣的情況下，西班牙將加勒比海訂為「西班牙領海」（the Spanish Main），不允許他國染指。但其他各國不承認這兩國間的協定，特別是新教諸國，更發出國家認可的私掠許可證，對西班牙船隻進行攻擊和掠奪。於是，加勒比海遂成為海賊的巢穴。巴索羅繆・羅伯茨、亨利・摩根、法蘭索瓦・羅羅內、班傑明・霍尼戈爾德、愛德華・蒂奇、棉布傑克（約翰・拉克姆）、女海賊安・寶妮和瑪麗・里德等惡名昭彰、縱橫海上的剽悍之徒陸續出現。自十七世紀前半以降，法國和英國便不斷涉足這片「西班牙領海」，特別是西班牙王位繼承戰爭（一七〇一——一四年）結束後，原本從事軍事行動的海商陷於失業，遂陸續搖身一變成為海賊。不過一七一七年九月，英王喬治一世頒布了《海賊停止法》，宣告只要海賊在翌年九月前投降，就可以赦免罪行，於是海賊遂又陸續投降，之後也不曾再展露太過猖狂的舉動。笛福的《魯濱遜漂流記》成書時間，正是在這之後不久的一七一九年，同時也是英國人對西印度群島正式展開殖民活動的前夕。

對於作為魯濱遜故事舞台的這座孤島，笛福並沒有明白寫出島嶼的名字；但是透過故事中出現的其他地名，已經暗示了這座孤島的所在地。從魯濱遜和星期五的對話中，可以知道遠方能看見的島嶼是「千里達島」[10]；而能夠看見千里達島蹤影的島嶼，就只有托貝哥島（關於這點，我曾經親自用肉眼確認過）。托貝哥島與千里達島，是漂浮在加勒比海東南端、與南美大陸接壤之境的島嶼。眾所周知，星期五是魯濱遜在島上生活第二十四年時，遇到一群登上島嶼的野蠻人正要烹食兩個男人，於是出手救下的一名倖存者。因為那天正好是星期五，所以魯濱遜便將這名加勒比青年取名為「星期五」。魯濱遜教導星期五英語和聖經，星期五也從他這裡學到了很多；可是，對於星期五的語言，魯濱遜卻連一個字也不曾學過。從這種對比，可以決定性地判斷出魯濱遜的人格。據了解，笛福關於托貝哥島的資訊，主要是來自於海員J．波因茲的著作《托貝哥島的現況》；因此，托貝哥島就是魯濱遜漂流記的舞台，這是毫無疑問之事。魯濱遜—星期五—無人島之間的關係，其實正好可以替代為大英帝國的支配者—奴隸—加勒比海域的連結。

10 岩波文庫版，上冊，二八八頁。

戰後，在從英國殖民地獨立出來的千里達和托貝哥共和國中，出現了一位身兼史家的知名政治家——埃里克・威廉斯（Eric Williams）。威廉斯出身貧困的黑人家庭，憑藉優秀的才能獲得獎學金，並以牛津大學的第一名畢業；當他在美國執教後，於一九五六年組織了人民民族運動黨（PNM）並自任黨魁。一九六二年，他從英國手中為千里達和托貝哥共和國爭取到獨立地位，並成為該國的第一任總理，直到逝世之前三天，仍然勤勉不輟地堅守崗位。他不只著有《資本主義與奴隸制》、《從哥倫布到卡斯楚》等許多著作，用以啟蒙國民，還在議會前的伍德福廣場定期與國民展開直接對話，因此又有「伍德福廣場大學」的美稱。威廉斯不只被千里達和托貝哥共和國、也被加勒比海全境的領導者所景仰；他即將離世的時候，留下的遺言是「在我過世後，不要豎立任何紀念我的銅像」。這和魯濱遜以島嶼的領主和君主自居，可說是天壤之別。

大塚久雄把魯濱遜當成是自立近代人的理想典型；但是，這種看法真的適當嗎？與其把魯濱遜看作是在孤島上一片小小圈地裡揮汗勞動的人物，不如把他看成是在他的人生舞台——大西洋、地中海、加勒比海中，應運而生的人物，這樣還比較能掌握到真諦吧？包含日本在內的非歐洲圈人們的共通之處，就在於我們並非魯濱遜，而是站在星期五的立場。因此，我們真正應該做的，是從原本被置於從屬地位的青年星期五往後的命運當中，學習自立的精神過程。在這裡，星期五真正自立的模樣，與廣受加勒比海領導者敬仰的埃里克・威廉斯的身影，可說是相互重合為一的。

◎以海洋洗滌梅棹「生態史觀」

梅棹忠夫的生態史觀是唯物史觀的映襯，這點已是眾所周知的事情[11]。梅棹「文明生態史觀」的範本，是描繪乾燥地帶與農業地帶之間能動性所得的產物。然而，有關海洋究竟對近代文明在西歐與日本的崛起帶來了怎樣的影響，不管是唯物史觀或生態史觀，都沒有提及隻字片語。馬克思和梅棹忠夫雖然有論及發生在海洋的歷史事實，但這些在他們的世界史理論或文明模式中都屬於次要性質，而非本質的構成要件。因此，不遜於唯物史觀的生態史觀，也是一種陸地文明論。在這裡，我想試著透過海洋，來洗滌一下梅棹忠夫的「文明生態史觀模式圖」（以下簡稱為文明地圖，見二〇一頁圖）。

若要將世界（話雖如此，但指的其實只有舊世界，不包含新世界美洲在內）以宏觀角度進行地區劃分，就不能不觸及梅棹所提出的文明地圖。梅棹的文明地圖，是出現在〈從東南

11 上山春平〈歷史觀的摸索〉、〈馬克思史觀與生態史觀〉，收錄於《大東亞戰爭的意義》。

亞的旅行開始〉[12]一文當中。要將歷經數千年歷史、發生在歐亞大陸的人類社會文化與文明所形成的複雜地區樣貌加以區分，實在是件難如登天之事。但梅棹的文明地圖，將如此困難的地區劃分以單純明快的方式表現出來，並將歐亞大陸的文明分布漂亮地涵蓋其中，真不愧是理科出身者（理學博士）的風格。不管橢圓形的形狀也好、乾燥地帶的延伸角度也罷，都是對現實世界地理、地形相當漂亮的演繹，而地形與圖形的相似，更是令人驚嘆不已。這實在是張天才的構圖，同時也是作為地區論出發點必備的一張圖。

梅棹的文明地圖中最重要的，就是歐亞大陸東北往西南斜向延伸的巨大「乾燥地帶」。在「乾燥地帶」的兩側，平行分布著「準乾燥地帶」；它們因為位於距乾燥地帶極為遙遠的地方，所以比較濕潤。那麼，在比「準乾燥地帶」還要更加遙遠的地方，又有著什麼呢？那就是充滿濕潤的海洋。可是，在梅棹的文明地圖上，我們看不到海洋。因此，本節就要從環繞著歐亞大陸四面八方、沿著巨大無比海岸線伸展開來的海洋出發，來重新洗滌梅棹的文明地圖。

12 收錄於《中央公論》一九五八年八月號、《文明的生態史觀》，中公叢書，一九六七年；一九八九年重新收錄於《梅棹忠夫著作集》第五卷，中央公論社。

梅棹文明地圖

A圖

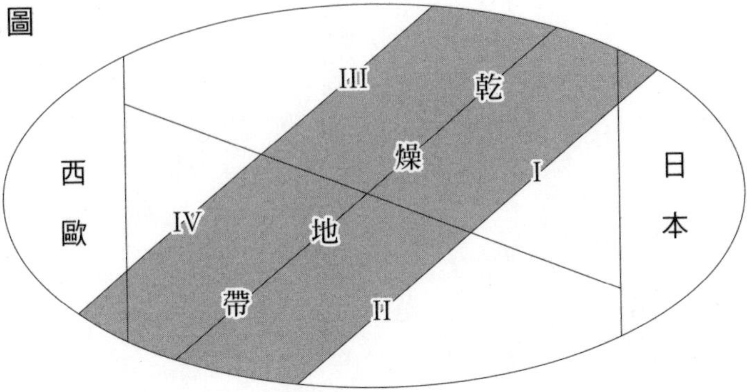

B圖

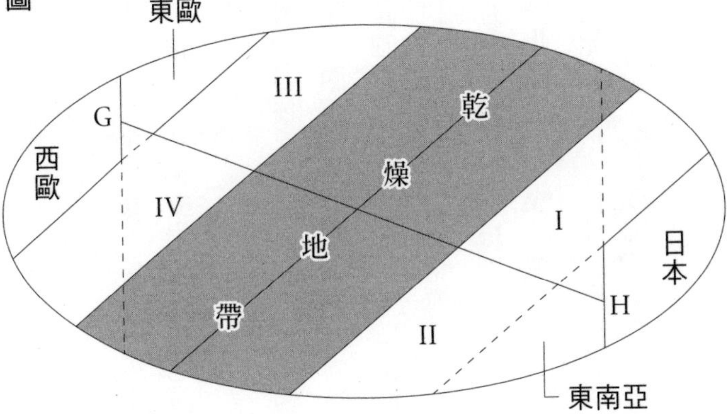

修正1

在距離梅棹文明地圖的「乾燥地帶」最遠處，有著海洋的存在。海洋可以分成兩塊，一塊是位在地圖西端，也就是梅棹文明地圖認為屬於「東歐」和「西歐」的地區。另一塊則位在東端，也就是梅棹文明地圖上標示為「日本」和「東南亞」的地區。

「東歐」在梅棹的文明地圖中，被劃歸在「西歐」的東北邊，但這其實是不合理的。之所以這樣說，是因為「東歐」也就是舊東歐圈，並不位在梅棹所畫的「東歐」那個位置。讓我們試著從舊東歐圈首都的緯度來看，「西歐」的中心倫敦，位於北緯五十二度；相對於此，德國的柏林位於北緯五十三度、波蘭的華沙位於北緯五十二度稍微偏北一點處、捷克斯洛伐克的布拉格位於北緯五十度、匈牙利的布達佩斯位於北緯四十七度、前南斯拉夫的貝爾格勒位於北緯四十五度、羅馬尼亞的布加勒斯特位於北緯四十五度、保加利亞的索菲亞位於北緯四十三度、阿爾巴尼亞的地拉那位於北緯四十一度，幾乎都位在倫敦以南的地區。換言之，「東歐」並不在「西歐」的東北，而是在東南；也就是梅棹文明地圖當中，III和IV接壤地帶再往南的地方。「西歐」的東北，是北海和波羅的海。也就是說，梅棹認為是「東歐」的地方，其實不是陸地，而是海洋。

「東南亞」在梅棹的文明地圖上，被當成是和「東歐」相對的構圖來加以描繪。可是，它的位置也是不正確的。東南亞是位在印度東邊再往東南的地方。印度的最北邊雖和九州一樣，都是北緯三十度以上的高緯度，但是東南亞的幾個城市，例如曼谷和馬尼拉，都和印度南部的都市馬德拉斯差不多，是位在北緯十五度左右的地區；至於新加坡和雅加達等城市，則位在比印度次大陸最南端還要南邊的地方。因此在文明地圖上，和日本西南接壤的並非「東南亞」，而是中國海（東海、南海）。

換句話說，梅棹的地圖中標註為「東歐」的地方，其實是北海和波羅的海；標註為「東南亞」的地方，其實是東海和南海。像這樣將海洋放進去，就會如修正圖1所呈現般，文明地圖分為中央的「乾燥地帶」、兩側平行分布的「準乾燥地帶」，以及更外側、同樣平行延伸的「海洋」三種生態。值得注意的是，在「乾燥地帶」、「準乾燥地帶」、「海洋」這三種生態區分當中，日本與西歐乃是各自漂浮在東西兩端的「海洋」上。

修正圖1

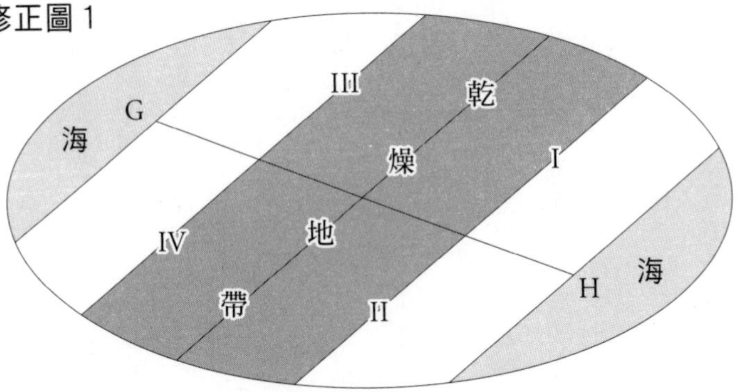

修正2

在梅棹的文明地圖上，還有劃出另一條令人深感興趣的線，那就是GH線（這條線只有標示記號而已）。GH線是和乾燥地帶交叉、將「第二地區」劃分為中國、印度、俄羅斯、伊斯蘭－地中海等四大文明圈的重要線段。關於這條GH線，梅棹並沒有加以解釋；之所以不做解釋，是因為對熟知歐亞地形的人來說，無須解釋便能清楚明瞭其代表的意義。簡單來說，從大乾燥地帶的中央地區（我們可以把它當成是原點）出發，往東南的方向是綿延的喜馬拉雅高峰、往西北的方向則有高加索山脈、喀爾巴阡山脈彼此相連，因此GH線就是堪稱歐亞大陸脊梁的高山區域。順道一提，GH線的斜向也與現實的地形，相當漂亮地彼此吻合。

梅棹文明地圖在「乾燥地帶」的中央也有拉出一條線。這條線沒有標出記號，但和現實地形上的高山走向也是一致的；在這裡我們就姑且稱之為KM（由北向南延伸）線。KM線從中央原點往東北方向，有天山山脈、阿爾泰山脈、外興安嶺等山勢綿延，往西南方向，則與興都庫什山脈、伊朗高原等相連。因此，KM線也是不遜於GH線的高山群。

GH線和KM線都是聳立於歐亞大陸上的高大山系，創造了無數深山幽谷的宏大景觀。構成歐亞大陸「第二地區」的四個文明，誠如梅棹所論般，不單只是隨著乾燥地帶加以劃分，而是被崇山峻嶺所分割開來。險峻的山脈造成人們往來困難，因此劃分而成的四個地區，也各自產生了構成獨具特色四大文明圈的生態條件。

巨大山脈是大河的源流。雖然梅棹完全沒有提及，不過舊文明乃是誕生於巨大河川的流域，因此河川扮演了決定性的重要角色。河川的源流是山；河川從山脈往下，朝著東南西北各個方向奔流而去，往東是黃河、長江，往西則是萊茵河，其走向都相當明顯易見。往北的方向以鄂畢河、葉尼塞河為代表，往南則是幼發拉底河與底格里斯河、印度河、恆河，以及穿越東南亞大陸部分的伊洛瓦底江、湄公河、昭披耶河。河川當然也會注入大海；東西奔流的河川，會注入與乾燥地帶、準乾燥地帶平行描繪的海洋。另一方面，從南北流向的河川來看，往北流的河川會注入北極海，這是拒絕人類踏足的海洋；至於往南流的幾條大河，則產生了古代的農業文明。這些文明都是位在大河流域，換言之即是面朝海洋。

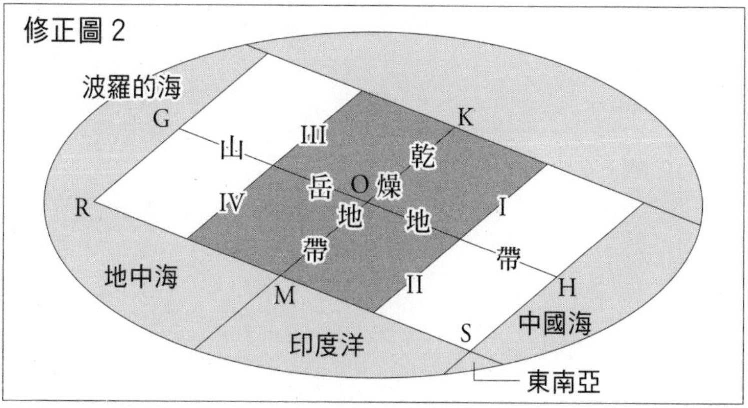

對於這些海洋，我們可以畫出一條和以山脈為脊梁的GH線平行的線段來加以表示，這就是RS（River與Sea的連接）線。在RS線的南側，可以看到好幾片海洋；在乾燥地帶的西側是地中海，東側則是印度洋。

隨著印度洋在地圖上出現，東南亞就會以連結中國海和印度洋的姿態，跟著呈現出來。請各位參照修正圖2。在梅棹文明史觀中，「東南亞全部屬於第二地區」[13]；但是，「東南亞」與其說是受到大陸影響，毋寧說是處於更受「海洋」影響的位置。換句話說，將東南亞與「第二地區」加以區別方為妥當，畢竟它是偏向海洋性質的地帶。

透過以上的修正，我們完成了在梅棹的文明地圖的東、西、南端描繪出「海洋」的作業。接下來的關鍵問題，就是位居從屬「海洋」的「第一地區」中的日本與西歐，其相似與相異之處。

修正3

梅棹在文明地圖A上，將日本和西歐放在東西兩端，劃下兩條垂直線。在現實的地圖上，這兩條線分別是西經十至十五度，東經一百二十五至一百三十度。利用這兩條垂直線，他將西歐與日本的地形正確放進圖形當中，所以這兩條線的位置也堪稱劃得漂亮。可是，這只不過是呈現出「歐洲與日本位於東西兩端」這件事而已。在梅棹的文明地圖B中，則是將兩者的南北差異描繪出來。這相當重要，但梅棹在一九八四年於法國的法蘭西公學院演講「近代日本文明的形成與發展」時，只使用了A圖[14]。要表現日本與歐洲在文明史上乃是處於遠離「第二地區」的位置，有A圖就夠了；與其說日本和西歐是位在南北的位置，不如說是處於大陸的東端和西端，這種位置關係是很基本的認知，而梅棹的想法正可從中窺見一斑。

但是，南北的位置關係，其重要性絲毫不遜於東西；畢竟南北的差異，和日照時間與溫度等栽培植物的生育條件息息相關。文明正是從野生植物的栽培化（也就是農業革命），以及野生動物的家畜化（也就是畜牧革命）出發，有鑑於此，我們應當充分留意南北之間的差異才對。

讓我們試著把南北的位置關係，在文明地圖上清晰地表現出來。梅棹的文明地圖的西端，是穿過愛爾蘭西側的西經十度線，東端是越過日本東側的東經一百五十度線；換句話說，它在經度方面的跨幅是一百六十度。在南北寬度方面，它跨越整個歐亞大陸，從北半球

13 中公叢書版一六〇頁、著作集版第五卷一三八頁。
14 收錄於《日本是什麼》，NHK Books，一九八六年；一九九〇年重新收錄於《梅棹忠夫著作集》第七卷。

的赤道到北極，橫跨了緯度九十度。它的中央部分位在東經七十度、北緯四十五度；這是梅棹的文明地圖中 GH 線與 KM 線的交會點，也是上下左右的正中央。以實際地圖來看，它是 GH 線上的喜馬拉雅山脈，與 KM 線上的天山山脈的交會點，也就是帕米爾高原。因此，我們可以說，帕米爾高原就是梅棹文明地圖的肚臍。

為了明確南北關係，我們沿著縱切過肚臍的北緯四十五度線拉出一條線段，這樣就可以極為明確地做出南北區分。北緯四十五度線，在日本掠過北海道的北端，在歐洲則是掠過法國的南端。簡言之，日本是位於北緯四十五度線以南，西歐則是位於北緯四十五度線以北的位置。關於這點，我們可以再把 GH 線延長變成 G'H'線，從而劃定日本的南端與西歐的北端。日本和垂直線東側、北緯四十五度以南的地區密切吻合；而在北緯四十五度以北，則出現了鄂霍次克海的蹤跡。地中海的位置透過北緯四十五度線，也變得相當明確；西歐位在垂直線的西側，和北緯四十五度以北密切吻合，至於北緯四十五度線以南的西端，則浮現出伊比利半島。

梅棹文明地圖上的兩條垂直線，僅僅呈現出日本與西歐的東西位置，現在我們則是將它們和海洋的關係也表現出來。西面的垂直線透過和 G'H'線以及 RS 線交叉，分隔出北海與波羅的海，以及西地中海與東地中海。在陸地方面，這條垂直線與 G'H'線交叉的東側是「東歐」——圖上三角形的部分，可以視為前東德或波蘭。舊「東歐」和東南亞受到「海洋」的影響不同，是處於受陸地影響的位置。另一方面，東邊的垂直線透過與G'H'線的交叉，則能清楚呈現出東海、南海，甚至是太平洋的區別。

最後，我想對於「乾燥地帶」，再附加一筆修正。「乾燥地帶」未必就沒有水的存在。和辻哲郎在《風土》[15]中，就形容地中海是「幾乎沒什麼生物，也沒有海草繁衍的海」、「一片死寂的海」、「貧瘠的海」、乃至於「乾枯的海」；這是因為地中海與撒哈拉沙漠比鄰而居的緣故。在梅棹的文明地圖中，地中海—伊斯蘭文明圈的「乾燥地帶」西側，也有東地中海嵌入，至於東側則有紅海，緊鄰地中海的東南端（正因如此，所以才要開挖蘇伊士運河）。這些「乾枯的海」，明顯位於「乾燥地帶」的最南端；因此在這裡，也呈現出為數眾多的

15 一九三五年；岩波文庫，一九七九年。

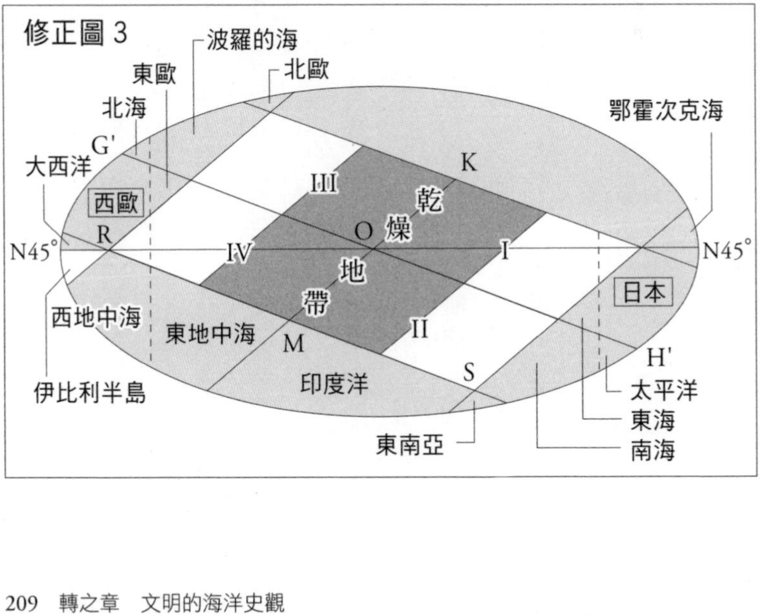

「海洋」樣貌。將這些都放進去之後，可以得到修正圖3。

以上的修正，第一是描繪出和乾燥地帶、準乾燥地帶平行的東西海洋；西歐和日本，就屬於這片海洋世界。第二是描繪出RS線南邊的海洋；透過這點，我們可以將在歐亞大陸以南展開的海洋，與東西海洋區別開來。第三是用北緯四十五度線，明白呈現出日本與西歐的南北差異。透過這點，我們可以眺望同樣位在海洋的日本與西歐，是怎樣受到來自海洋的衝擊。

在海洋史觀的文明地圖中出現的「海洋」，包括了北海、波羅的海、西地中海、東地中海、印度洋、南海、東海、鄂霍次克海。除此之外，雖然沒有直接和歐亞大陸接壤，不過大西洋和太平洋，也從文明圈的兩端傳來它們的波濤。這些海洋對西歐和日本的歷史，產生了很大的影響；至於本書特別關心的，則是這些海洋與近代文明興起之間的關係。關於這點，我將從下一節開始進行解析，不過在這之前，我們必須先就陸地史觀與海洋史觀中，關於社會變化的理論進行對比。

◎海洋史觀下的社會變遷論

在生態史觀的論述中，社會變遷的原因是遊牧民的暴力。當我們從梅棹《文明的生態史觀》中引述相關命題時，可以看到以下的論證：

乾燥地帶是惡魔的巢穴……遊牧民是破壞力的主流。……王朝唯有在能夠有效排除暴力的情況下，才能夠順利繁榮昌盛起來。即使如此，面對不知何時或許又會捲土重來的暴力，他們仍然必須時時保持警戒態勢才行……若是套用演替理論的話，那麼第一地區（日本與西歐），就是演替按步就章、依照順序良好推進的地區。在這樣的情況下，我們可以將歷史的主動力，理解成是靠著共同體內部的力量來展開；這就是所謂 autogenic（自生性）的演替。相對於此，第二地區（歐亞大陸地帶），其歷史則相反地，大部分是透過共同體外部的力量來推動其運轉；因此以演替來說，它是屬於 allogenic（他生性）的演替。

這一論調的優點在於，它能夠相當妥當地說明歐亞大陸內部的狀況。但缺點則在於，對所謂第一地區、亦即日本與西歐的社會變遷，梅棹雖把它們比喻為呈現出順利遷移極相的植物群落，但對此的解釋相當不足，更正確說，是幾乎等於完全不曾做出解釋。

在唯物史觀的論述中，社會變遷的推動力，是奴隸、農奴、受薪勞動者等參與生產的人們的生產力（生產性）。當我們從馬克思有名的《政治經濟學批判》序言中引述唯物史觀的命題時，可以看到以下的論證：

> 社會的物質生產力發展到一定階段，便會和迄今為止在其中運作的各種既有生產關係、或者說透過法律展現的各種財產關係產生矛盾。這時，各種關係就會從生產力發展的各種形態，搖身一變成為其桎梏，而社會革命的時期也由此展開。隨著經濟基礎的變化，整個巨大的上層結構，也會或快或慢地遭到顛覆。[16]

這個論調的缺點在於，它只著重在生產力、亦即生產性怎麼「隨著某種要素」多多少少提升，卻對究竟「生產了些什麼」，抱持著無視的態度。換句話說，它只一味地關注物的交換價值（價格、數量），對於物的使用價值（品質、用途），卻完全不加考量，這是它致命的缺陷。

既然如此，那海洋史觀又是怎麼看待這個問題的呢？海洋史觀的兩大支柱是「島嶼」和「海洋」。要探究島嶼的發展，不能只看島嶼本身，還必須把視野放到在它周圍伸展開來的海洋才行；由此出發，自然會產生超越國家層級的發想。

用來掌握島嶼和海洋關係的有力理論，是熊彼得的經濟發展論。熊彼得是經濟學史上，第一位把「經濟發展」這個現象當成主題，進行挑戰的人物[17]。據熊彼得所言，生產是物與力（能源）的結合，經濟發展則是「新結合運行下的產物」。社會生活是由形形色色的物組合而成；在靜態的社會中，年復一年、日復一日運行的，都是同樣的結合，而經濟也是在反覆著同樣的循環；這樣的結合被熊彼得稱為「循環流動」。另一方面，當新結合（獲得新的原料、引進新的生產方式、實現新的組織、生產新的財貨、開拓新的銷售通路等）興起的時候，經濟就會打破循環流動，從而經歷一種動態的發展歷程。當經濟發展起來，社會也跟著改頭換面。這種「經濟發展等於新結合」理論的基礎，就是「結合」這個概念。在社會生活中使用的物，乃是透過形形色色的組合方式來加以使用，而物也透過生產和消費，轉變為形形色色的組合。熊彼得著重在進行生產性結合的人類主體，引進了「企業家」這一概念，將企業家從銀行家獲得信用保證的新結合，視為「經濟發展的根本現象」。

熊彼得注重在將物加以組合的主體，也就是身為「企業家」的人們；但在這裡我要和

16 武田隆夫、遠藤湘吉等譯，岩波文庫，一九五六年。
17 《經濟發展的理論》，一九一二年。

態彼得分道揚鑣，轉而將注意力集中在被組合出來的「物」上面。物會為了衣食住行的營運，進行社會性的彙整、組合與複合，並從中產生出生活樣式；因此，從將物結合起來的組合與複合當中，產生出來的就是「生活樣式」這一歸納彙整的型態。馬克思在《資本論》的開頭中，曾經寫下這樣一句有名的話：「資本主義社會的財富，是透過巨大的商品積累來加以體現」，但因為《資本論》的敘述對象是英國社會，所以馬克思所說的「商品積累」，具體而言其實就是英國社會中「物」的集合。英國人在生活中使用各式各樣的商品，從而產生了作為整體的英國生活樣式。不只是英國社會，為了形塑社會生活樣式而結合的「物的複合體」，都構成了社會生活的物質基礎，因此我們可以稱之為「社會的物產複合」。

新結合興起會改變物的組合，而物產複合也會隨之產生變化。物產複合是食衣住行這些生活之物的基礎，也就是所謂的下層結構，在其上則聳立著文化；當物產複合產生變化，上層結構的文化也會隨之一變。也就是說，「經濟發展等於新結合」的興起，會讓物產複合的樣貌為之一變，而生活樣式也會隨之一新。於是，經濟發展論若要立足，就必須探尋社會物產複合改變的實際狀況，並且誕生出用來掌握改變原因與時期的接近法。

透過物產複合的改變導致社會變化這一事態，就漂浮在海洋上的島國來說，與其說是島嶼內部產生出的驅力，不如說從島外傳來的文物，更具有決定性的意義。正如史前的日本，隨著稻米從「海上之路」傳來，導致了由繩文文化到彌生文化的轉換；或是像近代英國，隨著帆船從中國和印度載來的茶葉形成了茶文化般，當未知事物持續被引進既存的物產複合內部時，生活樣式便會產生變化。由於生活樣式必然會以文化的樣貌呈現，因此當物產複合改變，文化也會或疾或徐地改頭換面。隨著舶來品的使用持續擴大，既存的物產複合也會從適合於日常生活的狀態，轉變成不適合的狀態。若是舶來品的流入處於大量且持續的狀態，就會形成外部壓力，並為社會帶來危機。此時，社會內部也會產生回應，出現新事物的組合，並改變物產複合，而生活革命也就此開始。

要透過經濟發展（也就是新結合）來解釋物產複合的改變，將帶來新文物的海洋納入視野當中，乃是不可或缺之事。因此，我們必須具備一種包含「影響生活樣式變化的海洋」的史觀。唯物史觀與生態史觀，都不能滿足這樣的期待。相對於唯物史觀將生產力、生態史觀將暴力視為社會變遷的主因，海洋史觀則是將「從海外湧現的外部壓力」看成是社會變遷的主因。

布勞岱爾與《地中海》並稱的另一部巨作《十五至十八世紀的物質文明、經濟和資本主義》，是一部分為三部曲的作品。在第一部《日常性的構造》（上下冊）[18]中，布勞岱爾雖然沒有明確提出某種方法論，卻用優雅且從容不迫的筆觸，論述了十五到十八世紀間，從

18 村上光彥譯，Misuzu 書房，一九八五年。

新世界（美洲）、舊世界（亞洲）傳來的未知物產，如何透過對日常生活的滲透，導致物質生活產生緩慢卻根本的變化。用前面的語彙來說，就是新的物產從海的另一端輸入，導致歐洲社會的物產複合產生變化、物質生活也隨著改頭換面，最後誕生了近代歐洲。因此，以海洋史觀為立足基礎，去理解這部堪稱《地中海》姊妹作的巨著，就能夠清晰地掌握住它的全貌。

地中海和北海，對西歐扮演了決定性的角色。近代文明的原型，乃是誕生自因東方貿易而繁榮的威尼斯；關於威尼斯，卡爾・施密特（Carl Schmitt）在《陸地與海洋：一個世界史的觀察》中，做了這樣的論述：

> 在這裡，一個宛若嶄新神話般的名字，深深銘刻在世界史當中。持續將近五百年的威尼斯共和國，在作為海洋支配的象徵、以海上貿易為基礎，累積起財富的象徵、以及政治上高度輝煌成果的同時，也可以看作是「所有時代的經濟史當中，最為特異的產物」。十八世紀到二十世紀間，英國崇拜者對英國的所有讚美，其實都可以套用到更早之前的威尼斯身上；這些讚美包括了巨大的財富、以海國之姿，巧妙利用陸國間的對立、將自己的戰爭熟稔地轉嫁到其他國家的卓越外交手腕，著眼於解決國內政治秩序問題而設立的貴族主義憲法、對各式各樣宗教、哲學方面意見的寬容、自由理念與政治流

亡者的避難所等。不只如此，它還具備了絢爛的慶典與藝術美等動人心魄的魅力。在這些慶典當中，有一項特別能挑動人們的幻想，也對威尼斯的名聲廣傳於世界扮演了很重要的角色，那就是包含了古代傳說的「與海洋的婚約」，也就是所謂的 sposalizio del mare〔海洋婚禮〕。

卡爾・施密特準確地抓住了海洋都市國家威尼斯的本質。威尼斯雖因為東方貿易而繁榮，但與之對抗而崛起的葡萄牙、合併了葡萄牙的西班牙、從西班牙獨立的荷蘭、以及奪取了荷蘭海上霸權的英國，也全部都是海洋國家。當我們觀看近代文明在西歐的形成時，若是抽離掉它與地中海圈繁盛的海洋伊斯蘭文明之間的關連，那就無法看清它的本質。同樣地，對近代日本而言，就算光從明治以降被納入「自由貿易體制」的事實來看，也可以清楚了解到海洋乃是國家存亡的本質條件。東海、南海對日本文明而言，一直是控制其浮沉、攸關其生死的海洋。以這樣的海洋史觀為基礎，我將對出現在西歐和日本的近代文明在世界史中的定位，按照章節重新進行論述。

二、歐洲史中的海洋史觀典範

◎古代史的劃時代事件——歷史的誕生

西元前五世紀的希羅多德著有《歷史》一書，被尊稱為「歷史之父」。《歷史》是以發生在波斯與希臘之間的東西抗爭為主軸，特別是前五世紀的波希戰爭為關鍵點，對雅典擊敗波斯的過程及其餘波進行描述，再大量交織有關波斯內外事物的種種傳說，進而完成的作品。其內容乍看之下與其說是歐洲史，不如說是東方史還比較讓人接受。但是，在它的敘述中，明顯刻劃出與東方大陸世界迥異的海洋世界雅典。例如在西元前四八〇年的薩拉米斯海戰尾聲之處，希羅多德這麼說道：

> 在這場激戰中，以波斯司令官——大流士之子、克謝爾克謝斯之弟阿里阿比格涅斯為首，波斯、米底亞以及其同盟各國，許多知名之士都戰死了。相對於此，希臘方面雖然也有若干陣亡，但數量並不多。之所以如此，是因為希臘人很善於游泳，即使船隻遭到破壞，除了在白刃交鋒中戰死的人以外，都能泅水游上薩拉米斯島。可是，波斯兵大多

不會游泳，所以都淹死在海裡。當前線部隊開始逃跑的時候，波斯艦隊就注定要面臨大半被擊滅的悲慘命運；之所以如此，是因為配置在後方的部隊，為了在國王面前誇示自己的勇猛，不斷地驅船前進，結果和逃跑的友軍艦艇發生了衝撞。[19]

從這段敘述中，可以窺見希臘人是善於游泳的海洋之民，而波斯人是不擅游泳的陸地之民。希臘人活躍的海洋舞台，不用說自然是地中海。姑且不論希羅多德有沒有意識到地中海，但自希臘人擄掠腓尼基王的女兒「歐羅巴」以來，繼承這個名字的歐洲便在海洋（更正確說是地中海）的正中央誕生，並寫下了歐洲的第一本史書。

◎中世紀的劃時代事件

若說布勞岱爾是二十世紀後半最優秀的史家，那麼二十世紀前半最偉大的史家，就非比利時的亨利．皮雷納（Henri Pirenne）莫屬了。皮雷納在著名的論文〈穆罕默德與查理

19 松平千秋譯，岩波文庫，一九七一—七二年。

曼〉[20]中，摒棄了北方蠻族導致羅馬文明被破壞的看法，論述從南方襲來的外部壓力，才是造成古代與中世之間決定性斷絕的關鍵因素。所謂外部壓力，指的就是伊斯蘭勢力。

地中海在古代曾是「羅馬的湖」；但是隨著地中海變成「伊斯蘭的湖」，歐洲在這方面就遭到了封鎖。當鐵錘查理率領的基督教軍在圖爾戰役（七三三年）中擊敗伊斯蘭軍後，兩者便隔著庇里牛斯山脈對峙。之後，被封鎖在陸地上的歐洲，反而呈現出文化統一體的樣貌，這就是中世紀。換言之，催生「作為文化統一體的歐洲」的，是伊斯蘭化的地中海。在這篇論文的結尾，皮雷納用了這樣一段話來概括全文：「沒有伊斯蘭，法蘭克帝國毫無疑問地不會存在；沒有穆罕默德，也不會有查理曼的出現。」查理曼的法蘭克帝國，因為是自九世紀到十一世紀間，一直處於封鎖狀態的內陸國家，所以必然只能以土地為唯一的財富源泉，因此生出嶄新的經濟秩序——封建制度，也是理所當然之事。

皮雷納還提起了另一個主題，就是以收復地中海運動為契機的「商業復活」，作為〈穆罕默德與查理曼〉的邏輯歸結[21]。說到底，若歐洲中世紀封建社會是因為與地中海的隔絕而誕生，那宣告新時代胎動的，就必定是收復地中海運動。在這樣的運動下，法蘭德斯低地諸邦與義大利北部各都市之間的交易路徑獲得了開啟；威尼斯積極跨足和東羅馬之間的貿易，當它在吉奧佳戰役（Guerra di Chioggia）中擊敗熱那亞後，便獨占了在伊斯蘭制海權下的東地中海貿易。以威尼斯為核心，歐洲再次跨足地中海，而地中海也變成伊斯蘭與歐洲相互角力的海域。這場環繞著制海權的角力，最後是以歐洲勝利作收。

歐洲在地中海制海權的恢復，不只結束了中世紀，也宣告了近代的開始。

◎近代史的劃時代事件

布勞岱爾在《地中海》中，以壯闊且高潮迭起的敘事筆觸，描繪了勒班陀海戰的經過：

勒班陀海戰開始於一五一七年十月七日……兩支艦隊先是互相試探對手，接著在十月七日的破曉，於勒班陀灣的入口處出其不意地碰頭……這時，對峙的基督教徒與伊斯蘭教徒，臉上全都寫滿了驚訝的神色，並開始計算對方的兵力。土耳其方面有戰艦兩百三十艘，基督教聯軍方面則有兩百零八艘……戰役最後是以基督教聯軍大勝作收。逃過一劫的土耳其槳帆船，只有大概三十艘左右……在這場衝突中，土耳其方面死傷了超過三萬人，還有三千多人遭到俘虜；負責為戰船划槳的一萬五千名囚犯獲得了解放。在

20 一九二三年，收錄於佐佐木克巳編譯《從古代到中世》，創文社歷史學叢書，一九七五年。
21 皮雷納《中世歐洲經濟史》，增田四郎等譯，一條書店，一九五六年；參照第一章。

基督教聯軍方面，他們損失了十艘槳帆船，陣亡八千人，有兩萬一千人受傷。這次成功在人力方面付出的代價相當高昂，戰鬥人員超過半數以上陷於無法再戰的狀態。化為戰場的海域，在參與戰鬥的人眼中，突然看起來像是血一般的殷紅……基督教世界在現實中的自卑感，自此畫上了休止符；而不遜於此的是，土耳其在現實當中的優越感，也自此宣告終結。[22]

布勞岱爾在用細膩筆觸描寫這場化為血海的戰鬥及其餘波的同時，也漂亮地描繪出歷史磁場以勒班陀海戰為契機，由地中海轉移到大西洋的轉換期。

關心從古代到中世轉換的皮雷納，與關心中世到近世轉換的布勞岱爾，不約而同地把焦點放在海洋與伊斯蘭圈上，這並非偶然。這兩位為解讀「歐洲是什麼」提供視角的偉大史家，都暗示了歐洲圈與伊斯蘭圈，乃是環繞著地中海相互抗衡、擁有能動性的文明空間。

到了近世，扮演主角的海洋已經不是地中海，舞台已轉移到大西洋與印度洋。勒班陀海戰發生的時候，伊斯蘭勢力已經從東地中海延伸到東方，其範圍廣及東南亞；環印度洋圈，已經變成了伊斯蘭交易圈。至於地中海往西方的延伸擴大，則是大西洋；因此，活動舞台從地中海轉往大西洋，其實意味著在「地中海世界」裡，西地中海（基督教世界）與東地中海（伊斯蘭世界）的對抗關係，擴大到大西洋與印度洋。用當時的語彙來說，大西洋世界是

「西印度」，印度洋世界則是「東印度」；「西印度貿易」與「東印度貿易」，是近世的兩大商業分野。以西印度為據點的歐洲，和以東印度為據點的伊斯蘭，環繞著商業霸權展開了對峙。

在這裡運作的，是歐洲勢力與伊斯蘭勢力環繞著對海洋的支配，彼此相抗衡的向量；最後是由歐洲勢力在這場爭鬥中勝出。近代資本主義，也是從東西交易的主導權之爭中誕生而出。扛起霸權的旗手雖從葡萄牙、西班牙、荷蘭一直變遷到英國，但這些國家無一例外都是海洋國家，而大英帝國甚至被稱為「七海的支配者」。中世紀西地中海與東地中海間的運動力學，到了近代擴大為大西洋與印度洋間的力學。那麼，其總結是什麼呢？

就像在從中世到近世的轉換當中，「地中海世界」由伊斯蘭的海變成歐洲的海、伊斯蘭勢力從伊比利半島被驅逐出去一樣，近代也是以「印度洋世界」由伊斯蘭的海變成歐洲的海這一過程中，伊斯蘭勢力從印度次大陸被驅逐出去為開端。印度的蒙兀兒帝國（一五二六—一八五八年）是個伊斯蘭帝國，但英國於十九世紀將這個帝國置於直接統治下，並以維多利亞女王為印度皇帝。維多利亞女王是英國國教會的領袖，而英國國教會正如眾所周知，是亨利八世於一五三四年發布命令、成為領袖而創立的組織；從此以後，英國國王便成為宗教界

22 第三部第四章〈勒班陀海戰〉。

最高的領袖。換言之，這是伊斯蘭教的蒙兀兒皇帝，屈服於基督教的領袖。如果說英國是歐洲列強代表的話，那麼蒙兀兒帝國的殖民地化，就意味著歐洲基督教文明與伊斯蘭文明跨越數世紀、能動的力量關係，決定性地朝基督教文明這邊傾斜，因此堪稱是文明史上的重大事件。第一次世界大戰前，印度洋事實上是「英國的湖」。第二次世界大戰後，英國於一九四七年印度獨立之際，透過巧妙的手法，將伊斯蘭教徒趕到了現在的巴基斯坦與孟加拉。

在這裡做個彙整：

第一，在古代的成立（希羅多德命題）、中世的成立（皮雷納命題）與近世的成立（布勞岱爾命題）中，不論何者，海都在劃時代的歷史事件中，扮演了決定性的角色。

第二，在解讀「歐洲是什麼」的視野上，我們應該將歐洲圈與伊斯蘭圈，環繞著海洋支配相抗衡的狀況，當成一個能動的文明空間來加以掌握。

第三，教科書中所謂的「西洋史」，是與教科書所說的「日本史」、「東洋史」（中國史）彼此相異、獨樹一格的文明空間。

接下來我就試著從「海洋」，來眺望作為與西洋史相異文明空間的東洋史與日本史，特別是聚焦於日本。

三、日本史中的海洋史觀典範

日本是個由六千八百多座島嶼所構成的島國；因此，當受到渡海而來的文明波濤洗滌的同時，社會也跟著發達起來。從海與陸的觀點來看，日本社會呈現「海洋取向的時代」與「內陸取向的時代」不斷反覆交替的狀況。奈良．平安時代、鎌倉時代、江戶時代是內陸取向，奈良時代以前、室町時代、明治時代以降的時期，則是海洋取向。令人感興趣的是，在三個海洋時代的末期，日本都分別遭遇了敗北的經歷，這三次敗北分別是白村江海戰（六六三年）、秀吉對朝鮮出兵（文祿．慶長之役，一五九二至九八年）、以及太平洋戰爭（一九四一至四五年）。敗北帶來了國家存亡的危機。如果把這三次危機比喻成襲擊日本的巨浪，那日本社會就是在面臨不得不從海外撤退的狀況下，從海洋取向搖身一變成為內陸取向，以內政治理為優先、整頓國內基礎建設，進而誕生出新社會。

◎第一波——「日本」的誕生

中國共有二十八部正史。所謂正史，是皇帝認可的歷史。因為中華民國以降不再有皇帝，所以從司馬遷《史記》到清代編纂的《明史》，稱得上正史的史書，總稱為「二十四史」。在這當中記載有日本的史書，除了收錄在《三國志》中、有名的〈魏志倭人傳〉外，一共有十八部。其中只記載「倭」的有《後漢書》、《三國志》、《晉書》、《宋書》、《南齊書》、《梁書》、《南史》、《北史》、《隋書》，併記「倭」和「日本」的有《舊唐書》，記載「日本」的有《新唐書》、《宋史》、《元史》、《新元史》、《明史稿》、《明史》、《清史稿》、《清史》。綜觀這些史書可以得知，中國人對日本的稱呼是在唐代（六一八至九〇七年），從「倭國」變成「日本」的。

關於從「倭」到「日本」的國號轉換，《舊唐書》是這樣記述的：

> 日本國者，倭國之別種也。以其國在日邊，故以日本為名。或曰：倭國自惡其名不雅，改為日本。或云：日本舊小國，並倭國之地。其人入朝者，多自矜大，不以實對，故中國疑焉。[23]

換句話說，「日本國」和「倭國」，其實是不同的國度。這段記述夾在前面的「至〔貞觀〕二十二年，又附新羅奉表，以通起居」，與後面的「長安三年，其大臣朝臣真人〔粟田真人〕來貢方物。朝臣真人者，猶中國戶部尚書，冠進德冠，其頂為花，分而四散，身服紫袍，以帛為腰帶。真人好讀經史，解屬文，容止溫雅。則天宴之於麟德殿，授司膳卿，放還本國」

之間。貞觀二十二年是西元六四八年，長安三年是七〇三年，其間相隔五十五年；在這中間發生了某種事件，使得「倭」的國名轉換為「日本」。若是光從中國的角度來看，這座列島在七世紀以前只有「倭國」存在，「日本」這個國家是在七世紀後半，才首次在這座列島誕生。

將這個時期主要發生的大事以年表來呈現，結果如下：

六六三年	白村江海戰敗北
六六七年	遷都近江大津宮
六六八年	皇太子中大兄皇子即位
六七一年	施行《近江令》。天智天皇逝世
六七二年	壬申之亂
六七三年	天武天皇即位
六九四年	遷都藤原京
七〇一年	制定《大寶律令》
七一〇年	遷都平城京
七二〇年	《日本書紀》完成

23 《舊唐書卷二百一十一・高麗百濟新羅倭國日本傳》。

也就是說，在這半世紀多的時間中，日本吸納了唐朝的制度——律令、都城制、正史。在這當中，我們特別應該把唐和日本的關係，聚焦在六六三年白村江海戰，倭國海軍的敗北。將白村江敗北後，唐對日本的動作以年表展現，結果如下：

六六四年	唐朝百濟鎮將的使者前來太宰府
六六五年	唐使前來筑紫
六六七年	唐將派遣使者前來
六六九年	唐朝使者兩千餘人前來
六七一年	沙門道久等四人從唐回到對馬，告知唐使將會造訪日本

從這裡可以看得出來，當倭國海軍在白村江遭到全滅之後，唐朝的軍人便屢屢造訪日本，六六九年甚至派遣了兩千餘人的大集團前來，感覺起來就是某種占領軍。換言之，日本遭受到戰勝的唐帝國所帶來的外部壓力。正如同現代日本敗戰後，在以美國為核心的占領軍巨大的外部壓力下制定了新憲法般，七世紀後半到八世紀初這段期間，倭國隨著艦隊的全滅斬斷了海洋取向，將目光從海洋轉向內陸，以內政治理為優先。他們制定了最初的律令《近江令》、設置了最初的都城藤原京、將迄今為止的「大王」之位改設為「天皇」、著手進行

日本建國、並為了將之正當化，而編纂了《日本書紀》。當我們將「倭」、「倭國」解讀為海洋取向社會、「日本」解讀為陸地取向社會時，可以發現當海洋的倭國在白村江敗戰毀滅後，在大陸軍隊侵略的威脅下，這座列島的統治者出於恐懼，展開了「由外向的海洋擴張，到內向的內陸治理」這樣的轉換[24]。

在這之後的六百多年間，中國海的制海權一直在中國的手裡，日本則徹底把內政治理放在優先地位，並以唐的文化為藍本，培育出國風文化。這段歷史，眾人皆知。

◎第二波——經濟社會的誕生

文永、弘安之役，也就是元寇來襲，打破了貪戀國風文化的日本人安穩的美夢。關於文永之役（一二七四年），《元史》是這樣描述的：

> （至元）十一年三月，命鳳州經略使忻都、高麗軍民總管洪茶丘，以千料舟、拔都魯輕疾舟、汲水小舟各三百，共九百艘，載士卒一萬五千，期以七月征日本。冬十月，入

---

24 參照上山春平《日本的成立》，文藝春秋，一九九四年；岡田英弘《日本史的誕生》，一九九四年等作品。

其國，敗之。而官軍不整，又矢盡，惟虜掠四境而歸。

至於弘安之役，則是這番情況：

八月一日，風破舟。五日，文虎等諸將各自擇堅好船乘之，棄士卒十餘萬於山下。眾議推張百戶者為主帥，號之曰張總管，聽其約束。方伐木作舟欲還，七日，日本人來戰，盡死。餘二三萬為其虜去。九日，至八角島，盡殺蒙古、高麗、漢人，謂新附軍為唐人，不殺而奴之。……十萬之眾，得還者三人耳。

從「十萬之眾，得還者三人耳」這樣的記述，可以看出元寇遭遇了一次慘重的失敗。這種情況歸結到最後是什麼呢？那就是這兩次失敗，使得中國失去了中國海的制海權，從而引發了倭寇活躍，與海洋取向時代的再臨。《元史》中說「謂新附軍為唐人，不殺而奴之」，不過事實上元代中國是把人民分為蒙古、色目、漢人、南人四個種類，日本人則是把南人（亦即江南的唐人）以外的人，全都當成敵人加以屠殺殆盡。文中的「新附軍」，也就是江南軍的別稱；對這些「唐人」，日本人饒了他們一命，而日本人也毫無疑問地從被俘虜的唐人手中，學會了造紙術、航海術、海流、物產的相關知識。元寇襲來的半世紀後，開始正式邁入倭寇時代；因此我們可以說，是元寇誕下了倭寇這個意想不到的「怪胎」。

正因如此，倭寇（也就是日本人）的活躍場所，和海洋中國的活躍場所是一致的，這並非偶然。據斯波義信的《華僑》[25]所述，唐人和華僑其實是一樣的。「華僑」這個詞彙，是日清戰爭後締約時，日清雙方政府約定要對「僑寓臣民」相互保護，才開始普及的。唐人（或是華僑、海洋中國人）的歷史相當悠久，其原型可追溯到八世紀的福建人。當時，山嶺遍布的福建，因為難以從陸上接近，所以感覺起來就像是海上的孤島。比起農業，大多數的福建人是憑藉海上商業來尋求日常溫飽；住在面向中國海的福建等地沿岸的海洋中國人，在和從南洋前來的阿拉伯帆船的接觸中，熟習了跨足海洋的造船術，於是展開了以中國海為舞台的唐人歷史（二三三頁圖）。唐人踏足的地區，有日本村的建立（二三四頁圖）；而二次大戰日本踏足的地區，也都是唐人（華僑）活躍的地帶（二三五頁圖）。日本的對外關係和海洋中國究竟有多密切關連，從這些地區的比較就可以一目了然。

十四到十六世紀這三百年間，是「倭寇的時代」[26]。以環中國海域為舞台的日本人（其

25 岩波新書，一九九五年。
26 田中健夫《倭寇——海洋的歷史》，教育社歷史新書，一九八二年。

實並不只日本人），在這裡恣意橫行。關於這方面的事情，在村井章介的《中世倭人傳》[27]中有詳盡的描述；而倭人活動的最高潮，就是文祿．慶長之役。這場戰役在朝鮮，被稱為「壬辰、丁酉倭亂」；換言之，秀吉出兵朝鮮，從大陸方面的眼光看來，就只是凶暴的海賊「倭寇」在作亂而已。但是，日軍被李舜臣率領的水軍玩弄在股掌之間，秀吉的海外遠征也以大失敗告終，結果為海洋取向的「倭寇時代」畫上了休止符。在接下來的關原之戰（一六〇〇年）中，海洋取向的西軍敗給了陸地取向的東軍，近世日本於是斬斷了海洋取向，明確擺出營造「鎖國」這一陸地體系的姿態。鎖國也被稱為海禁[28]。正如海禁這個詞彙所顯示的，鎖國的意圖，其實就是要防衛從海上逼迫而來的外部壓力。

從「倭寇的時代」到「鎖國的時代」這段期間，日本是世界屈指可數的金銀銅生產國，這些金屬的生產，也促成了十七世紀日本列島的大改造。全國在「一國一城制」的規範下建設起城下町、整飭河川、開發新田；內政優先的時代再次降臨。與此同時，金銀銅也被用來購買海外各式各樣的物產（菸草、棉花、生絲、絲綢、砂糖、靛藍、陶瓷器等），結果導致了貨幣原料的嚴重不足。

27 岩波新書，一九九三年。
28 荒野泰典《近世日本與東亞》，東京大學出版會，一九八八年；山本博文《鎖國與海禁的時代》，校倉書房，一九九五年。

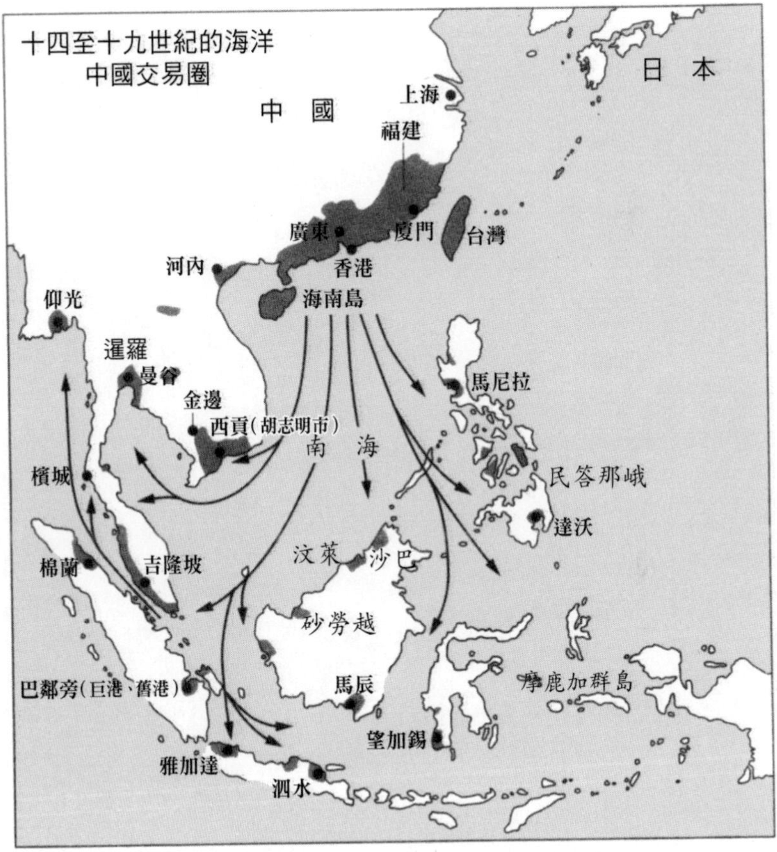
十四至十九世紀的海洋
中國交易圈
日本
上海
中國
福建
廣東
廈門
台灣
香港
河內
海南島
仰光
暹羅
曼谷
馬尼拉
金邊
西貢(胡志明市)
南海
檳城
民答那峨
達沃
汶萊
沙巴
棉蘭
吉隆坡
砂勞越
摩鹿加群島
巴鄰旁(巨港、舊港)
馬辰
望加錫
雅加達
泗水

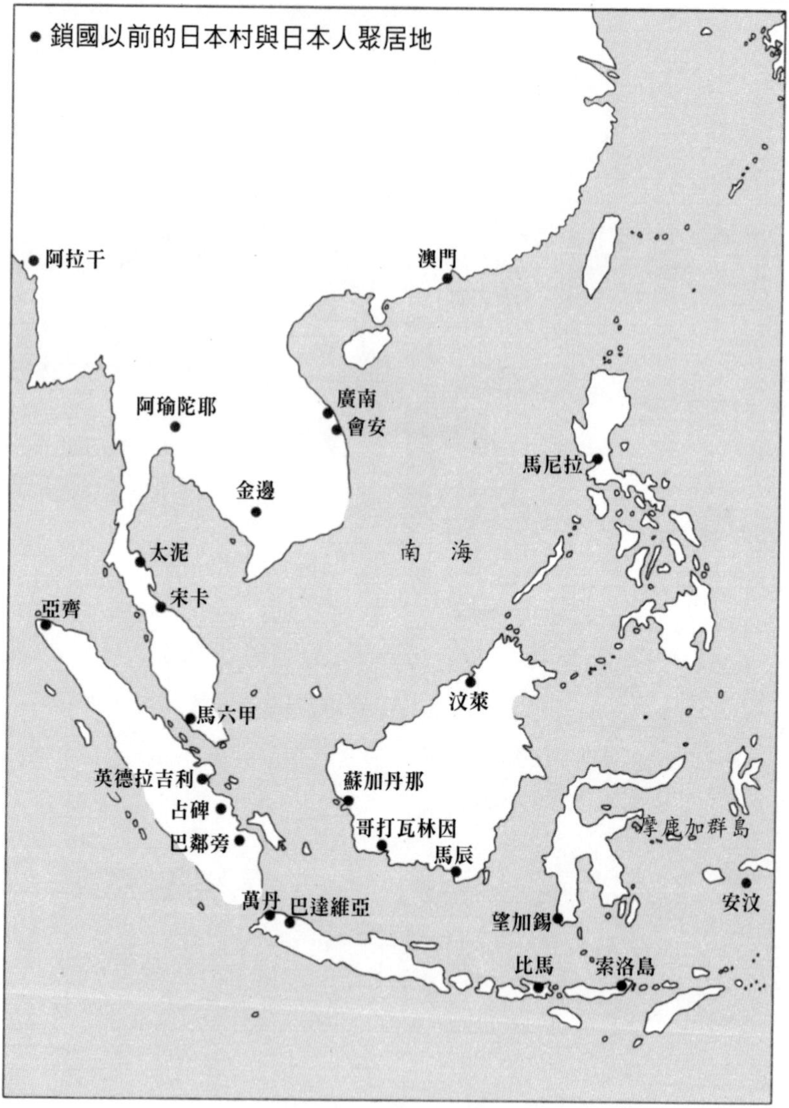
● 鎖國以前的日本村與日本人聚居地
阿拉干
澳門
阿瑜陀耶
廣南
會安
馬尼拉
金邊
太泥
南　海
宋卡
亞齊
汶萊
馬六甲
英德拉吉利
蘇加丹那
占碑
哥打瓦林因
摩鹿加群島
巴鄰旁
馬辰
萬丹
巴達維亞
安汶
望加錫
比馬
索洛島

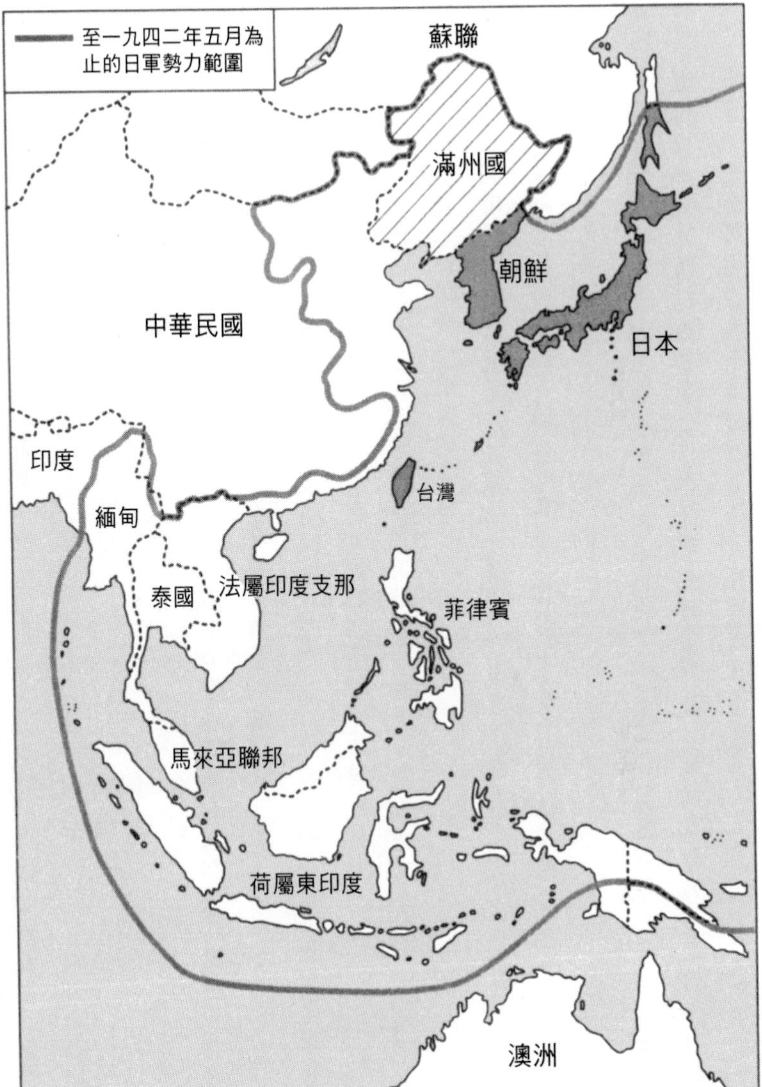
至一九四二年五月為
止的日軍勢力範圍
蘇聯
滿州國
朝鮮
中華民國
日本
印度
台灣
緬甸
泰國
法屬印度支那
菲律賓
馬來亞聯邦
荷屬東印度
澳洲

新井白石的《本朝寶貨通用事略》，乃是將十七世紀所發生的這一現象，描述得最確切的一篇作品，以下為其抄錄：

關於本朝自外國輸入金銀之狀況

一、金六百十九萬兩千八百兩左右。這是自慶長六年到正保四年這四十六年間，從外國輸入的大致累計，再加上正保五年以來數目的總計。

二、銀一百十二萬兩千六百八十七貫左右。這是自慶長六年到正保四年這四十六年間，從外國輸入的大致累計，再加上正保五年以來數目的總計。

關於以上的金銀數目，正保五年之前的數字合計，是正保五年到寶永元年為止，從長崎一地所輸入外國金銀總數的兩倍。

三、銅兩億零兩萬兩千八百九十九萬七千五百斤左右。這是慶長六年到寬文二年這六十一年間，從外國輸入的大致數字，再加上寬文三年以來的輸入總數；寬文三年前的輸入數目，是之後的兩倍。

以上是慶長六年到寶永五年這一百零七年間，日本自外國輸入金銀銅的大致數目。由此推之，外國輸入的金錢，占了現今日本所有金錢的三分之一左右。日本現在的新貨幣，是由舊貨幣兩千萬回爐重造，可得六百十九萬兩，因此三者合起來，大概是兩千萬兩。然而，就白銀來說，外國輸入的數量，比日本自己所擁有的數量還要多出兩倍以上。考量到日本國內舊有白銀的數量約為四十萬貫，若是從外國輸入數目為將近一百二十萬貫，那日本的白銀並沒有外流太多。但是，這個數字只是引進國內並且積累下來的數目，因此從外國輸入的金銀銅總數，應該遠比這個要多。

……若是將金銀在天地間的重要性以人的身體來比喻的話，那就像是骨幹一樣；其餘的寶貨，不過是血肉皮毛罷了。血肉皮毛就算受到毀傷，也會重新生長出來，以米穀布帛為首的各項器物莫不如此；然而骨頭如果折損一根，就無法再生出第二根了。金銀就是天地之骨。五行中的土木水火都是血肉皮毛，唯有金是骨幹；當它被開採出來之後，就不會再重生了……假使今後也像現在這樣，每年流失十四、五萬兩金錢的話，那十年就要流失一百四、五十萬兩，百年就要流失一千四、五百萬兩……大凡異國事物當中，藥物因為攸關人命，所以一日不可或缺，但除此之外無用的衣物賞玩器具等，卻使日本自開天闢地、神祖世代以來產出的眾多國之重寶喪失殆盡，反覆思之，實為遺憾之至也。[29]

29 《新井白石全集》第三卷，國書刊行會，一九七七年。

新井白石以「天地之骨」為比喻，疾呼要防止金銀的流出；但是，應該採取怎樣的對策才好呢？那就是自力生產進口物品。為這項生產提供範本的，是宮崎安貞的《農業全書》。撰成於一六九六年的《農業全書》，不只是明治以前最優秀的農書，更是日本科學史上最重要的經典[30]。在這本書的自序中，宮崎吐露了他的危機感：

從以前開始，唐舟就年復一年運來大量無益之物，和我們進行交易；以日本之財利他國，豈非令人扼腕之事！因此，日本之民總在不知種藝之法的情況下，一味地喪失國土之利。不只如此，本邦的其他各國[31]，也都處於同樣的狀況。假使各國都能夠好好培養種植之道，取各國土地所出之物以為國用，又何患須以日本之財，購求他國之物焉！[32]

另一方面，他也對中國表現出明顯的競爭意識：

遍考以農政全書為首之唐土農書，並窺其本草，凡中華農法能益日本之用者，皆遍採之。

《農業全書》力求生產的宏願，在十八世紀終於開花結果。正如前面所述，十八世紀時，隨著勞動集約型的生產革命，亦即所謂「勤勉革命」的達成，日本的土地生產力躍升為世界第一。近世社會在設下身分制的同時，也建立了以經濟合理性貫串人們行動規範的「經濟社會」，這已是今日的通說[33]。

只是，為什麼克服危機的形式，最後會歸結為「鎖國」呢？正如在宮崎安貞的危機意識中所見，當時被日本視為典範的是中國。中國如同俗話說的「南船北馬」般，具有北邊的「大陸中國」與南邊的「海洋中國」雙重面貌。「大陸中國」是官方面貌的中華帝國，對外採取冊封體制、朝貢貿易、海禁，對內則以自給自足為原則。另一方面，「海洋中國」則是非官方的中國，它以經濟為中心，是屬於以自由交易為職志的「華僑」的世界，換言之，即是一種「無國界」的存在。

另一方面，日本的規模雖然遠比中國小，但也有「西船東馬」的特徵。西日本擁有海洋性格，東日本則傾向陸地性格。「鎖國」是面對以中國海為舞台的「海洋中國」帶來的外部壓力，走向仿效「大陸中國」形態的國家體制；因此，它會以陸地取向的關東為政治中心，一點

30 筑波常治，《日本的農書》，中公新書，一九八七年。
31 編注：指日本從飛鳥時代到明治時代期間，基於律令制而設立的地方行政區劃，又稱「律令國」。
32 岩波文庫，一九三六年。
33 速水融、宮本又郎編《經濟社會的成立》，《日本經濟史》第一卷，岩波書店，一九八八年。

也不意外。西日本的各大名在一六〇九年時，不分軍船、商船，凡超過五百石以上的船隻，都遭到幕府所沒收。一六三五年，幕府又發表了禁止建造大船的〈五百石以上之船停止之事〉命令，徹底削弱水軍的力量[34]。日本將海洋世界，拱手讓給了外國人（中國人、荷蘭人）。

就這樣，近世日本模仿大陸中國的官方面貌，採取全面性的自給生產。然而，中國在抱持著以「農」為中心的大陸中國面貌的同時，還有以「商」為中心、非官方面孔的海洋中國這一面；日本所模仿的，只是官方面孔、農業中心的大陸中國。在這種情況下，遂產生了以農本主義為基礎，以自給自足體制為理想、陸地取向的鎖國日本，而促使其成立的，則是海洋中國的外部壓力。

四、海洋亞洲的波濤——挑戰與回應

◎生產革命與脫亞

如以上所述，若我們試著從海洋的角度來眺望歐洲與日本在歷史上的劃時代事件，可以發現歐洲形成與伊斯蘭文化圈對峙的基督教文化圈、以及與中國對峙的日本的誕生，都是在八到九世紀左右的事。同時我們也可以察覺到另一個歷史的平行現象，那就是歐洲與日本在十六至十七世紀皆樹立起近世的基礎，同樣與歷史上的劃時代轉變相互吻合。或許會有人說，八到九世紀歐洲的成立，與日本的誕生並無關係，因此只是偶然；但在近世成立的這個歷史階段中，日本與歐洲已經有所交流，所以絕不能歸於偶然。

也正是在這個近世期（一五〇〇—一八〇〇年左右）裡，西歐出現了「近代世界體系」，日本則出現了「鎖國體系」這兩個經濟社會。經濟社會之所以在同一個時期出現在兩個不同的地區，是因為這兩個地區的人共享著同樣的時間和空間、面對到類似的危機、同時也發現了類似的解決方法。同樣的時間，指的是堪稱「布勞岱爾世紀」的十六世紀；同樣的空間，指的是海洋亞洲；類似的危機，指的是貨幣原料的流出；至於類似的解決方法，則是人類史上最初「以生產為取向」的經濟社會的形成。為何會如此類似，是因為兩者都處在邊陲地帶、都從海洋亞洲這個文明空間吸納文物的緣故。換句話說，兩者在「面臨高度文明的挑戰」這一點上是共通的。

只是，這兩個地區採取的回應方式，從向量的方向來看正好是互為對照；歐洲採取的

34 安達裕之《異樣之船》，平凡社，一九九五年。

是外向的開放經濟體系，日本則是採用內向的封鎖經濟體系。這種差異，和兩者在中世與近世的夾縫間所經歷的激烈海戰走向，不能說沒有關係。菲利普二世在勒班陀海戰中的勝利，強化了向外擴張的取向；相較於此，和菲利普二世同年逝世的豐臣秀吉，其征服明朝中國的失敗，則使得迄今為止一直朝外發展的向量，轉變為德川時期的內向發展。在「海戰」這件事所產生的歷史性時刻體驗中，一方是勝者、另一方是敗者，導致了決定性的差異。儘管如此，在因為與海洋亞洲的關係而誕生的歷史構造上，歐洲與日本還是十分相似的。正因如此，兩者產生了兩個共同的現象：一個是歷經生產革命，另一個則是達成脫亞。

歐洲商業復甦之後、以及日本的倭寇出現之後，兩地都從亞洲海域持續輸入大量且種類繁多的物產，而且輸入數額還不斷擴大。作為代價，歐洲必須以新大陸的貴金屬、日本則必須以國產的貴金屬（主要是銅）來進行支付。這種貨幣原料的流出，源自當時兩個地區在文明上的落後性質，因此並非一時性，而是結構性的問題。也正因如此，我們可以看見兩地在長期持續的時間中，一直處於輸入亞洲物產的狀況下。作為接納這些物產的代價，貨幣原料源源不絕地從日本和歐洲流入海洋亞洲，這同樣是結構性的問題。於是，兩地社會遂面臨經濟上的危機。在近世的前半段時期，歐洲採取重商主義政策，日本則實施改鑄貨幣和抑制金銀銅流出的策略；但是，這些都不是根本的解決之道。

最終的解決方法是，謀求這些輸入品的自給生產。生產是生產要素（土地、勞動、資本）與人結合的行為。日本列島因為土地稀少、勞動力豐富，所以選擇提升稀少的土地生產性，是相當合理的。相較之下，歐洲因為勞動力稀少、在海外獲得的土地卻相當廣大，因此選擇提升稀少的勞動生產性，也是十分合理的。就這樣，在十八世紀的歐洲（特別是西歐）與日本，皆掀起了生產革命。西歐進行的生產革命，一般稱之為「工業革命」，這是透過資本集約、勞動節約型的技術，來提升勞動生產性，進而使得大量生產商品成為可能的生產革命。另一方面，日本進行的生產革命，則被速水融命名為「勤勉革命」，這是透過資本節約、勞動集約型的技術，來提升土地生產性，進而使得大量生產商品成為可能的生產革命。生產革命在一八〇〇年左右邁上軌道，不管是西歐還是日本，基本上都脫離了輸入亞洲物產的狀態，確立了自給體制。

這項革命的歷史意義，就是脫亞的達成。透過歐亞大陸兩端掀起的生產革命，歐洲從伊斯蘭文明的海域圈，也就是環繞印度洋展開、由阿拉伯帆船構成的海洋伊斯蘭世界中獲得自立；日本則從中國文明的海域圈，也就是環繞東海、南海展開，由戎克船構成的海洋中國自立出來。近代世界體系的政治特徵——「戰爭與和平」的世界觀，乃是源自伊斯蘭的「戰爭之家」與「和平之家」世界觀；而堪稱德川日本特徵的「華（文明）夷（野蠻）」世界觀，則毫無疑問是源自中國的中華思想。因此，生產革命的過程，從舊亞洲文明脫離自立的意義上來看，的的確確就是「脫亞」。

十九世紀確立的近代世界體系（歐洲）與鎖國體系（日本），不論何者都屬於從亞洲文明圈脫離、亦即「脫亞」的完成型態。近代世界體系是廣及大西洋各地的自給圈，近世鎖國則是國內自給體系。作為近代世界體系政經核心的大英帝國，標榜的是自由貿易，但這種自由貿易論，只是以英國為中心的自給圈的內部邏輯。大英帝國建構起海洋自給圈，德川日本則樹立起陸地自給圈。儘管自給的方式彼此相異，但在抱持著濃烈的脫亞過程特徵，並建立起生產取向的經濟社會這點上，仍是十分相似的。

經濟社會的形成，是對「透過海洋亞洲運作的外部古代文明的力量」所做出的回應。經濟力具有不遜於軍事力，甚至凌駕其上的威力。從海洋亞洲流入的物產，為日本和西歐帶來鉅額的赤字，而養在深閨、宛若溫室裡的花朵般，是無法誕生出近代社會的。因此，作為對外部經濟壓力的回應，這些地方掀起了生產革命，達成國產化與自給自足，進而出現了生產取向的經濟社會。日本的鎖國體系與歐洲的大西洋經濟圈，這兩個屬於自給自足生產體系的經濟社會，在十九世紀初獲得確立。日本和歐洲在近代破曉前夕，直視海洋亞洲帶來的巨大經濟力威脅，這是絕不應忽視之事。從海洋亞洲傳來的市場壓力，與乾燥地帶傳來的軍事力威脅，堪稱足以相互匹敵。

◎近代誕生自亞洲海洋

在世界史教科書中登場、以富饒著稱的文明，都是位在以歐亞大陸聳立的大山脈為源流、貫穿大陸的大河（如底格里斯河、幼發拉底河、印度河、黃河）流域。古代大陸文明傳播的潮流，在東方是由南亞、中國經中國海抵達日本，在西方則是從西亞經地中海抵達英國。從大陸文明來看，漂浮在東西兩端海上的日本與英國，長時間都是文化盡頭的邊陲之地；但在這邊陲的島國，卻出現了新的文明。堪稱西部邊陲的英國，成為最初的工業國家，而堪稱東部邊陲的日本，則成為亞洲最初的工業國家。古代文明是形成於「亞洲」的「大陸」；相對於此，近代文明則是誕生於「非亞洲」的「海洋」。誕生出世界史原動力的舞台，究竟是出於什麼理由，從亞洲趨向非亞洲，又從大陸趨向海洋呢？

當文明舞台還在大陸的時代，絲路是橫貫東西、結合大陸各文明的大動脈。將這條陸地大動脈，與一直以來在南方發達的海上之路結合起來的是元帝國；元帝國之所以能這樣做，是因為他們對伊斯蘭抱持著寬容的態度。最能呈現這一事實的，就是馬可波羅的旅程了。馬可波羅和父親尼科洛、叔叔馬費奧一起從故鄉威尼斯出發，在一二七五年抵達上都（開平），那年他二十一歲。之後，直到他在一二九二年踏上歸國之途為止的十七年間，他受到元世祖忽必烈的厚待；在中國各地進行旅行的他，為中國的富饒驚嘆萬分，並做出詳

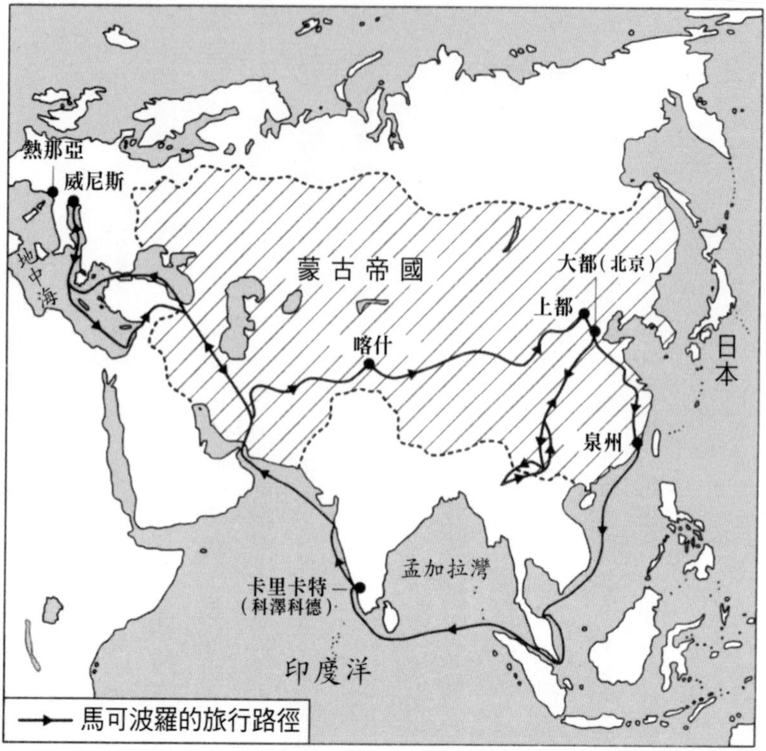

細的記錄，同時也介紹了稱為「黃金之國吉潘古」的日本。這本記錄就是《馬可波羅遊記》[35]。他來的時候是沿著「陸上之路」、亦即朝絲路的反向前進，回程則是沿著「海上之路」、亦即中國海南下，經過東南亞，最後回到威尼斯（參照上圖）。從他的旅程，可以清楚描繪出元代結合陸上之路與海上之路，所形成的世界最大的循環路徑。《馬可波羅遊記》挑起了歐洲人對東方的夢想，也成為大航海時代的導火線。蘭克在《世界史概觀》中斷言說，「隨著蒙古族的侵入，亞洲文化也徹底宣告終結」，但當時的亞洲文明，其實很受歐洲人所憧憬。歐洲對東方的憧憬，一直持續到近世時期。後代將海上之路，以其運送的主要物產為名，稱之為「香料之路」或是「陶瓷之路」。文化是由高處流往低處的；這些物產經由海上之路，從文明較高的亞洲，被運往文明較低的歐洲。

之後的歷史舞台便轉移到海洋亞洲。西洋最初的工業國家英國，與東洋最初的工業國家日本，隔著巨大的歐亞大陸，步上彼此互不相關的歷史。但是，位在舊文明東西兩端的這兩者，其實透過海洋亞洲，共享了歷史的時間與空間。更正確地說，近代世界史的序幕就此揭開，而交流的中心則是東南亞海域。

東南亞之所以會成為海洋亞洲的中心，首要原因是地理條件。東南亞是海洋中國與海洋伊斯蘭交會的地點，也是東西各文明在海上的十字路口。十四世紀時，環印度洋圈是伊斯蘭文化普及、阿拉伯帆船絡繹往來的所在，也就是「海洋伊斯蘭」的世界。另一方面，環中國海則如其名所示，是中國的影響圈，戎克船絡繹往來不絕，這是「海洋中國」的世界。「海洋伊斯蘭」與「海洋中國」既在東南亞「分棲共存」，也在這裡呈現馬賽克般錯綜複雜的商業活動。再者，東南亞產有攸關人類存亡的物品。東南亞的特產如胡椒等物產，是東西兩洋

35 又名《東方見聞錄》。

共同渴求的事物。在元帝國崩潰前後，歐亞大陸全境流行起疫疾[36]；當時被認為對疫疾有效的就是胡椒等香料，而東南亞正是其主要產地。

就這樣，十五到十七世紀的東南亞海域世界，呈現出來自阿拉伯—伊斯蘭文明、印度教文明、中華文明等地的眾多商人，帶著各自文明的物產前來造訪的「商業時代」。東南亞的海洋網絡雖被稱為「港市」（port of trade）體系，不過其實是個相當自由的交易體系。十八世紀後半起，在踏足東南亞的英國人之間，號稱「country trade」、在亞洲境內自由交易的民間商人也相當活躍。這些英國的民間商人仿效東南亞的港市體系，向本國政府主張自由貿易，並反對東印度公司對貿易的壟斷，最後終於迫使東印度公司解體。他們不久後便成為英國自由貿易的旗手，有名的英國商社如怡和洋行（Jardine Matheson）、太古集團（Swire Group），其起源都可以追溯到「country trade」。英國人在東南亞學到自由貿易，並且形成了一種意識形態。因此，自由貿易並非盎格魯·撒克遜的專屬特權，其原型乃是來自東南亞。

歐洲和日本加上海洋亞洲，世界史舞台登場的要角才算全員到齊。換句話說，我們應當從作為海洋亞洲中心的東南亞，重新審視歷史的潮流。

東南亞在美國的世界戰略中，屬於地區研究的對象。至於戰後的日本，大概在幾年前出版了一套集結日本東南亞研究者，編纂而成的《講座 東南亞學》全十卷[37]。追本溯源，「東南亞」這個地區名稱的出現，不過是二十世紀的事。在西洋方面，一九〇二年出版的《東南亞的古銅鼓》，是在學術上第一本使用「東南亞」這個詞彙的書籍[38]。在日本，則是於一九一九年發行的《尋常小學校地理》卷二中，首次將迄今為止一直稱為「南洋」的地區包含在亞洲範圍內，並稱之為「東南亞」[39]。

現在的東南亞諸國，因構成亞太經濟合作會議（APEC）與ASEAN而廣受矚目。ASEAN原本是於一九六七年，由泰國、印尼、菲律賓、馬來西亞、新加坡共同組成、以反共為目標的國家集團合作機構，但現在除了汶萊[40]外，前共產主義國家越南[41]也是其中一員；再加上柬埔寨、寮國、緬甸，構成了所謂的東南亞十國體制。這樣加起來，就形成了人口有四億、絲毫不遜於歐洲聯盟（EU）的巨大市場圈。

東南亞各國在世界史中登場，一般來說都是最近百年的事。除了泰國以外，這些地方在

36 參考麥克尼爾的《瘟疫與人》。
37 弘文堂，一九九〇至九二年。
38 石井米雄編，《東南亞的歷史》，弘文堂，一九九一年。
39 清水元，〈近代日本中「東南亞」地區概念的成立〉，《亞洲經濟》第二八卷六、七號。
40 一九八四年加盟東協。
41 一九九五年加盟東協。

十九世紀後半，都成為西洋各國的殖民地，以橡膠和錫的供應地之姿出現在世界史上。順道一提，亞洲NIES（韓國、台灣、香港、新加坡），除了韓國以外，主導權都握在華人手中。這些扛起亞洲經濟發展的華人，大半是在百年前離開國內難以謀生的農村，作為苦力散布在東南亞及中國海域的華人後代。

說到底，今天稱為「東南亞」的地區，其實打從以前就存在了。只是，這跟美洲大陸在歐洲人到達以前的存在意義並不相同；美洲大陸從歐洲人到達，才開始在世界史登場，但東南亞地區早在歐洲人到達以前，就已經對周圍世界產生了深厚的影響。

冒險商人托梅．皮萊資（Tomé Pires）在一五一四年寫成的《東方志》[42]中，對於在馬六甲進行交易的人們的出身地，做了這樣令人驚嘆的記載：

那裡有來自開羅、麥加、亞丁的伊斯蘭教徒；阿比尼西亞人、基爾瓦人、馬林迪人、荷姆茲人；波斯人、魯姆人、土耳其人、土庫曼人，亞美尼亞的基督教徒；古吉拉特人、夏吾爾人、塔布爾人、果阿人、德干王國人；馬拉巴爾人、基林人；奧里薩人、錫蘭人、孟加拉人、阿拉干商人；勃固人、暹羅人、吉打人、馬來亞人；帕潘人、渤泥人、柬埔寨人、占婆人、交趾支那人、支那人；琉球人、汶萊人、呂宋人、丹絨布拉人、拉維人、邦加人、林加人、馬哥人、邦達人、比馬人、帝汶人、馬德拉人、爪哇人；巡達人、巴鄰旁人、占碑人；冬加爾人、安達基里人、加波人、金寶人、梅南卡波人、錫亞克人、魯帕特人、阿爾卡特人、阿爾人；巴塔人、帕西人、佩迪魯人、迪瓦人。

從中東各地區到琉球、支那，來自全海域的無數人們，集結在東南亞。在十六世紀前半，東南亞已經呈現出一副世界經濟中心的樣貌。特別是馬六甲，早在五百年前，就已經占據國際貿易一大中心的地位。因此，澳洲歷史學家安東尼・瑞德（Anthony Reid）在《東南亞的貿易時代》裡指出，十六世紀的東南亞，已經具備了「商業世紀」的特徵。

對這個東南亞交易圈，歐洲人比其他民族晚了相當久才加入。歐洲人將東南亞一帶稱為「東印度」，組織起背後有國家全力支援的東印度公司，從事大規模的交易。結果，歐洲近代社會在形成過程中，受到東南亞相當大的影響。胡椒等香料、絲綢、棉花、各種染料……，構成近代歐洲生活基礎的種種事物，絕對脫離不了和東南亞之間的交易。

海洋亞洲以東南亞為界線，分成海洋伊斯蘭與海洋中國兩個世界。從東南亞開啟的原動力，同時向東亞與印度─歐洲方向運作；而對此產生的回應，則與日本和西歐的近代化緊密相繫。環繞著東南亞，我們可以觀察到兩波巨大的浪潮：第一波是以東南亞為源頭，第二波

42 岩波書店，一九六六年。

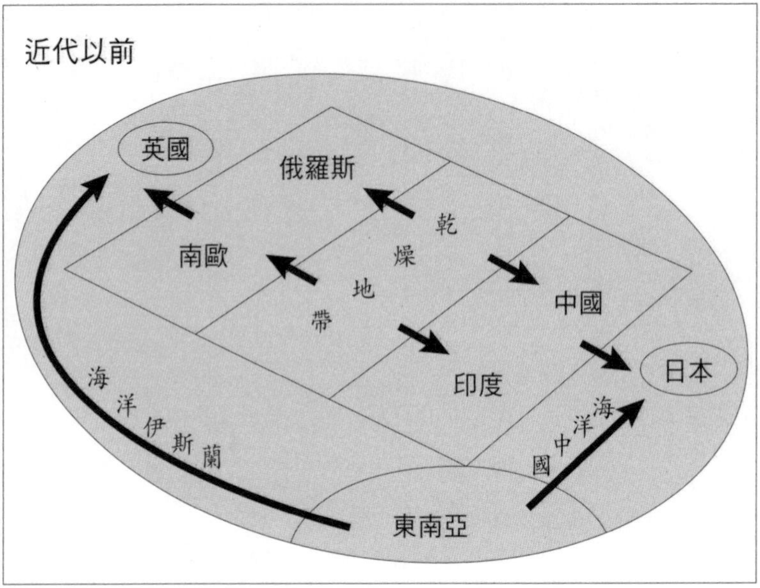
近代以前
英國
俄羅斯
南歐
乾燥地帶
中國
日本
印度
海洋伊斯蘭
海洋中國
東南亞

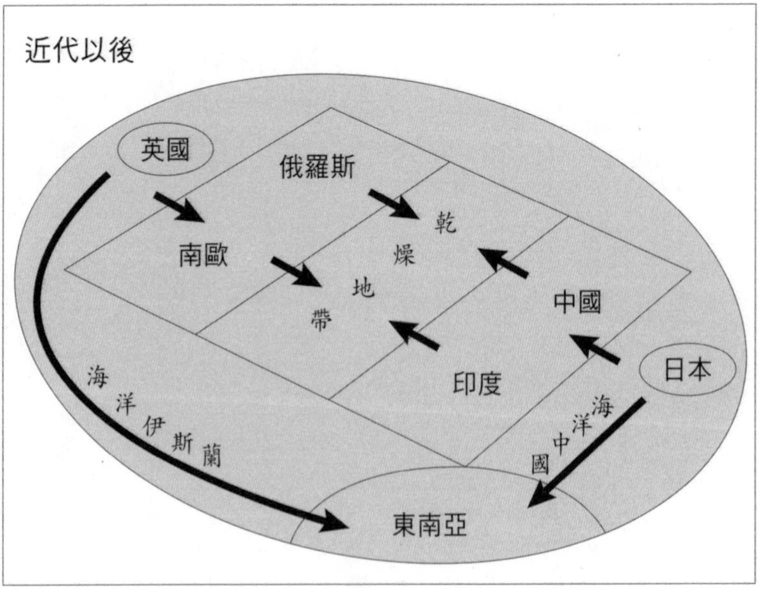
近代以後
英國
俄羅斯
南歐
乾燥地帶
中國
日本
印度
海洋伊斯蘭
海洋中國
東南亞

則是朝東南亞席捲而來。請參照二五二頁的圖解。

以東南亞為源頭的第一波，朝著兩個方向進行運作；一個是從東南亞經海洋中國，抵達中國的江南。運到中國的物產在江南被結合起來，形成所謂的「江南組合」，或者可稱為江南社會的物產複合（product complex），然後再穿越中國海，傳到朝鮮和日本。在這波浪潮中，海洋中國的人們以運輸者之姿，踏入了東南亞地區。中國人在東南亞地區的激增，釀成了當地社會的不安，在巴達維亞和馬尼拉，都爆發了對中國人的大屠殺。但是，此時中國人的踏足，其實對東南亞並不構成什麼危機，畢竟在這第一波當中，東南亞是給予的一方。

對這波浪潮最初的回應，是十一到十二世紀在江南地區，針對東南亞輸入的物產，在當地掀起了一波本地自給的生產革命。這波生產革命從江南逐漸擴展到中國全境，從南宋、元，一直持續到明朝。例如，從江南開始，產生了東亞的「藍色生活文化」，亦即中國產的青花陶瓷與棉織品。在這之前，中國的食器主要是使用青瓷，但青瓷實際上是綠色；直到呈現鈷藍色的青花瓷出現，才轉變成藍色系。在衣服方面也是一樣，隨著藍染的棉織品普及，大眾衣料也變成了藍色的棉布。

江南社會的物產複合經中國各地以及東海來到朝鮮，接著又傳播到日本。這波潮流從東南亞以海洋中國為媒介，越過中國海北上傳播，最後席捲的終點則是日本。在中國，華中、華南組成的海洋中國，與以北京為中心的大陸中國彼此勢均力敵，從而形成一個組合的中國；但日本則因為蒙受海洋中國的外部壓力，所以選擇以大陸中國為模範來建構國家。鎖國的範本雖是大陸中國，但直接影響它的卻是海洋中國。

桑原隲藏先生在一九二五年曾經寫過一篇有名的論文——〈從歷史看南北支那〉[43]；在這篇文章的開頭，他用了這樣一句話來破題：「支那是南北有別的。」桑原察覺到，中國以淮河為界，北部以黃河流域為中心的北支那，和南部以長江流域為中心的南支那，彼此有著很大的區別；不管地勢、土質、氣候、物產，乃至各種風俗人情，都有顯著的差異。因此他一語道破，指出中國的歷史是漢族南進的歷史，也是南方在文化、戶口、物力等一切方面，凌駕北方的歷史。中國社會從千年前開始，就分化為「政治中心的北方」與「經濟中心的南方」兩極，其中的「南支那」是經濟和文化的中心；因此中國其實具有「大陸中國」這個位在北方、屬於政治性質的樣貌，以及「海洋中國」這個位在南方、屬於經濟性質的樣貌。

日本人在遣唐使的時代，受到以長安為代表的北方大陸中國所影響；不過在之後的時代中，則與南方的海洋中國交流日益加深。中世以後，以寧波為據點的日本人，稱呼這些海洋中國人為「唐人」。江戶時代的長崎貿易也被稱為「唐人貿易」，在長崎設有比荷蘭商館所在的出島規模還要更大的唐人聚居地。當日本開國的時候，在神戶與橫濱居留、規模最大的外國人集團，就是稱為「唐人」的海洋中國人。中國的最大特色就是「南船北馬」；在這個國家當中，存在著南邊的海洋中國與北邊的大陸中國這「兩個中國」。日本人雖然被大陸中國的政治所擺布，但直接所受的影響，則是來自海洋中國。朝鮮也是一樣，在接納了江南社會的文化、物產複合後，在十六世紀迎來了大開發時代，並形成和土地結合的社會。朝鮮原本和中國一樣，在土地繼承上採取均分制，但隨著人口增加、土地不足，長子繼承的情況逐漸顯著，到了十八世紀，遂形成了長子優先的儒教社會[44]。

第一波浪潮的另一個方向是朝向西方。當時，伊斯蘭在環印度洋圈廣為盛行，東非、西亞、印度，還有東南亞世界，都被海洋伊斯蘭連結起來。請參見二五六頁圖。透過伊斯蘭商人的媒介，各式各樣的物產被運往西方，並在地中海被歐洲所接收。不久後，歐洲人自己也前往環印度洋，將這些物產帶回國，並將它們移植到大西洋彼端的新大陸，從而在環大西洋地區形成了自給自足的大西洋經濟圈。歐洲成功擺脫對環印度洋經濟圈的依賴，是在西元一八〇〇年左右；這和日本完成自給自足體制，幾乎是同一時間。

就這樣，第一波浪潮以東南亞為起點，一部分以江南組合（江南地區社會的物產複合）的面貌，向北流入中國、朝鮮和日本，並促成了日本的鎖國；另一部分則是經由印度洋流入歐洲，並促成了大西洋經濟圈的成立。對受到這波浪潮洗滌的近世日本與近世歐洲來說，東

---

43 收錄於《桑原隲藏全集》第二卷，岩波書店，一九六八年。

44 宮嶋博史《兩班》，中公新書，一九九五年。

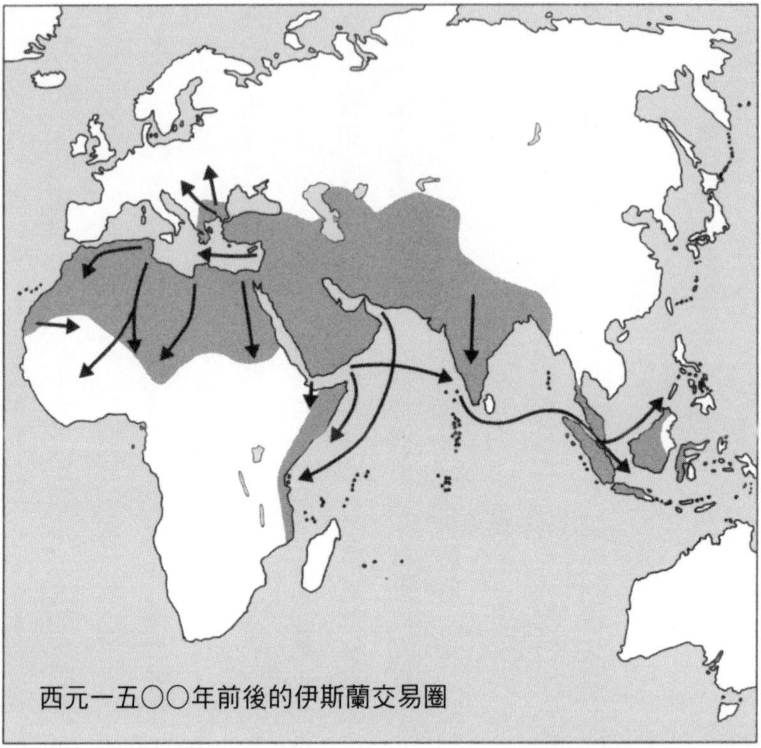

西元一五〇〇年前後的伊斯蘭交易圈

南亞是一片豐饒之海。

第二波浪潮是第一波的逆流；這波近代以降的浪潮，直到今日仍持續不輟。歐洲透過基督教的大西洋經濟圈，成功地讓迄今為止必須從環印度洋（海洋伊斯蘭地區）獲得的物產得以自給。之後，他們更將大西洋經濟圈生產的物產反向輸送回東方；在這波逆流的襲擊下，東南亞變成了製品市場，也成了殖民地。另一方面，從中國也有大量的人民流入東南亞。這波人口外流的歷史背景是十八世紀，中國的人口激增了三倍，於是人潮一方面往內陸北部遷徙，一方面也往東南亞奔流。這波人潮在十九世紀後半，隨著苦力的湧現而益發龐大。就這樣，東南亞受到原本第一波流向的西、北兩方反轉傳來的大浪所衝擊，並遭到這兩道巨大逆流無情撥弄。

從西邊傳來的第二波浪潮，雖然讓環印度洋及東南亞地區蒙受了巨大影響，但也僅止步於此，並未繼續傳抵環中國海圈。請參見二五八頁圖。之所以如此，是因為環中國海圈的物產複合，與環大西洋、印度洋圈的物產複合間，並不存在相互競爭的關係。東南亞這片「豐饒之海」，是近代社會的原點。歐洲與日本的近代化，是對群集在東南亞這片豐饒海域裡，巨大物產複合的回應；而這種回應之所以會誕生出嶄新的近代社會，是因為東南亞湧現的龐大市場壓力。這種壓力，和乾燥草原地帶的軍事壓力堪相匹敵。

日本透過工業化，在環中國海圈的亞洲競爭中勝出。日本的生產革命蔓延到曾為其殖民地的台灣、韓國，並一路擴散到亞洲的NIES以及ASEAN。一九八五年的廣場協議，確定了日圓升值的基調，於是日本遂一方面對鄰近的亞洲各國進行直接投資，同時也扮演需求吸收者的角色。八〇年代後半，日本對NIES的直接投資，以及NIES對日本的輸出都不斷增加；到了九〇年代，則是形成了日本、NIES對ASEAN直接投資，與ASEAN對日本和NIES輸出的組合關係，亦即「日本→NIES→ASEAN」這樣的經濟發展連鎖。套用渡邊利夫[45]的話來說，就是「東亞的自體循環機制」。先是美國

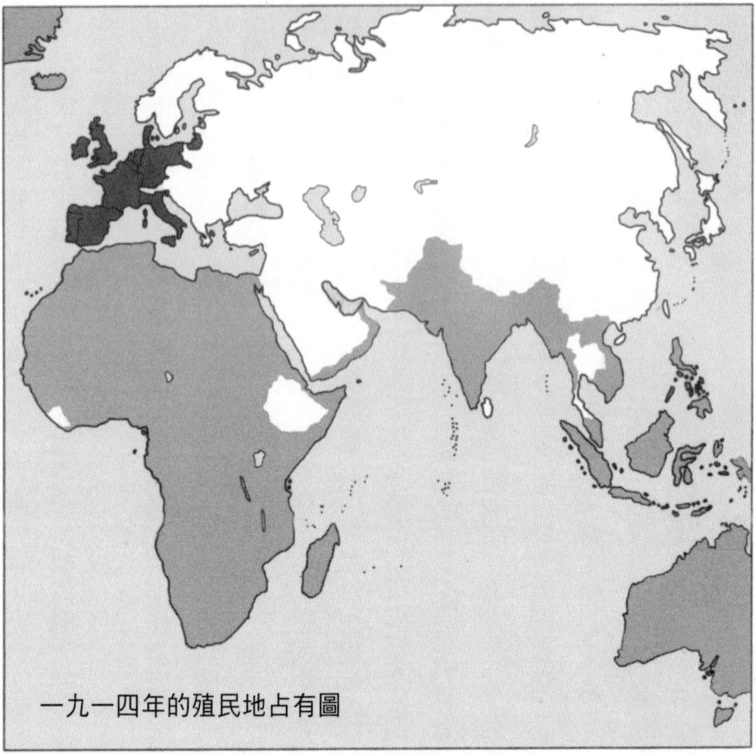

一九一四年的殖民地占有圖

的比重降低，接著日本和美國比肩，擔負起吸收需求的責任，而後日本的角色又逐漸被NIES取代。一九九〇年，NIES對ASEAN的直接投資額已經超過了日本。日本過去對NIES所扮演的角色，現在變成NIES對ASEAN依樣畫葫蘆。

環中國海域的各國，正和日本一樣，走上脫離中國式亞洲的「脫亞」道路；而在此同時，他們也在進行「脫美」的歷程，換言之即是進行「雙重的脫亞」。那麼，中國自己又要往何處去呢？中國也開始推動所謂的「社會主義市場經濟」，亦即社會主義徒具其名，實則走向市場經濟化；在二十一世紀，他們很有可能會成為世界第二經濟大國[46]。現代中國在脫離舊中國這層意義上，也是持續進行著「脫亞」。

從以上的歷史過程來看，APEC未來將會有怎樣的展望呢？APEC在一九八九年，於澳洲首都坎培拉召開第一屆會議；現在它的加盟國一共包含了十八個國家和地區（日本、美國、加拿大、紐西蘭、澳洲、韓國、泰國、印尼、菲律賓、馬來西亞、新加坡、汶萊、中國、台灣、香港、墨西哥、巴布亞紐幾內亞、智利）[47]。APEC所使用的「亞太」（亞洲與太平洋）這個詞，其實有一點讓人感覺不太協調；畢竟，亞洲不一定要依附於太平洋，而太平洋也不必然就是「亞洲的太平洋」。因此，APEC的A其實不一定要指「亞洲」，用來指「美國」或「澳洲」，其實也都沒什麼問題。就像歐洲從歐洲共同市場（EEC）、歐洲共同體（EC）到歐盟（EU），以經濟交流為中心，循序漸進地發展成整個地區社會交流的場域一樣，APEC也試著以經濟合作會議的形式，開始邁向達成太平洋共同

45 編注：日本經濟學家、政治學家，亦為著名的友台人士。
46 編注：二〇一一年中國GDP總量超越日本，成為世界第二大經濟體。
47 編注：截至二〇二〇年，APEC已新增俄羅斯、秘魯、越南三國為會員國。

體的漫長目標。事實上，亞太的「亞洲」給人的印象，主要是以日本為首的NIES和ASEAN，因此與其說是亞洲，不如說是西太平洋的島國。這些國家現在雖然使用像「亞太」這樣、前面冠上「亞洲」的名號，但將來一定會消除掉「亞洲」這個地區概念。

西太平洋除了日本以外，還包括菲律賓與印尼等國度，是世界上擁有最多島嶼的地區，可稱得上是「島的世界」。島嶼必須要有海洋才能存在，同時擁有形形色色的陸地世界與海域世界的太平洋，正是所謂的「多島海」。在美國與中國漸漸放棄自我圓滿、轉而投入相互依存的網絡之際，整個太平洋很有可能會形成一個「多島海的世界」。

戰後，以NIES和ASEAN為核心，「海洋中國」開始工業化。海洋中國就文明史的意義來說，是和日本往來最為長久的勁敵。海洋中國的人民從很早以前，就在東南亞海域紮下根基，現在又跟美國、澳洲連手，組成了環太平洋網絡。二十一世紀確實是由太平洋擔起重任，成為APEC旗手的時代，但海洋中國的動向，將會在這段進程中占上很重要的比例。過去在流通上占有優勢的海洋中國，現在正在日本身後急起直追。亞洲將迎來激烈的競爭時代，日本應當與海洋中國一邊競爭、一邊探尋共存之道，如此方為正軌。

那麼，日本在這個新時代中，將會扮演什麼樣的角色和地位呢？現在，新的國土形成主軸，乃是資訊與通信基礎的整飭，這是相當明確的事，而國內的基建整飭，也以「地方的時代」為口號，廣獲社會的共識支持。如果說隨著白村江海戰的失敗，從中國席捲而來的第一波浪潮是「政治之波」；隨著秀吉嘗試征服中國的失敗，從中國席捲而來的第二波是「經濟之波」，那麼在歷經第二次世界大戰失敗長達半個世紀後，席捲日本的第三波浪潮，便是以美國為震央，高度的資訊化與資訊革命，我們也可以稱之為「文化之波」。

當第一、第二波靜止下來的時候，日本總是會形成內政優先的穩定型社會；因此，在第三波的衝擊下，日本或許會誕生出某種和以往迥然相異的嶄新生活類型，而那樣的社會，很有可能是與明治以來「都市化取向社會」有著天壤之別的社會類型。之所以如此，是因為人們不需要移動到人潮聚集的都會，就可以進行資訊的接收與發布。

資訊化本身雖然自十九世紀電話、電信普及以來，便一直持續在進行，但近年來利用電腦科技，導致資訊化急速且高度發展的浪潮，則與近代世界體系的構造轉換有著密切關連。宣告這波浪潮開始的，是一九八九年十二月，美國總統老布希與蘇聯總統戈巴契夫在地中海的島國馬爾他進行高峰會談，並發表冷戰終結的宣言。冷戰的終結促成軍備削減；在一九九〇年六月，美蘇領袖就削減戰略核武的《削減戰略武器條約》（START）達成協議。軍備削減對與軍需相關的基礎科學研究及產業而言，都是一大打擊；作為一直以來的軍事強國，美國所找出的活路，除了資訊產業外再無他者。冷戰時代以前所未見的規模建構起來的美國軍事情報體系，隨著冷戰終結，大規模地轉換為民生體系。作為肥大化的軍事體系轉換為民生的一環，一九九一年，時任參議員的美國前副總統高爾，提出了「資訊高速公路」的構想；

高爾的提議是，將廣及世界各地、用於軍事、能瞬間大量處理資訊的體系，轉為民生之用。

近代世界體系的兩大支柱，是「富國」與「強兵」。裁軍行動，宣告了近代主權國家支柱之一的「強兵」的告終，而這對另一大支柱——「私有財產權」的影響也極其深遠。

資訊革命在可見的預期下，會讓近代典範產生轉換。首先，以私有產權為富國基礎的「近代」，很有可能會宣告終結。資訊即使分享也不會減少，反而是愈分愈多人能共享。資訊並不適合由個人進行排他性獨占，而是傾向於共有。雖然與資訊相關的權利、義務關係，在私有財產權的脈絡下會被當成「智慧財產權」來加以議論，但是將資訊歸屬權當作所有權來處理，其實會顯得扞格不入。現正進行中的資訊化浪潮，蘊含著動搖支持近代典範的私有財產權的可能性。畢竟，資訊和知識因為即使讓渡也不會消失、且不具備不動產或動產（物）的形式，所以也很難確定移動的事實。不只如此，要確定新資訊的權利究竟歸屬於誰，或是防止對資訊所有權的侵害，都很不容易。在資訊當中，蘊含著一種讓更多人所有（共有）的性質的運動；換句話說，資訊的本質就是渴求無主、不為任何人所排他占有。這和海洋的性質十分接近，其範圍廣及全球。任何事物普及全球的時候，就會變成所有人共同擁有，同時也是不屬於任何人的事物。隨著高度資訊化，社會內部與社會間的網路密度益發稠密，而紮根於陸地、抱持著某種排他性質的陸地史觀，其所產生的歷史印象，也會漸漸瓦解。因此，嘗試著建立文明的海洋史觀，是和這個地球時代的狀況彼此密切相連的。

結之章　二十一世紀日本的國土構想

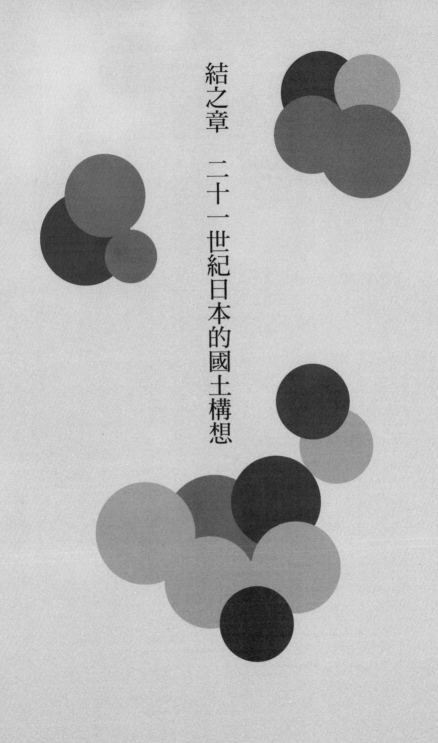

◎漂浮在西太平洋的豐饒半月弧上，美麗的庭園之島（Garden Islands）

十九世紀世界經濟的中心，是以大英帝國為核心的大西洋；到了二十世紀，則是美國與日本隔著太平洋的兩端興起，太平洋貿易凌駕了大西洋貿易。至於進入二十一世紀後，以APEC為中堅旗手的太平洋時代到來，幾乎可說是確切無疑的事情，而「太平洋文明」的出現，也是

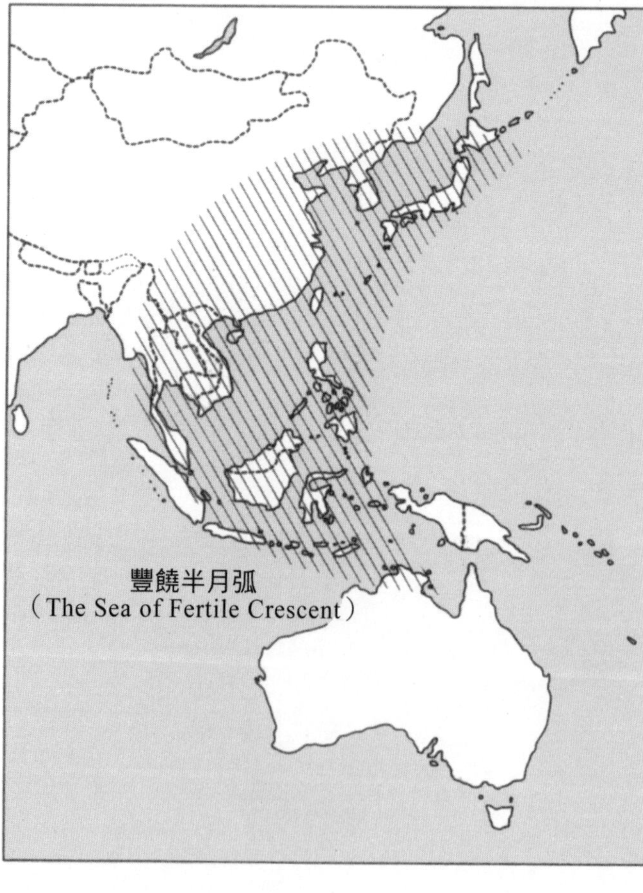

可以預見之事。APEC雖然是在一九八九年於澳洲的坎培拉成立，但追本溯源，最初提倡其構想的其實是日本[1]。這個構想慢慢獲得環太平洋各地區的贊同，到了一九九六年，它已經成長為擁有十八個國家和地區的組織，占了世界GDP超過五成比例、出口也超過了四成。於是，我們似乎已經可以預期，在二十一世紀將會出現一個「環太平洋文明」；但是，正如山崎正和在《文明的構圖》[2]中所提出、相當鞭辟入裡的批判一般，它絕不能以一個封閉的領域自居。海洋連結了地球表面七成的地區，因此環太平洋文明也必須與充滿古老文化氣息的「環印度洋文明」，以及在近代扮演主角的「環大西洋文明」，彼此攜手共進才行。換句話說，全球化、或放眼整個地球的視野，乃是不可或缺的。在這個地球表面上，大大小小的陸地，都是漂浮在海洋中的島嶼。島嶼若是封閉，就會陷於孤立；若是討厭孤立，就必須向海洋敞開大門。這是一個以「建構聯繫地球的整體網絡」為取向的時代，而接受這個新時代的邀請、擔負起使命的，正是二十一世紀的太平洋，特別是西太平洋地區。

扛起太平洋文明的主要旗手，是以日本為主軸的亞洲NIES以及ASEAN，這些都是位於西太平洋的國家與地區。西太平洋是世界上島嶼最多的海域，由北到南被呈半月

1 船橋洋一《亞洲太平洋的融合》，中央公論社，一九九五年。
2 文藝春秋，一九九七年。

狀的眾多島嶼所環繞；包括鄂霍次克海、日本海、黃海、東海、南海、安達曼海、西里伯斯海、爪哇海、弗洛勒斯海、班達海、帝汶海、阿拉弗拉海、所羅門海、薩武海、珊瑚海、塔斯曼海等，許許多多的海洋，以半月弧狀連結在一起。這是一片文化、語言、宗教交錯縱橫且豐饒的海域。過去，作為歐洲文明根本的底格里斯、幼發拉底河文明，被稱為「肥沃月彎」；而今，和這個大陸文明相對比，我們也可以從形狀著眼，將西太平洋這片由眾多海域連結的地區，稱為「豐饒半月弧」。日本就位在豐饒半月弧的關鍵位置上。二十一世紀的主角是豐饒半月弧，而對日本來說，作為開放的海洋國家、擔負起箇中重任，也是一條無法回頭的道路。

另一方面，邊疆並不只限於海洋，也存在於國內；那就是所謂的「過疏地」，最近的用語稱為「多自然居住地區」。針對這片內陸，日本在一九九七年制定了戰後第五次的全國總合開發計畫，其目標是在西元二〇一〇年，要建設起嶄新的國家；而足以象徵新日本門面的新首都遷移地點，不久後應該也會決定了吧！朝太平洋發展的對外取向，與整飭國內基礎建設的對內取向，要如何兩者兼顧，乃是現代日本的重要課題。

一、太平洋的時代

◎超越東西文明的調和

十九世紀是西洋的世紀，也是以富國強兵為立國根本、重視力量的世紀。歐洲在地球的陸地當中，僅僅占了百分之三的面積，可是到了西元一八〇〇年，由西洋各國所支配的龐大帝國，已經擴大到全球陸地的百分之三十五，到了一九一四年，更廣達百分之八十四。

十九世紀的東洋，在西力東漸的情況下，也受到壓倒性的影響；中東、南亞、東南亞的大半，都淪為西洋列強的殖民地。不過，東亞卻得以免於成為殖民地的命運，這不能不說令人相當感興趣。在這當中，日本不只在政治上保住獨立地位，更在經濟上達成工業化，文化上也不斷朝著西洋化努力，從而建立起東洋最初的近代國家。

這些致力推動近代化的日本人，他們的態度一般被稱為「和魂洋才」。但是，明治時期的日本人，對這種「和魂」到底有多少自覺呢？若以當時公認智慧最高的福澤諭吉的論點來看，所謂文明，指的並不是東洋文明，而是西洋文明。福澤明言，日本的方針應該要「以達成西洋文明為目的」[3]，而他終其一生，也都執著於西洋文明。他在《福翁自傳》中就這樣說道：「無論如何，都要讓國民普遍踏入文明開化之門，讓日本成為兵力強大、商業繁盛的大國，這是我最大的心願」、「然而，我個人區區之身所能實現的，就只有全心致力於促成開國與西洋文明，並獲取其所帶來的利益。在這樣的過程中，我深深感受到身處在這個文明與時俱進的世界，是多麼值得感激、多麼幸運、又是多麼不可思議的事；換言之，這正是成就我大願的世界啊！」我們從福澤的言論中，可以察覺出將封建社會視為「生身之敵」、斷然加以捨棄的他，對於促進「洋魂」的發達，抱持著多麼大的覺悟。

福澤逝世於一九〇一年。在他逝世前後，日本在日清、日俄戰爭中相繼贏得勝利，不只讓富國強兵的理念得以開花結果，同時也躋身於世界五大強國之林。其結果是在部分的日本菁英心中，首次萌生了對「和魂」的覺醒，同時對東洋文明的自覺也開始高漲。

二十世紀前半日本人的文明論，乃是環繞著東洋文明的自覺與覺醒而展開。在以英文寫成的內村鑑三的《代表的日本人》、新渡戶稻造的《武士道》、岡倉天心的《東洋的理想》、《日本的覺醒》、《茶之書》中，都可以看到這種共通的理念。他們想傳達的，都是希望讓西方理解，東洋的精神文化其實是絲毫不遜於西洋文明的事物。

另一方面，在以日本社會為訴求對象上，大隈重信晚年力倡「東西文明的調和」；為了實踐這個志向，他在一九〇八年創立了大日本文明協會，刊行了數百卷的文明叢書。據佐藤能丸《近代日本與早稻田大學》[4]所述，這是一項為了培養對世界文明發展有所貢獻的國民而展開的國民文化運動，明治初期的明六社[5]、自由民權時期的共存同眾運動[6]等在規模上，全然無法與之相比。大隈重信在最晚年的著作《東西文明之調和》中，主要也是在和希臘、羅馬文明相對的形式下，有意識地針對東洋古代的佛教與儒教來論述。換言之，他對於東洋文明在精神方面的層次，也已經有所自覺。

從以上這些論述可以看出，二十世紀前半日本人的文明論，對於足以和西洋文化比肩的東洋精神文化所獨有的價值已經有所覺醒，並且開始朝向內外傳播訊息。

可是，日本在第二次世界大戰中徹底失敗，從而遭到美國化的巨浪所吞噬。在戰後的日本社會中，只要是讚揚東洋文明的精神性、或是日本傳統價值的論述，都會被扣上「反動」的烙印。以大塚久雄和丸山真男為領袖、支配戰後日本論壇的主流派，普遍抱持著「日本就是落後國」的基調。在他們眼中，不存在重新審視亞洲價值的視野，只是針對「落後的日本」，諄諄訴說近代化的基礎。就這樣，戰後的日本人，在物質層面上憧憬著美國，在精神

3《文明論概略》。
4 一九九二年，早稻田大學出版部。
5 編注：由森有禮、福澤諭吉等共同發起，為日本最早的近代啟蒙學術團體。
6 編注：由馬場辰豬、小野梓等人發起，強調民權、平等，以及透過討論實現言論自由。

面則受到「落後」兩字所緊緊束縛。

東、西方問題已經不是單就精神層面論述的東、西方文明問題，而是隨著西洋世界中意識形態的對立擴大到世界層級，搖身一變成為東、西方冷戰的問題。真正意義上的「東洋文明」，已經埋沒在東、西方意識形態的對立當中，被一味講求力量對決的政治、外交、軍事對立層級所吞噬。但是，隨著冷戰終結，如同杭廷頓的「文明衝突論」所象徵的，包括伊斯蘭文明、儒教文明等，針對西洋文明與東洋文明之間的差異所提出質問的文明論，再次浮出了水面。

可是，現代文明的新課題，並不能用重新建構戰前期的主題——「東、西方文明的調和」這樣的方式來加以涵蓋。之所以如此，原因有二：

第一，對於「東洋」這個概念，東洋人這邊也開始產生了異議。正如薩依德在《東方主義》中所詳細論述，「Orient」（東洋）這個概念並非自然生成，而是被西洋強加在頭上、由外在力量強加律定的事物。換言之，「東洋」這個概念的存在基礎，已經開始遭到了質疑。

第二，作為西洋近代文明基礎的「富國強兵」，隨著資訊社會的到來，也開始產生了動搖。西洋近代文明的富國基礎，乃是私有財產權的確立。但是，資訊並不適合被個人以排他的方式加以私有化。土地財產是愈分愈少；但相對於此，資訊則是就算再怎麼分也不會減少，相反地會愈分愈多。因此，資訊社會動搖了支配近代富國化的私有財產權。另一方面，隨著冷戰時期的軍用情報系統大幅轉換為民生用途，裁軍也已經變成歷史的趨勢。在這種情況下，近代西洋文明的富國強兵體系，日益趨於土崩瓦解。因此，不管是東洋精神文明或近代西洋文明，都已經失去了以此為基礎，展望未來的能力。從「東西相對」的典範來看文明的時代，已經宣告終結。

◎透過海洋展望的嶄新歷史樣貌

人類社會所面臨的課題，是如何讓民族、文化相異的各個社會，在對各自獨特的價值產生自覺，並互相尊重的情況下，不分東西（正確來說是不分東西南北），共同為增進人類全體的福祉而努力。在思想課題上，則有必要揚棄適者生存、弱肉強食的達爾文式社會進化論，轉而以「共生」、「相生」、「分棲共存」為關鍵概念。除了這條路以外，再也沒有別的路徑可以保障人類全體的幸福。現代作為這種進程的過渡期，各文明之間知性的對話、以及各種層次的交流，具有決定性的重要意義。因為在這方面已有無數的嘗試，所以對將來不應抱持著悲觀的態度，而日本人在這當中，則是必須擔負起相當重大的責任。

例如一九九二年夏天，在荷蘭召開了一場名為「地球時代的文化」的會議。在這場會議中，列舉了「西洋資本主義」與「東洋資本主義」的諸多問題。作為東洋資本主義中心而存在的，就是日本。日本的崛起，並不只是單純地趕上西洋文明而已，這點在最近已有清楚的認知。明治日本與落後於歐美的各國之間決定性的差異，就在於關稅自主權的有無。失去關稅自主權的亞洲各國，幾乎都成為西洋勢力的從屬者；相較於此，明治日本則在不曾失去關稅自主權的情況下，成為亞洲的先進國。從這個特異的事實來看，當我們談論日本在世界史中的位置時，會發現它其實是屬於一個和「追趕西洋資本主義論」迥然相異的典範。西洋的資本主義，帶來了階級對立、南北問題、世界大戰、環境破壞等負面效應，那麼以日本為樞軸興起的東洋資本主義，面對這些問題，可有任何願景足以克服之？這是一個大哉問，也是關於歷史構想力的問題。

對戰後日本人觀看歷史的視野產生重大影響的史觀有兩個，一個是馬克思主義的唯物史觀，另一個則是反馬克思主義的生態史觀。作為前者核心的大塚久雄與提倡後者的梅棹忠夫，分別在一九九二年、一九九四年獲頒文化勳章，由此可以看出這兩者的影響力有多麼強大。唯物史觀將歷史視為階級鬥爭史，認為人類社會在歷經「奴隸制社會→封建社會→資本主義社會」的演進後，最終將會到達平等的社會主義社會。另一方面，生態史觀則是從「人乃是受到環境所形塑」這個觀點出發，著眼於從歐亞大陸東北向西南延伸的大乾燥地帶，並從生長在乾燥地帶的遊牧民、以及他們與濕潤地帶的農業民之間的攻防，來展望人類史。兩者不管在意識形態或是歷史解釋上，都是水火不容。

可是，正如本書所指出的，這兩者卻有一個出乎意料的共通性，那就是它們都屬於陸地中心的史觀。以唯物史觀為基礎的史家，對建設起社會主義社會的勞動階級如何形成抱持著關心；他們認為這是一段農民被奪走土地、變成無產勞動階級的過程，因此關心的重點都放在陸地上發生的種種事情。另一方面，生態史觀則著眼於乾燥地帶與濕潤地帶的風土差異，所以也是相當標準的陸地中心論。在這兩種史觀中，對海洋的觀點、以及從海洋出發的視野，全都遭到徹底的遺忘。

將海洋納入視野，具有決定性的重要意義。

首先，以現在持續發展的趨勢來看，二十一世紀的舞台，毫無疑問將會以世界最大的海洋——太平洋為中心。作為未來「太平洋文明」的旗手——APEC當中的重要成員，日本已經開始朝著海洋之路踏出步伐。

第二，近代社會本身，其實也是以海洋為舞台誕生出來的產物。近代社會的原型——水都威尼斯固不用提，葡萄牙、西班牙、荷蘭、英國，全都是海洋國家。對於近代歐洲的歷史，必須要透過從「地中海世界」到「大西洋世界」這樣一段海洋的歷史，方能加以掌握。日本也是四面環海的國度，因此受到海洋的影響，自是無庸置疑的強烈。但是，日本一直以來在史觀方面，都輕視海洋所扮演的角色。堪稱二十世紀最優秀史家的布勞岱爾，他的經典名著《地中海》，在最近終於出版了日文版。「海洋保留了在過去生活中，有關存在最珍貴的資料」；這部明白宣稱「海洋是歷史最寶貴資料」的《地中海》，其意義就在於將眺望歷史的目光，從陸地轉向海洋。

布勞岱爾的《地中海》，已經被翻譯成世界各國的語言，同時也成為企圖從海洋重寫世界史的諸多優秀嘗試的生身之父，例如著眼於大西洋經濟圈的華勒斯坦的「近代世界體系論」、呈現印度洋經濟圈面貌的喬杜里的「印度洋交易文明論」，安東尼．瑞德以東南亞多島海世界在十六世紀的經歷所寫成的「商業時代論」等。當然，它對日本的歷史學界也產生了影響；有九位受到《地中海》觸發的史家，就共同編纂了《透過海洋所見的歷史：讀布勞岱爾〈地中海〉》一書。

第三，相當重要的是，日本乃是由六千八百多座島嶼所構成，因此與海洋的關係，不管怎樣都無法切斷。然而，迄今為止的日本史，除了網野善彥的一連串重要論著之外，主要都是立基於農本主義的發想來寫作，換言之即是封閉在與世隔絕的陸地當中。然而，在「亞太」這個屬於海洋的嶄新時代已然揭開序幕的今日，我們也必須從陸地史觀轉移到海洋史觀才行。我們必須讓舊有的日本印象煥然一新，致力將兩千年的歷史透過海洋重新洗滌，從而追尋一種更加開放的日本史面貌。竹內實和村井章介等人的《透過海洋洗滌日本史》[7]，就是這樣的嘗試之一。

一九九三年初夏，在荷蘭召開了一場名為「亞洲史中的『十八世紀』」的國際會議。在十八世紀東亞的重要動向當中，相當值得注目的是清朝中國的人口從一億四千萬增加到四億多；這些人口開始湧向中國海，造成亞洲各地區陷入不安。但唯有日本，在同一時期成功將輸入品加以國產化，達成了自給自足的經濟，人口也穩定維持在三千萬人左右；人均所得增加、社會也相當安定。誠如蘇珊·漢利（Susan Hanley）在《江戶時代的遺產——庶民的生活文化》中所言：「若是我非得在一八五〇年的時候選擇一個居住場所的話，如果我是富裕階級，我會選擇英國，但若是勞動階級，我則會想住在日本。」江戶庶民的生活，遠比大英帝國的勞工要來得安定。

「不列顛和平」與「德川和平」乍看之下迥然相異，但若從大英帝國建構起海洋自給圈、德川日本建構起陸地自給圈這樣的角度來看，就可以在異中看出它們的共通性。近代英國建立了廣布大西洋各地的大英帝國，並在這個自給經濟圈當中，謳歌著自由貿易。大英帝國立足的原理，毫無疑問就是自由貿易；之所以如此，是因為以英國為中心的自給圈不斷擴大、也就是有限世界的外緣不斷擴張，這是必須強調的事實。至於同時期的日本，則是走上與海洋取向反其道而行的「鎖國」、亦即內陸自給經濟圈的道路；其特徵就是從蘊含著無限可能性的海洋世界，回歸到小小的孤島當中。由此可知，海洋與歷史的關係極其深遠。

第四，我們現在都已經深深抱持著一種印象，那就是地球乃是一顆「水行星」，同時也有著「海洋無比寬廣」的印象。但是，隨著日本有好幾位太空人前往宇宙旅行，並在回來之

---

7 南風社，一九九六年。

後向日本的少年少女們傳達「地球其實很小」的認知，現在國民之間也都普遍有一種共識，那就是我們正生存在一艘無可取代的宇宙船「地球號」上。太平洋雖是世界最大的海洋，但也只是地球的一部分罷了。因此，我們應該要有把它當成「小而值得珍愛的湖泊」、加以包容的恢弘氣度才行。

在二十一世紀「太平洋文明」即將誕生的同時，要如何讓擁有「在有限世界中共存之術」這種寶貴遺產的日本文明的纖細，與將地中海視為「我們的湖」的羅馬人、以及將大西洋與印度洋視為「我們的海」的近代英國人那種西洋文明的恢弘氣度，彼此共生共存，將會成為我們重要的試金石。

二、二十一世紀日本的國土構想

◎新全總報告書中所認知的「危機」

關於太平洋時代的國土建構，我們應該採取怎樣的作法才好呢？

國土審議會擬定了一份關於國土計畫的報告書，裡面詳盡描述了「以二〇一〇年為目標，塑造出適合二十一世紀日本文明的日本國民與國土」的長期願景[8]，接下來只等內閣批准通過而已。一旦內閣通過這份計畫，它便會以決定日本在二十一世紀發展方向的「第五次全國總合開發計畫」之姿，和國民生活產生密不可分的關連。以此為基礎，在報告書的開頭第一節中，就把現代認定為「歷史的轉換期」，並在第二節中主張「國土構造轉換的必要性」。報告書中所說的「歷史的轉換期」，是怎麼一回事呢？

明治維新以後，皇居轉移到東京，在以富國強兵為目標的新政府下，建立起橫跨政治、行政、軍事各方面，以天皇為中心的強力中央集權架構；另一方面，他們也在全國各地的都市基礎上推動殖產興業，隨著農村到都市的人口遷徙，全國的都市規模日益擴大，於是在太平洋沿岸，形成今日這種在中央集權政府主導下，有利於資源輸入的臨海工業配置，同時也是極度偏頗的國土構造。經過戰爭的打擊與復興，太平洋沿岸形成了帶狀的密集地區。另一方面，遠離太平洋帶狀區域的地帶，則以人口流出、無法享受都市便利性的地區為中心，荒廢的情況日趨嚴重。不只如此，隨著經濟朝服務業與軟體化

8 《計畫部會調查檢討報告》，一九九六年十二月。

發展，企業的管理機能與金融業紛紛向東京集中，從而導致整個國家的重心集中在東京一點上。

就像這樣，報告書清楚認知到日本偏重太平洋沿岸都市化、工業化的「危機」，並認為現在正是克服這個危機、邁向歷史轉換期的時刻。但是，應該進行怎樣的國土轉換才對呢？關於新的國土構想，他們是這樣建言的：

邁入二十一世紀，日本應該要根基於歷史和風土的特性，創造嶄新的文化與生活樣式，讓生活在國土上的人們（日本人），都能享受真正豐饒的生活；讓國土成為美麗的土地，呈現堪稱為「庭園之島」（Garden Islands）、足以自豪於世界的日本列島面貌，從而讓生活在地球時代的我們，得以確立起國家認同。

簡單來說，他們對明治維新以來日本建構國家的方式做出全面反省，並希望復興日本固有的國家之美，使之成為足以自豪的「庭園之島」。

然而追本溯源，為什麼如今的日本，需要做出這樣的全面重新審視呢？

◎岩倉使節團遺漏之物

在邁向近代日本的道路上，最初面對的分歧點，我認為是一八七三年（明治六年）的政變。當時，西鄉隆盛、板垣退助、江藤新平等征韓論者，與大久保利通、木戶孝允等旅外返國的內政優先論者激烈對立，最後前者敗北，征韓派的五名參議也隨之下野。之後，江藤新平在明治七年的佐賀之亂中戰敗身死、西鄉隆盛則在一八七七年的西南之役中，與城山的朝露一同殞落。另一方面，大久保利通則以內務卿的身分大展身手；他以伊藤博文為助手，積極推動殖產興業政策。

然而，根據毛利敏彥《明治六年政變》[9]所述，並沒有任何史料指出西鄉在內閣會議中，曾經主張征韓；相反地，他認為為了和平交涉，應該派遣使節訪韓，所以要將他歸類為征韓論者，實在不甚合理。另一方面，岩倉使節團的歐美視察，在訪問的第一站美國就締約失敗；再加上使節團內部分裂、龐大的經費支出等，總體而言堪稱失敗。

大久保等人的內政優先方針根本，是源自一八七一至七三年的三年間，日本以岩倉具視為全權大使，率領大久保、木戶、伊藤以下為數五十人的使節團，展開的歐美體驗。當時使

9 中公新書，一九七九年。

節團的所見所聞，留存在久米邦武編纂的《特命全權大使 美歐回覽實記》[10]當中。以在歐美的視察為基礎，他們歸國後痛感比起對外問題，新日本的建設更應該重視內政，於是摒除征韓派，踏上實踐內政改革之路。這是教科書上明記、廣大國民共同的認知。一八七三年的政變以後，日本走上使節團的核心——大久保和伊藤的路線，這是難以撼動的事實。

那麼，岩倉使節團在歐美，究竟看見了些什麼呢？大久保、伊藤等人，又是以怎樣的社會為範本，來提倡日本的內政優先論呢？由於他們對西洋的理解，攸關近代日本建設的藍圖、同時也是日本百年大計的基礎，所以相當重要。

翻閱《美歐回覽實記》，可以發現一個相當令人感興趣的事實。使節團一行在一八七二年七月到十一月這四個月間，停留在當時世界第一的霸權國——英國，並充滿活力地四處奔走。在《實記》中，詳細且精彩地記述了使節團對利物浦、曼徹斯特、伯明罕、倫敦、愛丁堡、格拉斯哥等大都市的工廠、鐵路、鋼鐵廠、大造船廠所做的觀察，並留下這樣一段與之相關的論述：

> 當今歐洲各國，盡皆文明輝煌、富強至極、貿易興盛、工藝優異、人民生活暢快昇華，堪稱悦樂至極。目睹此情境者，往往認為此乃歐洲重商利之風俗所漸致，故屬此洲原本固有之特質，然則事實非也。歐洲今日之富庶，乃一千八百年後之事，因此景象之

誕生，距今不過四十年之久。

從這段文章來看，使節團洞察到歐洲都市工業的發展乃是近年的成果；並且如文章中所述，歐洲與日本的時間距離「不過四十年之久」，因此他們確信，只要一個世代左右，就能追趕上歐洲的腳步。這種氣概，正是他們積極推動日本近代化時的脊梁。

然而，在這裡有兩點值得注目的地方。第一是，他們在英國四處奔走的時候，都是使用鐵路作為旅行工具，因此不管他們自己的想法如何，都只能透過車窗，來觀看英國的鄉間、郊外（countryside），而關於這方面的記述，連整體的百分之一都不到，甚至可以說是趨近於零。第二是，英國本身真的像岩倉使節團所判斷的，是把「富強、貿易、工藝、商利」放在首要價值，並以此為目的建構起來的社會嗎？

當時的英國，正呈現出史無前例的政治統一體——「大英帝國」；其最大時期的版圖，占了全陸地面積與世界人口的四分之一，並在世界各地留下深刻的烙印。加拿大、澳洲、紐西蘭，幾乎都是英國社會原封不動的轉移；作為移居異國的殖民地，他們試著在殖民土地上與其他人民「分居共存」，並試著重現帝國的景觀。不管是港口、道路、鐵路、農場還是牧

10　一八七八年，全五冊；岩波文庫，一九七七—八二年。

場，都與英國本土極其神似，同時帝國內使用的商品與行政組織，也都具備了共通性。就像神以自己的樣貌形塑了人類一般，他們也以相似於本國的樣貌，來形塑帝國的整體。這正是自信滿滿的大英帝國，所一貫呈現的風格[11]。

確實，從今日的學說來看，英國本國的國內政策，乃是持續五百年不變的紳士資本主義（Gentlemanly Capitalism）[12]。英國紳士生活型態的基礎，正是「鄉間」、「郊外」；當他們在都市辛勤勞動後，便會移居到郊外，過著悠然自得的生活。換言之，都市生活並非近代生活的終點，只是路過的一個中繼點，但岩倉一行人卻遺漏了這件事。

那麼究竟是為什麼，他們會遺漏了作為大英帝國景觀骨幹的「鄉間」、「郊外」呢？

◎令英國人感嘆的日本農村風景

首先，用獨具風格的目光來看世界的英國人，是怎樣看待同時期的日本呢？幕末時期擔任首位英國公使的阿禮國（John Alcock），在他的著作《大君之都》[13]中，就對日本的園藝農業讚嘆不已，並將照顧到無微不至的農村風景和英國自豪的庭園造景相比擬，充滿了激賞之意。

就在岩倉使節團抵達英國的一八七二年，造訪日本的近代觀光業創始者托馬斯·庫克

（Thomas Cook），為日本「豐沛的自然資源，變化萬千、無窮無盡的景觀之美」感到瞠目結舌，並徹底被日本所吸引，將日本當成理想國大肆宣傳[14]。之後，在歐洲諸國造訪日本的訪客當中，英國人占了壓倒性的多數。

在西南戰爭的第二年，從夏天到秋天的整整四個月間，在日本東北與北海道漫遊的英國淑女代表——伊莎貝拉．博兒，當她走訪米澤的時候，留下了這樣一段記述：

> 南邊是繁榮的米澤鎮，北邊則是泡湯客甚多的溫泉鄉赤湯，完完全全就是一副伊甸園般的景象。那美麗的感覺「與其說是用鋤頭耕作，不如說是宛若鉛筆素描一般」。米、棉花、玉米、菸草、麻、靛藍、大豆、茄子、核桃、西瓜、黃瓜、柿子、杏、石榴的栽培都相當豐富。事實上，這是一片充滿豐饒與微笑的大地，簡直就是亞洲的阿卡迪亞（理想國）……這是塊充滿美麗、勤勉、安樂，令人魅惑不已的土地。它被群山所環繞，被閃耀明亮波光的松川所灌溉；放眼望去，盡是豐饒而美麗的農村。

11 A. J. 克里斯多福，《景觀的大英帝國》，川北稔譯，三嶺書房，一九九五年。
12 肯恩、霍普金斯，《紳士資本主義與大英帝國》，竹內幸雄、秋田茂譯，岩波書店，一九九四年。
13 山口光朔譯，岩波文庫，一九六二年。
14 P．布蘭頓，《托馬斯．庫克的故事》，石井昭夫譯，中央公論社，一九九五年。

她將旅行見聞寫成《日本奧地紀行》，並且成了暢銷書。就像這樣，近代先進國——英國的紳士淑女所感嘆的，幾乎無一例外，都是日本的農村風景。

但是，正如前述，岩倉使節團在觀察的時候，卻不曾看見英國紳士、淑女引以為傲的鄉間生活。當時在英國的郊外，運河與鐵路網密布縱橫，相當便利；居住在那裡的英國人，費盡心血打造出一整片廣大延伸的鄉間地區，那景觀和今天幾乎沒什麼差別，是極為壯麗的景象。

回頭想想，當時日本郊外的農村風景，其實在壯麗程度上，絲毫不遜於英國。正因如此，岩倉一行人才會被日本所不具備的都市工業徹底吸引住目光。毫無疑問地，他們只看到了日本「沒有的」英國都市工業景觀，於是當場做出了判斷，認為「近代化就是都市化」。

◎「庭園都市國家」的原型

這種態度一路被繼承到二戰之後。在戰後，象徵國土建設長期計畫的「全國總合開發計畫」（以下略稱為「全總」），一共制定了四次。第一次全總在打出「所得倍增」號召的池田內閣指揮下，於一九六二年制定；它以據點開發的方式建設產業基地，並在太平洋沿岸建立起帶狀的工業地帶。第二次全總是在佐藤內閣指揮下，於一九六九年制定；它採取大規模的專案方式，配合繼任的田中內閣的「日本列島改造計畫」，產生了新幹線與高速公路的建設熱潮。這時候的太平洋帶狀地區，被稱為「西日本國土軸」或「第一國土軸」。這兩次全總計畫，都是以工業化為軸心，來引導日本經濟的發展。第三次全總是在福田內閣指揮下，於一九七七年制定；它雖然提出了「定居圈」的構想，但最後並沒有實現，而重心集中東京一點的問題也益發嚴重。於是在一九八七年，中曾根內閣制定的第四次全總，便以多點分散型國土為目標；然而十年後的今日，多點分散和地方分權仍然未能實現。換言之，第三、第四次的全總，都是以計畫失敗作收。

本節開頭介紹的報告書，正是承繼了上述的發展，以二〇一〇年為目標年度的第五次全總計畫案。它和過往的全總有一個重大的區別，那就是立基於嶄新的理念上，強調「宏觀規畫」的必要性。之所以稱為「宏觀」，是因為它並不只是以日本人為主、為日本而設的國土計畫，而是抱持著讓日本人走向世界的志向、放眼整個地球的國土計畫。其間具體的政策，是由「人與自然」、「城鎮規畫」、「地區經濟」、「基礎建設」四個委員會來進行審議，而最值得大書特書的，是新增了「文化與生活樣式」委員會，亦即在有關新幹線與高速公路所造成形象改變的國土審議會上，設置了討論文化的委員會。這個新委員會，誠摯地闡述重振日本失落美觀的重要性，讓反覆的集中審議樣貌為之一變，也讓「新全總」變成以「文化」為軸心來進行驅動。這是一大轉換。

今天日本對文化的理解，總是比較偏向西洋文化；或者說，雖然重視傳統文化的提升、藝術文化的振興、歷史環境的保全、以及企業和地區對文化藝術活動的贊助支援，但是文化給人的印象，仍然只是一種有關學術、藝術或歷史，為生活錦上添花的事物而已。相對於此，上面所提到的「文化」，指的則是「生活樣式」本身。按照文化人類學（民族學）的定義，「文化就是生活樣式」；這是世界共通，在學術上對「文化」認知的定義。只有慶典、演奏會、博物館、美術館，並不能算是文化；這些充其量只是文化綻放出來的花朵而已，至於根莖葉的部分，則是日本人日常的生活方式，也才是真正的日本文化。正因文化是衣食住行、是生活方式、也是消費型態，所以和經濟有著直接關連。迄今為止，我們對經濟的理解都偏向於生產方面；換言之，就只是把企業的生產活動，理解成經濟而已。可是，經濟其實包含了生產與消費；沒有消費，生產也就毫無意義。如今，日本人終於到了應該將目光轉向如何消費、如何過日子、如何形塑衣食住行樣貌的時候。

實際上，透過建設臨海工業地帶來建構國家的時代，對日本而言早已一去不復返。日本的製品進口率，在一九八九年已經突破五成，到一九九五年更突破了六成。換言之，日本已經不再是向生產一面倒的國度。以沿海工業為主軸的生產力主義既已告一段落，那也就沒有繼續密集居住於臨海地帶的必要性。另一方面，一九九三年以來，日本的人均所得已經高居世界第一。因此，居家度日的方式、生活樣式、消費型式，都成了極具魅力的事物，而「美」的營造，也變成了重要課題。正是在與之相關的情況下，才會出現本節開端所介紹、作為新日本印象的「庭園之島」的國土構想。但，這只是癡人說夢嗎？

過去，在三全總實施期間的大平內閣時代，曾經有人提出「田園都市國家構想」的建言。提到「田園都市」這個詞，大多數人腦海中應該都會浮現出一百多年前的英國人霍華德（Ebenezer Howard）於一八九八年出版的《明日：抵達真正和平的改革之道》的修訂版《明日的田園都市》[15]吧！霍華德的田園都市論雖然在明治末期已經被介紹到日本，並在都市計畫專家間廣為流傳，但真正變得膾炙人口，則是從這本一九六八年出版的日文版問世開始。然而，為什麼原標題的「Garden City」會被翻譯成「田園都市」呢？因為「田園」總會讓人連想到鄉間，所以這其實是個誤譯；之所以如此，或許是譯者在心念中，把它和陶淵明的理想鄉連結在一起了吧？如果按照字面來翻譯的話，應該翻成「庭園都市」，也就是在綠色（自然）庭園中培育發展而成的都市才對。世界最早的「Garden City」，是在一八六九年，建設於紐約的長島。

那麼，庭園都市的起源又是來自哪裡呢？毫無疑問地，是來自幕末造訪日本的外國人

15 長素連譯，鹿島出版會，一九六八年。

對日本都市的印象。房舍的緣廊直面庭園、即使在長屋的狹窄小巷間，也種有牽牛花或是盆栽；將綠意視為極重要事物的百萬人大都市——江戶，如此的生活風景，就被外國人形容為「Garden City」。「庭園都市」這個形容，指的就是日常與綠意（自然）同在，生活與庭園融為一體的樣貌。這種印象傳到外國，被霍華德當成都市建設的模範，從而風靡一世。因此，要追溯庭園（田園）都市終極的原型，還是必須回到日本。

庭園可分成以日本為典型的風景式庭園，以及以義大利為典型的幾何學庭園。在歐洲，最初引進風景式庭園的，是十八世紀的英國；它與茶在英國的普及，基本上是處於同樣的軌跡。正如角山榮在《茶的世界史》中所指出，英國的茶文化起源，就是與庭園融為一體的日本泡茶文化。因此，在英國引以為傲的風景式庭園背後，可以看到日本風景式庭園的影子。

一八七三年以來，日本可以說是成功趕上了西洋資本主義的腳步；但是當時的日本，卻遺忘了這些西洋人所憧憬的東西。日本正是西洋理想中「庭園都市國家」的原型；因此，先前的田園都市國家構想、以及這次的「庭園之島」構想的提出，其實都可以說是一種日本認同的展現。而將之發揮到淋漓盡致的，就只有在尚未被都市化、工業化所汙染的人煙稀少地帶，建構起來的多自然居住地區而已。在這裡，我們可以整飭交通、資訊、通信的基礎設施，從而迎來讓美麗生活樣式開花結果的時代；而這其實也是將自然寓於生活之中，透過「借景」將風景融入庭園當中的舊有生活樣式。報告書中所謳歌的「漂浮在太平洋上的『庭園之島』——日本」這一國土構想，其實是在無意識間，復興了一八七三年以前的日本。

◎近代經濟發展的兩條道路

「趕上西洋諸國」這種看法，事實上很有可能也是一八七三年以來的錯覺。說得更精確一點，邁向資本主義的道路，至少可以分為西洋與日本兩條。

西洋的資本主義是如何成立的呢？馬克思在《資本論》中，提出了有名的「本源的積累」（原始的積累）理論：

資本的積累以剩餘價值為前提，剩餘價值以資本主義生產為前提，而資本主義生產，又以商品生產者手中握有比較大量資本與勞動力這一現實為前提。因此，這整體的運動看上去，就是一個惡性循環在迴轉不休；我們要從這個循環中逃脫，就只能假定在資本主義積累之前，還有一種「本源的」積累（亞當．斯密稱之為「先行積累」）。換言之，就是不屬於資本主義生產樣式的結果，而是其出發點的積累。[16]

16 向坂逸郎譯，岩波文庫，一九六九年。

這就是本源的積累。本源的積累是「生產者與生產手段的分離」，亦即農民被剝奪耕地成為無產者，而土地的集中則形成有產者；在這樣的兩極化過程中，一端形成除了出賣自己的勞動力外、身無長物的勞動者階級，另一端則形成雇用這些勞動者、擁有資金與生產手段的資本家階級。

但是，即便出現擁有土地以及雇用人力資金的人，也未必就等於資本主義的興起。不管俄羅斯、印度還是埃及，世界各地不乏擁有土地與金錢的人；可是，這並不代表這些地區就是資本主義社會。資本主義的興起，必須要從別的決定性因素來加以考量。

在這個問題的思考上，熊彼得的《經濟發展理論》堪稱是劃時代的著作。熊彼得是經濟史上，第一位將資本家與經營者分開的人。他將擁有資本的人與擁有經營才能的人加以區別，為「企業家（經營者）帶來資本主義發展」的理論奠下基礎。自從這本書在一九一二年發行初版以來，在二十世紀的歐洲，擁有土地的資本家仍然被認為是經營者。馬克思在《資本論》中，也有想過資本家身兼經營者這件事，不過並沒有對經營能力的重要性多加關注。

一九一二年是明治四十五年，這時候的日本在日清、日俄戰爭中接連獲勝，正以世界五大強國及亞洲最初的資本主義國家之姿嶄露頭角。建構起日本資本主義基礎的領導人，在關東是澀澤榮一，關西則是五代友厚。他們並不像馬克思假定的那樣，是擁有生產手段的人。澀澤榮一是生於武藏國的農民之子，在幕末擔任一橋家的家臣，到了明治維新之際成為浪人。之後他受到邀請，加入維新政府任職。一八七三年他辭掉官職，此後直到過世為止都待在民間，致力於銀行業、紡織業、鐵路業等近代企業的奠基。他一生中開創了五百多家公司，但就算在直屬於他的第一銀行中，他的持股也不到百分之三；因此與其說澀澤是資本家，還不如說他是經營者。

五代友厚則是出生於薩摩的武士之子，任職於明治政府；一八六九年辭官後便待在民間，終其一生致力於工商業的培育。研究日本史的美國大師T. C.史密斯，在近著《日本社會史中的傳統與創造》[17]中，完全不使用個人、權利、自由等象徵西洋近代化的用語。他極力陳述，日本的近代化過程，和歐洲近代化在形式上有明顯差異；特別是明治維新，是武士自己放棄了特權，這在西洋是完全難以想像的。只是，為什麼日本能夠做到這點呢？那是因為西洋的貴族幾乎都擁有土地，可是日本的貴族（武士），隨著兵農分離而被剝奪了土地；因此他們之所以較甘願地放棄特權，其實是因為沒有土地財產——換言之，就是已經沒什麼好失去的了。那麼，武士到底擁有什麼呢？答案是如同澀澤和五代般的經營資質。經營資質，是源自於江戶時代武士的職責，也就是統治（government）；透過統治能力的磨練，進而培

17 大島真理夫譯，minerva書房，一九九五年。

養出經世濟民的經營（management）資質。

日本和西洋正好相反，農民（勞動者）持有生產手段，武士（經營者）則被剝奪了土地。在西洋是資本家和勞動者分離，在日本則是經營者與勞動者分離。

◎遭到隱沒的近代理想

本源的積累（primitive accumulation）又被稱為「原始的積累」，指的是農民被奪走土地的殘酷過程；馬克思將之形容成一段充滿血腥與暴力的歷史，因此用「原始」來形容，堪稱名符其實。與之區別地，在經營與勞動分離的日本，資本主義的先行積累，則可稱為「primary accumulation」。Primary是「第一的」、「本來的」意思。要追溯現代世界資本主義形成的軌跡，與其說是西洋型、擁有土地資本家的出現，不如說是從所有權中獲得自由解放、原本就擁有經營資質的人，而他們的精神（ethos）並非以追求利潤為自我目標。

相反地，這種精神其實非常接近西鄉隆盛在《西鄉南洲遺訓》[18]中所說的這段話：

> 所謂文明，是對普遍實施的為善之道所做的讚揚，而非僅指宮室的莊嚴、衣物的美麗、外觀的浮華而已。然而，在世人的讚頌中，何謂野蠻、又何謂文明，卻始終都不明

白這個道理。我曾經跟某個人進行議論；我說：「西洋其實是野蠻的。」對方則爭辯說：「不，是文明的。」於是我又一次強調地說：「不，西洋是野蠻的。」那個人就問我說：「你為什麼做出這樣的論斷呢？」我回答說：「若是文明的話，對未開化的國家，應該要秉持慈愛的精神，諄諄教誨，並以開明方式引導才對；但西洋諸國並沒有這樣做，而是對未開化的蒙昧之國施以極其殘忍的作為，以謀求自身的利益，這樣難道不是野蠻嗎？」那個人只是抿著嘴，笑著對我說：「你不要再說了。」

或許我們在明治六年的政變中，不只失去了西鄉本人，還失去了這種寶貴的價值觀吧……

西鄉過世後，日本社會形成了人口密集於都市，美麗、浮華的都市文化。戰前的關東大地震、戰後的阪神大地震，都是這種演變的代價。自然災難的危機，並不只是日本都市的問題；以日本為模範，不斷追趕的亞洲NIES、ASEAN，也同樣以都市化、工業化為主軸，以沿海地帶為中心，猛烈地推行「近代化」。但，這些地區也和日本一樣，漂浮在太平洋的地震帶上。回歸「庭園之島」，絕對不只是個烏托邦的理想。這是在無意之間，讓日本

---

18 岩波文庫，一九三九年。

的既有型態回歸到一八七三年之前，也就是曾被西洋諸國視為理想的樣貌。漂浮在太平洋上的「庭園之島」——日本，這樣的國土構想和迄今為止的「全總」有著天壤之別；這是面對因自然破壞與環境問題焦頭爛額的世界，以宏觀規畫的理念，提出來的最適當的國家目標。

◎為何現在要重視「庭園之島」？

到了二十一世紀，生存在太平洋上的海洋國家——日本，其具備全球性視野的國土建構，必須是從日本人出發、以日本人為基礎，放眼整個地球的國土建構才行。放眼地球的國土建構，也就是俯瞰全球環境問題的國家建構。

現在已經不是單單往摩天大樓邁進的時代了。進入九〇年代後，摩天大樓的建設熱潮持續發燒，上海的東方明珠電視塔高四百八十六公尺，吉隆坡的雙子塔高四百五十公尺，都已經超越了紐約世貿中心的四百一十三公尺。高層建築的興起，讓日本的都市景觀和亞洲各地變得如出一轍；二十一世紀，預計環太平洋地區將會出現龐大的都市群。

問題是，這些都市都是漂浮在環太平洋地震帶上（參照二九六頁圖）。關東大地震、洛杉磯大地震、阪神—淡路大地震等讓人清楚認識到其恐怖的大地震，陸陸續續地發生。而在這片環太平洋地震帶上，現在陸續建起了龐大的都市群。說到底，這樣下去真的好嗎？日本作為地震大國，應當著眼於環太平洋地區的防災來建設國家，並以提供模範為使命。那麼，這個模範該是什麼樣貌，又該如何建設才好呢？

日本的年輕人，正在逐漸遠離東京。幸田露伴曾經斥責道：「一國的首都，就像是人的頭部一樣」、「作為國民卻不愛首都，就好像作為人卻不愛惜頭部一樣，沒有比這更愚蠢的了！」[19]國土廳在一九九六年七月十九日發表、有關首都機能移轉的民意調查，結果如下：

贊成	百分之七十四點四
反對	百分之十二
不知道	百分之十一點三
無回答	百分之二點三

人心正在遠離東京。露伴若是仍然在世的話，應該會斷定現在的東京人是不愛首都的「愚蠢之輩」吧！但新日本的模範，必須要「脫東京」才行。

19《一國的首都》，一八九九年；岩波文庫，一九九三年。

環太平洋地震帶

（依據〈理科年表〉繪成）

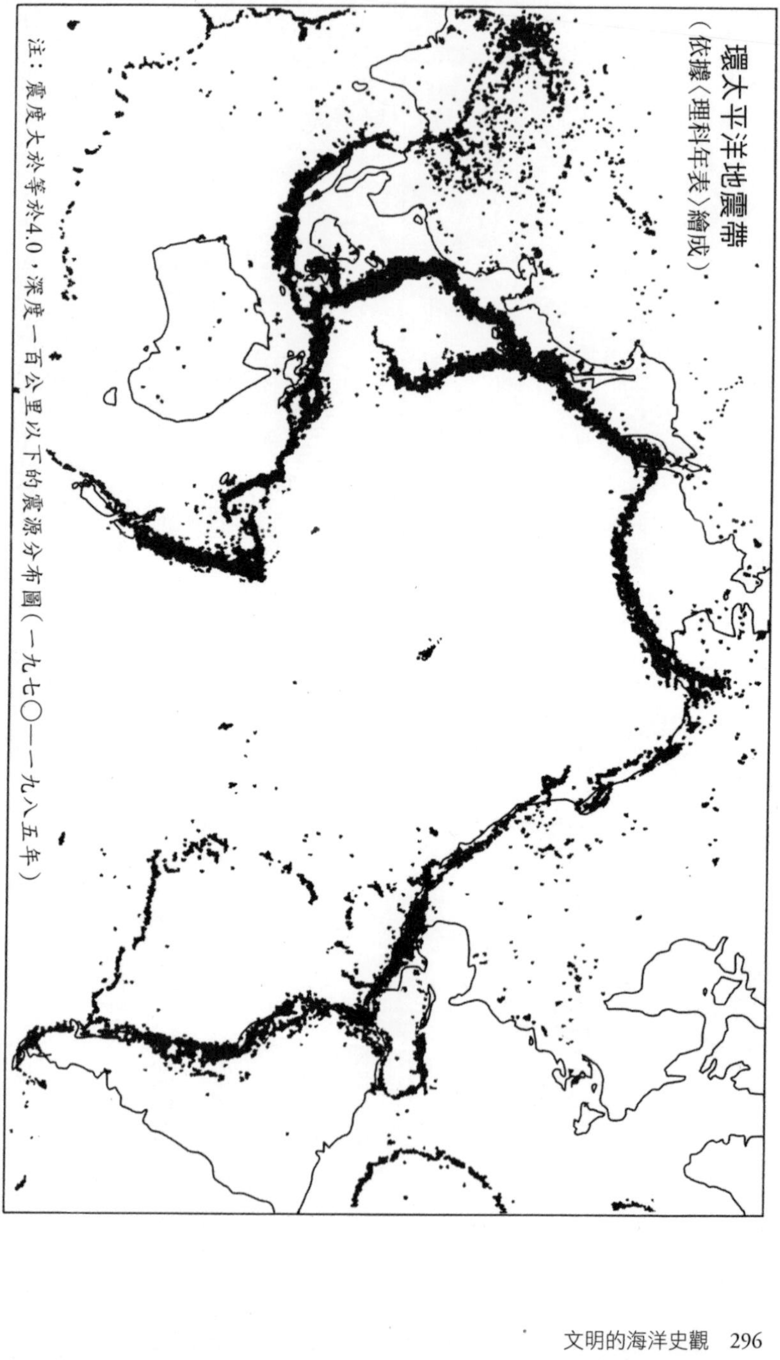

注：震度大於等於4.0，深度一百公里以下的震源分布圖（一九七〇—一九八五年）

新（第五次）全國總合開發計畫，其基本戰略——「二十一世紀國土的宏觀規畫」所追求的目標，就是「多自然居住地區」的設置。他們在一直以來的四個課題（人與自然、基礎建設、城鎮規畫、地區經濟）以外，又加設了「文化與生活樣式」這個委員會。也就是說，他們從生產中心、工業中心、都市中心的國土規畫，轉而對生活中心、文化中心、居家日常的狀況產生高度的自覺。

日本每年有一千五百萬到六百萬人出國，換言之就是全國人口每八個人當中，就有一個人離開日本增長眼界。見過世面之後，如何有效活用國土的特徵便成為重要課題。比起工業和都市景觀，自然景觀更是日本的國土特徵。於是，「實現輕鬆閒適的生活，讓都市與多自然居住地區的多樣文化，共同編織成美麗的國土」、「向同時兼具生活與自然豐饒的世界敞開大門，充滿活力的國土」、「足以向世界自豪，充滿美麗與創造的國土」等，遂成為極吸引人的口號。

能夠實現這點的場所，是日本的中山間地區。現在，各地區紛紛打出「日本海國土軸」、「日本東北國土軸」、「太平洋國土軸」等各式各樣的構想；不管哪一個構想，交通、通信、資訊基礎建設的整飭，都是首要課題。若是能把作為社會資本的基礎建設整飭妥當，那麼荒涼地區的問題便可以化解大半。

二十一世紀是網路的時代，網路的好處在荒涼地區尤其顯眼。日本的國內名目生產總額，在一九五五年還不到九兆圓，但到了一九九三年，已經成長到四百八十兆圓，人均所得世界第一。日本經濟的成長受到日圓升值壓力的強烈影響，在一九八五年的廣場協議，決定了日圓升值的基調，此後日本經濟的樣貌急速的改變。一般都認為日本因為資源稀少，所以進口產品應該大半都是基礎原物料；但事實上，日本的製品輸入比例在一九八九年已經突破了百分之五十，到了一九九五年更超過了百分之六十的水準。換句話說，日本正處於對海外直接投資增加、經濟逐漸空洞化的狀況；因此，如何促進產業結構升級，成了急迫的課題。

雖然我們深深期待資訊產業能夠擔起這個重責大任，但資訊基礎建設的整飭卻相當遲緩。例如，一九九二年的家庭內個人電腦的普及率，相對於美國的百分之三十三，日本只有百分之十二；一九九三年的電腦擁有者的通信服務利用率，相對於美國的百分之五十四，日本只有百分之三；同年的家裡裝設有線電視的戶數，美國是百分之六十二，日本只有百分之五，落差極大。

資訊基礎建設的整飭，將會產生擴大內需傾向；作為太平洋文明的主要成員，第五次新的全國總合開發計畫，預期將會帶來更加宏觀的視野，並創造出兼顧景觀與安全的美麗國土架構。透過網路收看電影、舉行視訊會議、在網路商城買東西，全都可以在室內完成，但這樣是不健康的。雖然不需要晴耕雨讀，但身體還是必須要有活動的場所。因此，在數位空間中生存的人類，非常需要有個地方，能在自然中讓身體獲得解放。

神社位在森林之中，佛寺則有庭院相伴。在那裡，充滿著深深打動人心、蒼翠欲滴的綠意，還有各式各樣的生物生存其間。它讓我們在為造化的奧妙感動之餘，也產生出惶恐與敬畏之意。從這當中，產生出人類的創造力。我們應該深深理解到，在生活中擁有庭院，是多麼可貴的事情；而多自然居住地區，正能夠實現這點。新首都作為這種理念的體現，必然要建設成充滿綠意的庭園都市才行。

◎足以向世界自豪的「庭園之島」

在這樣的規畫下產生出來的嶄新的日本國土形象，會是什麼樣子呢？

第一，兩千年來，日本一直在接納東洋文明與西洋文明。如今，接納的時代已經告一段落；從現在開始，我們將從「接納」（take）的歷史，走向「展示」（show）的二十一世紀。二十一世紀日本文明的印象，會是「世界各文明活生生的博物館」。

第二，日本應該要成為「綠色地球理念的縮影」。日本由北向南伸展，其植被從亞寒帶一直包含到亞熱帶，是生態系的寶庫，也是地球自然的小小縮影。因此，如何讓它永續生存，就成了一大課題。幸運的是，我們有一個先驅的模範，就是岩手縣的花卷。花卷是在一九九六年迎接百年誕辰的宮澤賢治的故鄉。賢治從盛岡高等農林學校畢業後，便在花卷農學校擔任教師；一九二六年滿三十歲的他成立了「羅須地人協會」，指導當地的農民。為了紀念他而設立的宮澤賢治紀念館，位在一座微微隆起的小山丘上；從紀念館的露台，可以看到花卷令人鍾愛的自然風光。

賢治除了指導農民，晚年也自己開墾田地、自耕自食。同時，他也設計了相當多的花壇。對此，賢治開心地說：「伴隨著音樂，我自由地修正圖形；在這裡，我用花朵來描繪貝多芬的幻想曲」。在南面山坡的出口處，設有賢治所寫的「下面有田地」標誌；走下山坡，則可以看到按照賢治的設計，以藤蔓模樣交織而成的南斜日晷花壇。在這裡，彷彿將綠意豐饒的日本風景盡收畫中，各式各樣的花草露出微笑，簡直就像桃花源一樣（不，這應該就是桃花源的所在）。賢治說，他想透過南斜花壇，「展現並保留岩手縣草地的風貌」。換句話說，他正是以 Ihatov（岩手縣）[20]的自然理念形式，設計出這個花壇。

說起在日常生活中孕育自然，最奢侈的工作就是農業了。但是要孕育自然，並不只有農業一條路可走。儘管擁有田地是相當奢侈的事，但只要有庭院，不論是誰都能栽植花木。在土地神話崩解的現在，日本相當重視土地的活用；在公共機構、法人、農協管理的土地上，只要活用一九九二年頒行的定期借地權法，都能夠在中山間地區，建立一戶有庭院的住家並且定居下來。一戶的占地面積基準，以日本傳統的經濟自立單位來看，應以一反（三百坪）為適切。一反雖然比起戰前小農的耕地還要小，但對一戶平均居住面積三十坪的現代日本人來說，已經是有如夢幻般的寬廣。可是在荒涼地帶，還是有很多過剩的土地，要弄到一反地，其實相當容易；而且它也比都市的公寓更加便宜。如果有一反地的話，建坪只要五十坪就已十分足夠，剩下的兩百五十坪庭院除了花壇之外，還可以植樹、設立菜園和池塘。不只如此，用木頭建造一到兩層的房舍，也相當安全。若是這樣的住居擴散開來，耐久消費財的需要便會增加，而內需也會跟著擴大。

日本人若能擁有「家」、「庭」一體的生活文化，並建構起蒼翠欲滴的景觀，必定能獲得「庭園之島」（Garden Islands）的好評，觀光客也會日益增加。這樣一來，不只能讓內需和觀光客同時增加，獲得一石二鳥的經濟利益，也能夠讓日本文化獲得再生，給予生活一種自信和驕傲。日本固有的價值——「與自然的調和」，在與日常生活的基礎——「家」、「庭」合為一體，重新建構起原本的「家庭」的情況下，必然能夠成功實現。正如宮澤賢治創造出岩手縣的理想樣貌一般，若是各地都能實現多樣且自然的理想型態，日本必定能成為充滿花朵的「庭園之島」，也會被稱譽為「漂浮在太平洋上的阿卡迪亞（理想國）」。「漂浮在太平洋上的『庭園之島』——日本」，絕對不是夢想；畢竟，日本人的生活風景，在過去就曾被譽為「阿卡迪亞」、「伊甸園」啊！

20 編注：Ihatov（イーハトーブ）是宮澤賢治的造語，意指他心中追尋的理想鄉。

跋　追尋新的生存之道

◎脫馬克思

社會主義的聖經《資本論》，已經逐漸從書店消失。在我任職的早稻田大學，專攻經濟學的學生，也顯現出一副對馬克思興趣缺缺的樣子。馬克思的世紀終於結束了，我不禁湧現這樣的感懷。因為教科書問題動搖的現代日本歷史學危機，在我看來也是因為馬克思主義歷史理論破產的緣故。歷史學的任務之一，就是劃分時代，而馬克思主義將時代區分為「奴隸制→資本制→共產制」的演進；但是，隨著舊蘇聯與東歐圈的瓦解，舊社會主義圈產生了退回資本制的「倒轉現象」，因此這種時代區分已經失去了意義。歐洲已經轉變成「古代→中世→近代」的時代區分，但日本人還死抱著馬克思的劃分法；在日本史的教科書中，仍然是用「古代奴隸制→中世封建制→近代資本制」來進行區分。教科書問題不只限於世界史（西洋史），跟日本史更是密切相關，但將馬克思的歷史理論套用到日本史，便會失去其有效性。

說到底，為什麼日本人會這麼熱衷於馬克思的思想呢？

我想，這是因為對擊敗自己的國家在體系上的接納與克服，一直在這個國家的歷史樣貌中，留有濃重陰影的緣故。近代日本從幕末維新以來，一直抱持著攘夷，也就是和歐美對抗的意識；也就是這種對抗心，和對歐洲文明進行整體內部批判的馬克思主義產生了共鳴。

幕末日本的輿論，分成攘夷派和開國派兩大派；攘夷派如字面所示，是站在排斥歐美人的立場，但開國派也未必就等於和歐美同調。事實上，開國派也有攘夷意識，只是主張姑且接受軍事占優勢的西方列強所開出的條件，等到積蓄足夠國力後再來對抗而已。因此，儘管有攘夷論者搖身一變成為開國派，但反過來的情況卻很少；那是因為他們得知現實之後，明白攘夷乃是不切實際，唯有開國一條路可走。「師夷長技以制夷」是開國派的立場，他們認為修習西洋的技術文明、積蓄力量是先決條件；而在這當中也流入了攘夷意識，形成一種和西洋對抗的意識。這種時代思潮和馬克思理論完美契合，於是在明治時代晚期，便早早誕生了社會主義者。

和歐美對抗、成為一等國家，這種明治時代領導人的骨氣，不管是在野的福澤諭吉，還是身處政府的大久保利通，都是共通的。例如福澤諭吉在明治十一年所著的《通俗國權論》[1]中，就這樣一語道破：

> 百卷的萬國公法，還不如幾門大砲；幾冊的親善條約，還不如一籮筐彈藥。大砲彈藥，並不是為了主張道理而準備，而是為了不講道理而製造的器械……我們可以說，各

1 收錄於《福澤諭吉選集》第七卷，岩波書店，一九八一年。

國交際之道只有兩種，不是滅人就是被滅。

既然如此，那該怎麼辦才好呢？福澤做出了這樣的結論：

總而言之，我日本和外國的交際方法，最後的手段必然是訴諸戰爭決定；一旦開戰，就要展現出堅毅頑強的態度，讓刀兵不易化解。讓戰爭持續數月到數年，雙方比拚忍飢耐苦的程度，就只有這種方式而已。如果能夠抱持這種覺悟的話，那就不容易到達戰爭的地步了。

簡單說，福澤明確指出，戰爭（攘夷）是最後的手段，就算再怎麼忍耐，也必須先成為強國才行。

但是，要忍耐到什麼程度，才能讓富國強兵的努力開花結果呢？自大久保利通以下，日本一批居領導地位的知識分子，從明治四年到六年間在歐美進行視察，以窺探對手的實力。當他們彙整在歐洲最初的訪問國——英國的見聞時，做出了這樣的展望：「歐洲今日之富庶，乃一千八百年後之事，因此景象之誕生，距今不過四十年之久。」於是，他們便帶著「只要一世代左右就能迎頭趕上」的看法返抵日本。從《美歐回覽實記》中的這段記載，可以明確看出他們強烈的對抗心。

從《共產黨宣言》到《資本論》，馬克思在著作中，對近代西歐社會做了整體性的批判。馬克思在德國出生，一度居住在法國，最後在英國終其一生，他的理論體系堪稱是德意志哲學、法國政治思想、英國經濟學三位一體所融合的產物。他對西歐中心三國所創造的文明精髓（物質生產力）做出評價，挖掘其極限，從而認定近代西歐社會是「人類史中，前段歷史的最後階段」，應當加以揚棄，並展望共產主義社會的到來。換言之，馬克思思想的特徵就是「對近代的超越與克服」。

馬克思主義是掌握西歐整體的理論武器，因此日本成為馬克思研究的先鋒，並非偶然。就算是文部省檢定的教科書，也是以「奴隸制→封建制→資本制」來做時代區分；簡單來說，馬克思主義史觀是朝野普遍接受的論點，也就是代表了一種「對近代的超越與克服」，或者「脫西歐」的取向。

那麼，為什麼會有這種脫西歐的取向呢？大概是因為日本在和西歐戰爭中敗北的緣故吧！建設近代日本的主角是薩摩藩與長州藩，但兩藩在幕末都是敗戰方。薩摩在薩英戰爭中敗北，長州則在下關戰爭中慘敗。薩英戰爭是源於英國針對一八六二年的生麥事件（薩摩藩士殺傷英國人）要求賠償，結果被攘夷意識高漲的薩摩藩拒絕，於是為了報復，便在一八六三年率領艦隊砲轟鹿兒島。察知英國軍事力量的薩摩藩，此後便轉為積極的開國方針。同年，長州藩砲擊通過下關的外國船隻；第二年，以英國為核心，包括法、美、荷的四國聯合艦隊為了報復，對下關展開砲擊，此事最後也是以長州藩屈服作收。

敗戰後，接納敵國的體系，不正是這個國家慣有的樣貌嗎？第一個擊敗日本的對手是大唐帝國，隨著白村江海戰的敗戰，倭國滅亡，採納了唐的政治體系，定國號為日本。日本建立了天皇的稱號，並且引進了唐朝政治體系的三大支柱——都城制、律令、正史；這時候，「日本」這個國家才正式誕生。第二次敗戰是豐臣秀吉掀起的文祿．慶長之役（萬曆朝鮮之役）。這次失敗的結果是引進了明帝國的經濟體系，建構起隨後凌駕中國的經濟社會。第三次敗戰是上述的兩場幕末戰爭，結果是日本接納了西歐的軍事體系（海軍走英國路線，陸軍原本是走法國路線，在普法戰爭法國失敗後，又改走德國路線），被稱為「東洋的憲兵」，並在二十世紀初，和英國締結了對等的日英同盟。之後便是一決雌雄的第二次世界大戰；大戰中的日本，在昭和十六年（一九四一）十二月的內閣會議上，將戰爭的名稱正式定名為「大東亞戰爭」（美國則稱為「太平洋戰爭」），亦即抱持著「將亞洲諸國從西歐殖民宗主國手中加以解放」的大義名分而戰。結果，日本戰勝了英國、荷蘭等西歐殖民宗主國，卻敗給了美國。

日本不斷重複著「戰敗後接納敵國的體系，再從對手的陰影下脫離自立」的過程。近世以前是脫離中國，近代以來則是脫離西歐的歷史。馬克思主義以近代資本主義的生產力為前提，目標是對近代社會的揚棄。日本的生產力比西歐任何一國都高，因此對馬克思主義的接納，正是把它當成一種脫西歐的脈絡來加以理解。

順道一提，在馬克思的理論體系中，並沒有將美國納入視野。美國和日本崛起、與西歐列強比肩，是二十世紀的事。美國的生產力也遠遠凌駕於西歐。因此，美日兩國環繞著太平洋展開衝突，乃是必然之事。戰前所謂的太平洋問題，其實就是日美問題的別稱；所以，美國將對日戰爭稱為「太平洋戰爭」，理由相當充分。日本在這場戰爭中徹底失敗。從這裡想來，在脫亞（中國）、脫歐之後，接下來日本應該就是脫離實際上的敗戰對手美國、走向自立，也就是「脫美」的時代。力陳美國主義的終結[2]，主張美國開發出的經濟普世主義已經走入死胡同，重視各國固有制度與文化在經濟方面表現的制度學派登場；由此觀之，「脫美」的潮流已經在日本社會出現。

不，更正確來說，「脫亞→脫歐→脫美」，是整個西太平洋共通的趨勢。西太平洋，也就是位於環中國海域的東亞各國和地區，大部分都曾經向中國進行朝貢，不過隨著西力東漸，它們也漸漸脫離朝貢體系，達成「脫亞」的目標。之後，這些地區幾乎都淪為歐洲列強的殖民地，但在日本打著「解放殖民地」這一大義名分的意識形態運作下，它們也趁二次大

2 佐伯啟思，《美國主義的終結》，TBS Britannica，一九九三年。

戰的機會，陸陸續續獨立，達成「脫歐」的目標。可是，到了戰後，它們又無一例外地受到美蘇冷戰的直接影響，以日本為首的西太平洋地區，都被納入美國亞洲戰略的框架當中。話雖如此，美國在太平洋的主角地位，也並非就此定於一尊。美國雖然透過軍事力量在制海權方面戰勝了日本，但之後卻在越南戰爭中遭到敗北。所謂競爭與角力，並不只是軍事上的競逐而已；經濟上的競逐，正以現在進行式的樣貌投入其中，到了二十一世紀，更會發展成文化上的競逐。太平洋文明的旗手已經不只是日本和美國，還包括了NIES、ASEAN等APEC的各加盟國及地區，美國占據壓倒性優勢的時代也已成為過去；因此，繼脫馬克思主義之後，可以預期將會湧現出「脫美」的風潮。

◎脫人類本位主義

總而言之，正如上述的脈絡，近代日本雖然曾經歷過因針對西歐化，從而傾向馬克思主義的時代，但如今這個時代已然告終；現在是針對馬克思理論，做一個根本總結的時候。

一般來說，馬克思是為了和德意志觀念論對決而樹立唯物論，這種說法其實並無大誤。不過，相當奇特的是，馬克思並沒有針對「物自體」[3]做出論述。《政治經濟學批判》，是年屆不惑（四十歲）的馬克思，宣告自身以經濟學者之姿嶄露頭角、深具紀念意義的作品，但在它的序言中，卻用但丁《神曲》中的一段話：「這裡必須根絕一切猶豫；這裡任何怯懦都無濟於事。」來作為結尾，以傳達自己毫不退卻的決心。在同一篇序言中，提出了「唯物史觀的公式」這個重要的主題。透過這個主題，他洞察了十九世紀近代歐洲的瓦解，並透過對未來的預見，改變了許多人看世界的眼光；對他深信不疑的人們，在二十世紀建立了社會主義社會。我在此就對這段堪稱馬克思經濟學研究入門指南的「唯物史觀的公式」，進行引述：

人在自己生活的社會生產中，會和一定且必然獨立於他們意志之外的各種關係——也就是和他們在各種物質生產力方面所到達的一定發展階段相對應的各種生產關係——產生關連。這些生產關係的總和，構成了社會的經濟結構；以此為現實基礎，在其上聳立著法律與政治的上層結構，而一定的各種社會意識形態，也與這種現實基礎相對應。物質的生活生產方式，普遍制約了社會、政治、經濟等各方面的生活過程。並非人類的意識制約了其存在，而是人類作為社會的存在，制約了其意識。[4]

3 編注：物自體（Ding an sich）是康德的重要概念之一，意指獨立於觀察之外的客體。
4 武田隆夫、遠藤湘吉等譯，岩波文庫，一九五六年。

在這段記述中，完全沒有考慮到「物自體」。馬克思視為基礎的，是人類為生存而締結的經濟關係，具體來說就是資本家與勞動者之間的關係。人類的經濟關係，制約了人類所有其他的生活方式。

對此做出大幅修正的是馬克斯・韋伯。韋伯在《新教倫理與資本主義精神》中，在明確意識到馬克思的同時，也主張說：「雖然按照素樸的唯物史觀思考方式，理念是作為經濟狀況的反映，並以上層結構的型態呈現；（但是，例如在麻薩諸塞之類的地方），資本主義精神早在資本主義發達以前，就已經明白存在了……因此，因果關係其實和從唯物論立場所做出的推斷正好相反。」亦即強調上層結構對下層結構進行塑造的這個面相。

馬克思鑽研哲學、法學、政治學，最後抵達經濟學，並以此對整個人文、社會科學，進行了總體性的歸納。以人類為了生存而締結的經濟關係為基礎，在其上聳立著政治、法律等上層結構；意識是人類經濟關係的反映，社會也是靠著經濟關係形成的下層結構，才得以建立起來。因此，經濟學即是人文、社會科學的基礎。這種理論震撼了全世界；二十世紀雖說是革命的世紀，但若深入剖析革命理論，可以發現其根本就是馬克思理論。相對於馬克思的理論體系，韋伯則認為，資本主義的精神是以新教倫理為基礎，因此從天主教、伊斯蘭教、印度教、儒教等宗教當中，都無法產生出近代資本主義社會。於是他提出反駁，認為是宗教意識決定了社會生活。

將兩者合併來看，就會呈現出一個包含人類社會從經濟到宗教等各方面，屬於人文、社會科學的巨大體系。可是，馬克思在論及下層結構或物質基礎問題的時候，只是一味看重人類所締結的經濟關係，也就是重視「人」。韋伯在宗教社會學方面的關注重點，也一樣是偏重於人。他抱持的態度是，對以歐洲文化風土下的人們為中心所形成的社會進行理解，所以要說他只重視關於人類的事情，一點也不為過。因此，雙方在談論唯物史觀的同時，其實都欠缺了將「物」包含其中的視野。人類是使用道具（物）、創造事物的存在，因此物是人類存在的本質條件。人在活用物的同時，也透過物而得以生存。只要舉環境問題為例，我們就可以很容易理解到，人與自然的關連，其實是個大哉問。現在，是應當改變太過人類本位的學術態度的時候了；不只是考量經濟生活中人與人的關係，還必須考量人與物的關係，這才是真正的唯物史觀課題。

◎脫西洋科學

馬克思雖然被稱為「社會科學之父」，但社會科學其實是「social science」的翻譯語，而「social」則是「living in groups」的意思，換言之即是並非單獨生存，而是以群體方式存續下去的意思。提到「群體」，我們腦海裡往往會直接浮現起「人類群體」，但是現今我們也都認知到，在人類以外的動物當中，其實也存在著「社會」[5]。還有一種學說更進一步，認為包含植物在內的所有生物，都存在有「社會」，因此其構成單位可以稱之為「物種社會」（specia）[6]。所以，「social science」雖是從人類社會的研究出發，現在卻包含了對各自建構社會的形形色色生物的研究，將來則更有可能發展成在「以鑽研人類群體生活為中心」的同時、也對人類社會與生物社會的關係進行研究，從而形成一門整合性質的社會研究學科。如此一來，它將會脫離既有的社會科學領域，也就是社會科學的脫領域化。近代西歐社會產生了由自然科學、人文學科、社會科學三大領域所構成的學術體系，脫領域化將使這種近代知識體系土崩瓦解。

事實上，不只是社會科學，自然科學也開始脫領域化。自湯瑪斯・孔恩（Thomas Kuhn）的《科學革命的結構》[7]問世以來，科學史的知識產生了飛躍性的成長；自然科學的見解，乃是立足於受時代制約的特定典範（paradigm，思考的框架）上，這樣的論點開始廣為人知，進而對所謂超越時空而成立的「自然法則」，也開始產生了疑義。這讓透過自然科學尋求客觀依據的社會科學產生了動搖，例如華勒斯坦在《脫社會科學》[8]中，就力陳我們不要去「重新思考」（rethink）社會科學，而是必須從頭開始，「徹底停止」（unthink）這方面的思考。至於脫社會科學的線索，則可以從馬克思、布勞岱爾（歷史學）、普里高津（物理學、化學）等人的理論學說中去尋找。馬克思是「社會科學之父」，布勞岱爾是恢復

「整體性」的模範，而普里高津的「複雜系」，則被評價為脫自然科學的契機；延續這個軌跡，華勒斯坦與普里高津等十位學者，一起撰寫了一本名為《打開社會科學》[9]的作品。這本書的原書名為 *Open the Social Sciences*，直譯的話其實應該是《開放社會科學》；透過敞開傾向自然科學與人文學科的社會科學大門，它提出邀請，希望能讓這種三位一體的近代知識體系，產生根本性的重組與變革。

作為對這項邀請的一種回應，我們應當重返對二十世紀產生巨大影響的馬克思所依循的典範當中，並試著指出其極限。

馬克思的的確確是社會科學之父。正如前述，他在《政治經濟學批判》那篇有名的序言當中，提出了膾炙人口的「唯物史觀公式」這個主題。物質的經濟生活形成了下層結構，在其上則聳立著政治、法律、宗教、藝術、科學、文學等上層結構；從這個視角出發，就可以明確看出以經濟學為基礎、社會人文各種學科間相互關連的架構。但是，馬克思對自然科學

---

5 參照八杉龍一等編，《生物學辭典》，岩波書店，一九九六年中〈動物的社會〉一項。
6 《今西錦司全集》，講談社，一九七四—七五年。
7 一九六二年；中山茂譯，Misuzu 書房，一九七一年。
8 本多健吉、高橋章監譯，藤原書店，一九九三年。
9 山田鋭夫譯，藤原書店，一九九六年。

的態度，又是如何呢？

馬克思在《資本論》第一卷的初版序言中說：「問題在於資本主義生產的自然法則。當我們正視問題的時候，會發現這些法則本身，正以鋼鐵般的必然性在起作用，並且有貫徹到底的傾向。」他又說：「即使某個社會能夠探究清楚其間運動的自然法則，這個社會還是不能跳過自然的發展階段，也不能以法令方式來去除它。」從以上的記述可以得知，馬克思對自然科學（物理學）抱持著深刻的信賴。

馬克思也受到生物學的影響。恩格斯在獻給馬克思的悼詞中就說：「正如達爾文發現生物界的發展法則一般，馬克思也發現了人類歷史的發展法則。」在《共產黨宣言》的英文版序言中，他也說：「就像達爾文學說為自然科學的進步奠立基礎一樣，馬克思的學說，也肩負著奠立歷史科學基礎的使命。」正如透過達爾文的《物種起源》，發現生物種類的「進化」一般，馬克思以達爾文學說為依據，對人類的進步也深具信心。

可是，馬克思賴以為根據的兩種自然科學見解（物理法則與生物進化），都各有其不足以作為依據的致命性弱點。

首先，作為自然科學思考的原點，笛卡兒將物定義為某種事物的「延伸」；但是，當他被問到「神也會有所延伸嗎？」，卻顯得難以作答。針對這個問題，牛頓則是認為「神是無限延伸的」，並將神置換成「絕對空間」與「絕對時間」。明白這個來龍去脈後，就可以知道物理學發想的原點中，其實有著基督教的「神」、也就是歐洲文化的深刻烙印。康德在《純粹理性批判》中，又將絕對時間與絕對空間，從經驗的認識，替換成在其之先、「a priori」（先驗性質）的直觀形式。在這當中，仍然可以看到「上帝」殘留的影子。

其次，達爾文在田野調查方面的經歷，其實相當之少。達爾文的自然觀察，主要是搭乘小獵犬號時，對停泊陸地進行的觀察。他在加拉巴哥群島，僅僅待了一個月而已。回到英國之後，他因為健康受損而隱居在肯特的堂村，閉門不出，把自家的庭院當成觀察對象。《物種起源》的「生存競爭」概念，正如他在同書序言中所說，乃是「將馬爾薩斯的原理適用於全體動植物界」。可是，馬爾薩斯在《人口學原理》中所論及的「人口會呈等比級數暴增，但糧食只會呈等差級數漸增」這個主題，已經被馬克思在《資本論》中，徹底揭露了它的毫無根據。換句話說，進化雖是事實，但對進化加以解釋的達爾文進化論，其理論基礎卻相當脆弱。

既然如此，那自然科學與人文、社會科學，就這樣徹底絕緣了嗎？倒也不盡然。當我們從既有的科學脫領域化後，應該前進的方向其實已經定了下來，展現這種方向性的關鍵概念，就是「歷史」與「地球學」（Geo-cosmology）。這兩個關鍵概念以物理學者松井孝典及生物學者今西錦司的論述為依據，帶給了我們嶄新的重要意義。

松井孝典在他所提倡的「地球學」理論最好的入門書《論地球倫理》中，將從宇宙誕生到人類社會發達的這段歷程，當成是一百五十億年的壯闊「歷史」來論述。一百五十億年前的大霹靂誕生了宇宙、四十六億年前太陽系形成、三十二億年前生命誕生、四百萬年前則有人類誕生。貫串「宇宙↓地球↓生命↓人類」歷史的，是物質的冷卻過程。當物質冷卻後，便會產生出異質的物質；這樣的過程，正是形形色色的物質、形態、構造「分化」的過程，而分化的產物，就是自然的「多樣性」。「自然是銘刻了宇宙歷史的古老文件」，因此自然科學就是透過數學之類的語言，來解讀這份古老文件的學問。在松井理論中，貫串時間軸因果序列的，就是「分化」與「多樣化」。

另一位與松井類似、針對自然歷史進行構想的人物，則是生物學者今西錦司。今西在青年時期，曾經從事關於蜉蝣的研究。蜉蝣的幼蟲在水中生活，蛻變成亞成蟲之後就不再進食，然後羽化飛舞、產卵死亡。論起生理能力的話，它其實跨越到了其他的生活領域當中，但是並沒有侵犯這些領域；對此，今西將之命名為「分棲共存」。如果照達爾文的說法，生物因為個體差產生自然淘汰，並透過適者生存，達成物種的進化，那自然界當中，應該會只剩少數強力的物種殘存下來而已；但事實是，物種的數字已經增加到了兩百萬，其中也包含了像蜉蝣這樣弱小的生物。今西依循對達爾文理論做出反證的事實，提出了他的理論：各生物都有其主體性，透過「分棲共存的細密化」這一分化過程，使得數目增加，並為地球的自然帶來多樣性。

從今西理論中，衍生出形形色色的研究，其中相當有名的一門學問，就是日本的靈長類學（又稱「猿猴學」）。「你去替不會寫字的猿猴，寫下牠們的歷史吧！」受到今西的指示，伊谷純一郎在山間四處奔走。他在九州的高崎山，成功地餵養到野生的猿猴，並且就像猿猴可以互相識別般，他也對猿猴的個體進行識別；勇敢的朱比特、長臉的歌麿、像喝醉酒一樣臉紅紅的巴卡斯……各種獨具性格的猿猴，在《高崎山的猿猴》[10]這本史書中，陸陸續續登場。猿猴有個性，會建構社會，也會產生獨一無二的歷史，這些在現在都已經是常識。不只是猿猴，地球上所有的生物，都可以辨識出其主體性；因此，按照今西的說法，研究其社會與歷史的生物學，已經不是以實驗室為中心的自然科學，而是「自然學」。就這樣，將歷史納入物理學、生物學領域的松井和今西理論，就打破既有框架而言，可說是一種「脫自然科學」。歷史已經不是人類的獨占物，也不是人文、社會科學的占有物。

在馬克思的唯物史觀中，進行階級鬥爭的人類乃是中堅，因此就算提到「物」，也只是似是而非的概念而已。松井、今西理論的研究對象，則是名符其實的「物」及其歷史；隨著物質的冷卻與分化，多樣的自然景觀，造就了這樣的「物」。生物，也是這些「物」的一部分。從這層意義上來說，認知到無生物與生物歷史的松井、今西理論，才是真正的「唯物史觀」。

10 初版一九五四年，思索社版一九七一年。

◎地球學

「歷史」這個詞彙，往往被當成人類限定的專屬名詞；但是社會科學之父馬克思，對於「自然的歷史」已經有所認知。馬克思認為，自然不是像《聖經》所寫的那樣，是以神和人占據中心的目的論世界；在自然當中其實蘊含著歷史，而我們透過達爾文的《物種起源》，可以學到這些歷史，這是他從達爾文那裡受到的啟示。只是，馬克思在《資本論》第一卷中又說：「人類歷史與自然歷史的相異之處在於，前者是創造出來的東西，後者則不是。」意思就是把「自然的歷史」從「人類的歷史」當中排除出去。更正確地來說，馬克思很執著於「人類創造歷史」這點，並將人類的目標設定為「共產主義社會」；這個目標是他認定的人類社會起源，也就是所謂「原始共產制」的重現。從歷史來看，馬克思的時間軸雖然很長，但仍停留在人類社會的起源，並沒有辦法追溯到自然界層面。

但是，對現代人來說，人類的起源並不只局限於「人類社會的起源」，而是一種廣及宇宙的宏觀意志。自一九六一年蘇聯太空人加加林少校首次環繞地球一圈，並發表了「地球是藍色的」感言以來，從外側觀察地球的技術日益發達，對月球和火星的探索業已展開；起源論在生命誕生的「水行星」地球上，變得廣為人知。

自從宇宙在一百五十億年前的大霹靂中誕生以來，經歷了「太陽系↓地球圈↓生命圈↓

人類圈」的分化歷程，誠如松井孝典所言：「自然是銘刻了宇宙歷史的古老文件」。自然界的歷史以分化為本質；人類固不用提，在這世上的所有生物，沒有任何一個個體是相同的。正因如此，今西錦司才提出了以個體識別來觀察生物的方法；在最早揭露其理論的《生物的世界》中，最後一章就是「歷史」。今西在《自然學的提倡》中說，自己的學術對象是「以地球為中心的世界，而這也是整個自然學的依歸。這個世界排斥的，是宛若絕對空間般、漆黑一片的世界；它是照耀著燦爛陽光，更加溫暖的世界，也是動物、植物和睦相處的世界。」誠如這段話所言，他所思考的最大「整體社會」（holospecia），除了地球之外再無他者。

這兩位放眼地球的學者，不約而同以「分化」（或者「多樣化」）為基礎，對自然進行認識，這是令人極感興趣的事情。把自然界運動的本質當成「分化」，就等於是否定「自然法則」這個詞彙中所蘊含的「永久運動」之意。自然既然是處在分化與多樣化的現象之內，那就進入了歷史的領域，而我們也邁入了探尋「自然的歷史」與「人類的歷史」之間連續性的時代。在這種情況下，我們也不得不被迫對既有的學術分野——也就是自然科學（理科）與人文、社會科學（文科）的二分法——做出反省。

嘗試探尋人類的起源，與解答生物的歷史或生命的起源是彼此相通的。德意志的生物學者海克爾提出了「個體發育其實是系統發育的重演」這一命題，在生物學上留下了不朽之名；一個生物個體的發育過程，居然會呈現象徵這種生物進化軌跡的系統發育進程，這一事實令人驚嘆不已。這究竟代表著什麼意義呢？難道說，生物個體在無意識間，會記住自己所屬的同種生物的整體歷史嗎？事實上，生物這種東西無一例外，都是透過去氧核醣核酸（DNA）來傳遞遺傳訊息，而DNA所承載的遺傳訊息，都是從生物誕生的三十二億年前一脈相傳下來，並編織進每一個人的生命當中。

如果將人體的成分與海水的成分按照比例多寡來排列，前十位的順序幾乎完全相同。這是生物誕生自海洋的明確證據；而就像這樣，我們不只可以理解人類的歷史，也可以正確理解到生物的歷史與地球的歷史。換句話說，我們已經具備了條件，能夠喚醒關於人類起源的古老記憶。我們必須要清楚認識到，現代人乃是身處在自地球誕生以來的一波巨大歷史潮流當中；如果能有這種認識，毫無疑問就能透過遙遠的記憶，來理解人類究竟是以怎樣的形式，一直生存到現在。

例如建築家石井和紘在《建築的地球學》[11]中，就以「地球的起源」來重新解讀自己的建築作品。這本書的架構分為第一章「大火球地球」、第二章「陸與水地球」、第三章「生物圈」、第四章「人類圈」，完全打破了傳統的建築書框架。他把地球的歷史當成章節，然後把自己的建築作品群編織進其中；對於自己的作品居然在無意之間展現出地球史，他自己也淡淡地表示驚訝。建築家的工作是構想形式，並且讓人居住進去。潛藏在潛意識世界中、自悠久宇宙歷史誕生而出的「形」之記憶，浮現在意識之中，展現出的成果就是建築作品。

地球在能源交換方面，對宇宙是敞開大門的，但在物質方面，則幾乎完全沒有交流。從宇宙眺望地球時，會發現所有的物質都只是在地球這顆行星中，進行著形態更替的循環而已。人類利用改變物的形態而生活；這是地球物質循環的一部分。因此，人類的存在，必須以地球為前提。人類是在這循環中，透過記憶對「銘刻宇宙歷史的古文件」進行重讀，並將之表現為「形」的主體性存在。用來表現形的媒介是物，而物的供給源頭則是地球，因此在這方面，我們只能徹底思考地球與人類的關係，除此再無他法。這種試圖掌握地球與人類整體關係的學術，稱之為「地球學」。

◎格物思想、格物史觀

達爾文雖然主張生物會「進化」，但並沒有談及生物也有「歷史」；所謂生物的「歷史」，跟他的發想是格格不入的。當我在英國留學的時候，英國學者常會問我：「你關注的重點是什麼？」當我回答：「棉的歷史」（history of cotton）時，他們的臉上總會浮現一副

11 TOTO出版，一九九六年。

驚訝的表情。對英國人來說，日本在日常生活中經常提及的「稻的歷史」、「麥的歷史」、「茶的歷史」這些東西，直譯成英語，在語感上總覺得有些不搭調；畢竟在他們心目中，「歷史」就是屬於人類的東西，像棉之類的物品若是直接冠上「歷史」兩個字，在語感上總有些扞格難行。英國人（廣義來說，其實包括所有的基督教徒與伊斯蘭教徒都是如此）在講到「歷史」這個詞的時候，總是會下意識地抱持著這樣的人類本位視角；但是，就在我察覺這點的同時，反過來看自己的史觀，其實也會發現在這當中，受到日本發想的影響相當深遠。當我更進一步鑽研之後，便形成了從「棉即人類」這樣的視野出發、屬於自己的獨特歷史方法。

棉是與人類生活密切相連的栽培植物，因此對棉的理解，和對人類的理解是相通的。想要徹底了解棉花，就必須了解遺傳因子和植物學分類等事項，這是屬於自然科學的範疇。棉最早是在印度被馴化為栽培植物，因此與文明的起源息息相關。之後它廣布到世界各地，並透過人類之手，產生了「棉花→棉線→棉布」這樣的形態變化（metamorphose）。將各種形態的棉從原料供給地到最終消費地的地區分布加以表列出來，就會呈現出一幅市場圈的模樣，這種分析屬於社會科學的手法。棉布在日本被做成和服，在英國則被做成襯衫，這是衣料文化的領域；除此之外還有很多，不一而足。讓棉產生形態變化的雖是人類，但我們仍可以樹立起一套方法，好從承受變化的棉這邊來眺望人類。當我們把棉的形態變化當成是棉的「自我實現」來看待時，會發現在這當中包含了一切自然科學、社會科學、人文學科的面相，因此勢必要進行整合才行。就這樣，我在朦朦朧朧之間，已經開始思考起「棉的一生」了。

日本人對於把「物的歷史」與「人的歷史」相提並論，並不覺得有什麼好奇怪的；更正確地說，我們從來不曾把人和物分開來思考。以稻的歷史來看，稻的起源、種類、旱稻與水稻的栽培法，以及與稻作密切糾結的文化，全都包含在這段歷史當中。茶的歷史也是一樣，茶是照葉樹林[12]底下叢生的灌木這點，以及綠茶和紅茶等飲茶的種類，也全都和日本的泡茶、英國的下午茶等文化事項，一起包含在其歷史中。歷史不是人類獨占的事物，物也有可供辨識的歷史，這才是真正的唯物史觀，不是嗎？在這種狀況下談論物的作成，就不會產生扞格不入的態度；畢竟，以物為主體來進行闡述，才是最符合「物語」這個詞彙的意境啊！挑戰達爾文進化論的今西錦司，在《主體性的進化論》中就宣告：「我認為在這世上存在的一切事物，都具有其主體性。」意思是不只人類，就連生物與微生物，都可以辨識出主體性。珍重對待事物、當寶貴的事物不用的時候，就將之供養起來、認為物也有生命，這種坦

12 編注：又稱副熱帶常綠闊葉林。所謂的「照葉樹林文化」是由日本學者於一九七〇年代所提出的理論，認為日本的水稻種植傳統和該文化息息相關。

率認可人與物之間密切且對等關係的態度，應該是日本人所獨有的吧！即便是講到人，日本也是把「人」和「物」視為一體，稱之為「人物」啊！

雖然馬克思因為反對觀念論而高舉唯物論，但他還是沒有跳脫出基督教世界觀對人的肉體與靈魂加以區別的領域，即使講到物，也沒有超出人類身體的框架。因此，馬克思流派的唯物論，其實並不是徹底的「唯物」。以馬克思唯物論為基礎建立國家的蘇聯和東歐已經土崩瓦解，社會主義中國也開始正式踏入市場經濟，北韓則陷於飢餓地獄當中。不管是舊有的社會主義國家，還是現今仍存在的社會主義國度，都苦於物的不足；這難道不是因為他們仰仗這種太過人類本位主義、似是而非的唯物論，無視於物與人之間不可分的關係所導致的嗎？雖然這種人類本位的唯物史觀終於成為過去式，但這並不代表唯物論也就此劃下句點。

在日本，我們擁有名符其實、真正從「物即歷史」角度出發的唯物史觀，但大家都對此毫無自覺。不只如此，要到達這種學問的方法，門檻其實也不見得很高。既然如此，若在擁有宇野弘藏的馬克思經濟學等學問、以世界馬克思研究首屈一指水準而自豪的日本，誕生出真正的唯物史觀，那在天上的馬克思應該也得以瞑目了吧！日本人絕對有能耐以積極發展的態度化解掉馬克思的唯物論，並針對俗濫的唯物史觀，打出真正的唯物史觀。

可是，環繞著唯物論與唯物史觀，就彼此之間的正統性展開鬥爭，是相當沒有生產意義的做法。當日本人在「探究事物」的時候，他們的態度打從一開始，就已經和馬克思以人類為本位的見解有著天壤之別。日本人的態度是透過「探究事物」來「理解人類」，這和把物歸類在自然科學世界、人歸類在人文社會科學世界，將兩者切割開來的近代學術體系，有著本質上的差異。為了理解人類，我們必須探究事物，也必須從事物中找尋問題所在。這樣的態度，毋寧說是比較接近於以修身養性為目的，強調「格物致知」的《大學》思想。簡單地說，《大學》所講的，就是探究事物（格物）、也在物中進行探究，從而開始磨練真正的知性，並得以區別善惡、修養品行。這種透過探究事物、以及在物中進行探究，來理解人類以及人類社會歷史的態度，與其說是唯物論或唯物史觀，或許稱之為「格物論」或「格物史觀」，還來得比較恰當。

眾所周知，《大學》是經世濟民的古代經典。近世日本將南宋儒者朱熹首倡的朱子學定為官學。朱子雖然重視四書五經[13]，但他學術的根本乃是《大學》。在《大學》的注釋書《大學章句》中，朱子針對「格物致知之義」這個主題，做了以下的說明：

> 所謂致知在格物者，言欲致吾之知，在即物而窮其理也。蓋人心之靈莫不有知，而

13 「四書」指的是《大學》、《中庸》、《論語》、《孟子》，「五經」則是《易經》、《詩經》、《書經》、《春秋》、《禮記》。

天下之物莫不有理，惟於理有未窮，故其知有不盡也。是以大學始教，必使學者即凡天下之物，莫不因其已知之理而益窮之，以求至乎其極。至於用力之久，而一旦豁然貫通焉，則眾物之表裡精粗無不到，而吾心之全體大用無不明矣。此謂物格，此謂知之至也。

在這段文字中，朱子確信物與人不能切割對待；對物之理的究明，與人格的形成是一體的。

近世日本的朱子學者之所以會轉為蘭學者，正是因為以究明事物之理為根本的朱子學培養出的學術嚴謹態度，和海外輸入的物理學（當時也稱為窮理學）彼此能夠相通之故。從這裡開啟了通往源自歐洲的天文學與醫學的道路，並涵養出日本人的實證精神。日本的格物學雖然分化成本草學、名物學、物產學等各學科且相當發達，不過仍是從中國古典思想中脫胎換骨，才可以達到這種程度。徹底的唯物論會探究到「物」本身，但反過來在探究物的原理同時，也一邊摸索人格形成與天下太平的道理，這樣的態度就可以稱之為格物論。

在近世的格物論中，我們可以找出人們應當如何生存下去的指南。這不是盲目向古代開倒車，而是當我們在吸納近代西洋創造的知識遺產、從而開創出嶄新生存之道時，所同樣必須具備的事物。對於這種方針，我就姑且稱之為「格物學」吧！接納了近代自然科學的格物學，是建立於「人在活用物的同時，也因為物而得以生存」這樣的自覺上。將透過自然科學得知、有關物的諸多見解，與透過人文社會科學得知、有關人的諸多見解加以統合，把物和人的關係，看成是難分難離的事物加以掌握，從而達成各種科學的融合。

但是，對人類而言無可取代的物，和一般的物還是有差異的。人是能夠使用作為「道具」之物的動物。透過這種能力，他們製造出想要的物，又透過製造出來的物，讓自己的生活變得豐饒。物是人做出來的，而物也讓人能夠存活下去，兩者之間有著切不斷的關係。社會不是只由人類所形成，而是由人和物所共同形成。不論怎樣的人，都不是赤裸裸地生活在世界上。在人類的生活場所中，有著衣食住行的生活用品，這些都是由物所形成。衣食住行的形態在每個社會中各有不同，而每個社會也各有屬於自己的一套統合架構；也就是說，生活用品會形成某種複合體，就像是披在「社會」這個身體上的衣裳一樣。在這裡，我想用人類為了經營社會生活，而集合必要之物的「社會的物產複合」這一概念來掌握之。這和松井、今西理論所說的「物的世界」不同，乃是一種「對人類而言無可取代的『物的世界』」。物產複合不是普遍的物，而是與生活密不可分的物的集合；它是文化的物質基礎，是介於純粹人類界與純粹自然界的中間。

所謂「十里不同風、百里不同俗」，物產複合會因狩獵採集地區社會、畜牧地區社會、農耕地區社會、工業地區社會而有所差異，也會隨著熱帶地區、溫帶地區、寒帶地區的不同而產生區別。就算是在同樣的經度和緯度，也會因為山岳與平地的不同而有差異。所以當我們觀察物產複合時，可以發現它基本上是和地區社會綁定在一起的。就像是同一個人使用的物，從孩提到年老會有所不同一樣，即使是同一個社會，隨著時代不同，其物產複合也會產生很大的變化。物產複合的變化，會帶來文化的改頭換面。換言之，就像人類的社會生活有其歷史一樣，物產複合也有歷史。說得更精確一點，物產複合變化的過程，毫無疑問就是人類社會的歷史。

那麼，物產複合的歷史性變化是怎樣產生的呢？為社會生活帶來變化的最大契機，就是與帶來異文化和相異物產複合的人們之間所展開的交流。交流，伴隨著人與物的移動。從以前到現在，大半的物都是從海外輸入；現在日本所使用的輸入品，有百分之九十九以上都是透過船舶從海外運來，而從日本出發的船，也同樣把物運送到海外。過去，從海洋亞洲運來的物改變了日本社會，而今天從日本運出去的物，也對世界各地的社會造成了很大的變化；這點從NIES、ASEAN的急遽發展（也是對日本的迎頭趕上），就可以清楚看得出來。本書為什麼提出海洋史觀，就是希望能讓大家對以上的狀況多所理解。就這樣，我以海洋史觀來相對陸地史觀，以格物論來相對唯物論。海洋史觀把陸地比喻為島嶼，並加以包容涵蓋；格物論則以物，將人包容涵蓋其中。

◎我們該何去何從？——「那麼，就往山裡去吧！」

雖然立基於海洋史觀之上的格物論對於理解歷史、特別是理解日本而言相當重要，不過海洋史觀與格物論本身的目的其實並不在此，而是一種攸關「我們該如何活下去、又該何去何從」的方針。關於生活方式，如果我們要避免墮入道學家之流的說教當中，那就非得讓它得以實踐不可。因此，「庭園之島」的實踐，就是一種生活實踐，而且必定是從每個人的自我生活實踐開始做起。正因如此，我下定決心，賣掉了位在首都圈內住慣的陋屋，帶著全家搬到了鄉下。我在東京都西北、靠近輕井澤的早稻田大學研究生宿舍的地方蓋起了房子，往正下方走就是海拔一千公尺的林道。對生在京都的我來說，住在比比叡山（海拔八百四十八公尺）更高的地方，讓我有種心曠神怡的感覺。我在去年冬天下定決心搬家，今年夏天正式遷居，從此開始了通勤的日子。因為從十月開始，這一帶就有新幹線「淺間號」通行，所以並沒有任何不便之感；相反地，當我前往充滿凡塵的下界（首都圈）工作，回到空氣清新的自然當中時，總會洋溢著幸福的感覺。

讓我下決心「脫東京」的轉機，是平成七年（一九九五年）一月，襲捲阪神淡路地區的大震災。當時村山內閣糟糕的應對能力，讓怒氣難耐的我忍不住寫了一篇文章痛斥。我在文章中批判說，之所以會造成如此重大的損害，與村山個人的無能固然脫不了關係，但戰後在全國總合開發計畫下刻意營造出來、將人口集中在太平洋工業帶的國土政策，同樣難辭其咎。現在，日本的製品輸入率已經超過六成、從事服務業的人數也達到總勞動人口的三分之二，輸入原料做成製品，再加以輸出的加工貿易、以工業立國的時代已經告終。正因如此，我們已經沒有必要繼續密集地居住在臨海工業地帶。為了讓神戶的災禍轉而成福，我提議應該確保丹波高原的荒涼公有地，將兵庫縣政府轉移過去，並活用定期借地權法，在森林中建立起居住單位三百坪、建蔽率兩成的城鎮。此刻正是發揮各界公認的日本人特性，建立起寓於自然生活的大好時機；庭園的擴張可以帶來安全，居家的擴張則可以擴大內需；我們的邊疆就在山裡。[14]

或許是看中了我這篇文章吧，一九九六年春天，我被任命為國土審議會的專門委員。國土審議會的職責，是決定以二〇一〇年為目標年度的全國總合開發計畫。迄今為止，在一九六二年（昭和三十七年，池田內閣）、一九六九年（昭和四十四年，佐藤內閣）、一九七七年（昭和五十二年，福田內閣）、一九八七年（昭和六十二年，中曾根內閣），一共制定了四次全總，這次是第五次；目前整個計畫已經審議完畢，就等內閣決議通過。

在國土審議會的報告書中，有這樣一段描繪出日本未來面貌的文字：「讓國土成為美麗的土地，呈現堪稱為『庭園之島』（Garden Islands）、足以自豪於世界的日本列島。」日本是由六千八百多座島嶼所構成的島國，擁有庭院的生活景觀，是這個國度司空見慣的日常景象。現在，日本有四千萬戶的住宅，其中有一千四百萬戶是集合住宅（公寓），也就是說每三名日本人當中，就有一人是住在公寓裡。公寓，就像是「箱子」一樣；家庭被分解成兩個極端，家在箱子裡，庭則被放逐到公園當中。大多數的都市居民，生活中並沒有庭院；因此，我們必須重新建構起讓家和庭融為一體的「家庭」。

講出這段話的我，當時住在連停車格都沒有的一間小小獨棟住宅裡。當我這樣反覆主張的時候，有個研究所的學生提出了令我意想不到的質問：「土和昆蟲不都很髒嗎？」這讓我驟然驚覺到自己的言行不一；與其強辯，我認為不如斷然身體力行來得更好。雖然我打算利用定期借地權，但是幾乎沒辦法借到荒涼的土地，所以只好直接購地。當我終於獲得一反的土地時，那種感覺真是喜出望外，對大地的愛情也不禁油然而生。

為什麼一定要是一反呢？因為一反是衣食的傳統單位。一反的布料可以做一件衣裳，一反的土地則可以收穫一石米，也就是可供人一年不致挨餓受凍；正因為這樣，它才會成為衣食的傳統單位。用多少平方公尺來談論土地面積，一點味道都沒有，還是用幾疊或幾坪來談，才會和生活產生密切聯繫。起床需要半疊、睡覺需要一疊榻榻米大小的空間；社會生活

---

14 〈在山裡建立森林中的城鎮〉，《RONZA》二號，朝日新聞社，一九九五年二月；之後在一九九五年五月，我在拙著《富國有德論》，紀伊國屋書店，一九九五年中，對這篇文章加筆添補，並改題為〈建立富國有德的國度〉。

的最小單位，就是千利休[15]設置的兩疊大茶室（山崎的待庵）。兩疊就是一坪，至於經濟上足以自立的單位，則是一反。

輕井澤是遠近馳名的別墅區，夏天熱鬧非凡，冬天則閒散冷清。根據輕井澤町的條例，別墅用地的建蔽率是兩成。別墅的單位面積是一反，好的別墅建坪大約是五十坪，也就是一百疊左右的大小。雖然一般而言，只有度假族會在短暫的夏季期間利用它，但若是能獨享這種奢華的生活，不也是美事一樁嗎？這樣一想，我就有了強烈的動機，想要永久在這裡住下來。為了實現「漂浮在豐饒之海的半月弧上，美麗的『庭園之島』日本」這個願景，我願意率先踏出這小小的一步；所謂「請自隗始」，正是如此。

◎致謝

所謂學術，就是鎖定對象，然後竭盡方法鑽研。先賢們總是說，在作品的最後，一定要補上用來分析對象的武器，也就是方法論；正因如此，在這篇跋中，我也闡述了一些方法論之類的東西，算是一種東施效顰吧！在方法論中，蘊含了先賢所留下的事業和成績；本書所強烈意識到的，是馬克思的歷史唯物論（唯物史觀）與梅棹忠夫的生態學史觀（生態史觀）。相當巧合地，今年正值馬克思提倡唯物史觀一百五十週年，以及梅棹忠夫提倡生態史觀四十週年。

馬克思在一八四五年，和摯友恩格斯一起下定決心，要樹立起對抗德意志觀念論的唯物論；到了一八四七年，他們打算發表自己彙整得到的成果，卻遭到出版社拒絕。關於這時候的狀況，馬克思在十多年後執筆的《政治經濟學批判》序言中這樣說道：

> 針對德意志哲學的觀念論式見解，我們下定決心，要共同闡明自己的反對意見（唯物史觀），實際上也是對我們從前的哲學意識做個清算。這個計畫主要是以「對黑格爾以後的哲學加以批判」的形式來進行；但是，當我們把厚厚兩冊、八開本的原稿大致送到西發里亞的出版所之後，我們才接獲對方通知，因為情勢有變，所以不能出版了。爾後，因為我們已經達成了主要目的——靠自己的力量釐清問題，所以我們也就樂得大方，將這份原稿放給老鼠的牙齒去批判了。

在馬克思的字裡行間，還是可以看到若干遺憾之情。這份被束諸高閣的著作，就是

15 編注：日本戰國時代的茶道宗師，日本人尊稱為「茶聖」。

第一本以唯物史觀論述人類史的作品——《德意志意識形態》[16]。另一方面，梅棹忠夫在一九五五年加入了喀喇崑崙—興都庫什山學術探險隊，花費半年時間走遍阿富汗、巴基斯坦、印度進行探查；在那裡，他發現了不屬於東洋也不屬於西洋的「中洋」。他的成果在一九五七年以〈文明的生態史觀序說〉為題，發表在當年的《中央公論》二月號上。之後，當梅棹回想這件事時，他做了這樣的記述：「參加喀喇崑崙—興都庫什山學術探險隊，對我的生涯堪稱是一大轉機。它讓我開始思索諸如《文明的生態史觀》之類、以地球為範疇的文明論。這趟旅行，讓我打開了有關比較文明論的視野。」明白展現了自己在比較文明論上的大開眼界[17]。唯物史觀和生態史觀，都是鳥瞰世界史的卓越史觀，而馬克思和梅棹在構想這兩種史觀的時候，也都已經對它們劃時代的重要性有所自覺。

就在唯物史觀一百五十週年、生態史觀四十週年的這個紀念性年度，對這兩種史觀抱持異議的本書付梓了；雖然這或許只是些微的因緣巧合，不過作為一名關心歷史的人，在我的書架案頭，總是下意識地擺放著《馬克思恩格斯全集》與《梅棹忠夫著作集》，不時就拿起來翻閱，而我在學術上，也深受唯物史觀與生態史觀的感染浸淫。馬克思雖然早已成為故人，但梅棹先生今年適逢喜壽[18]，仍然精神矍鑠。因此，若要就此書致上謝詞的話，這兩位前輩應居首功。現在的我，因為發覺他們兩位的史觀欠缺海洋視野，所以認為他們對近代文明在世界史中定位的理解，仍然是有局限的；詳細的理由，則已記述在本書當中。

本書乃是依據我先前已經發表的論述為基礎所寫成；雖然因為做了大幅度的刪修，所以基本上已經看不太出原貌，不過最早發表的時間和標題如下：

序章、〈從世界規模的視野，重新審視江戶社會——日本型生活世界的再生〉，《現代農業》一九九六年增刊號，農文協，一九九六年。

起之章、〈國際交流與日本〉，《國際交流》三十四號，國際交流基金，一九八四年。

承之章、〈社會科學的脫領域化〉，《動搖中的社會科學》，岩波講座「社會科學的方法」第一卷，一九九三年。〈戰後的京都學派——論今西學派之種種〉，《日本社會科學的思想》，岩波講座「社會科學的方法」第三卷，一九九三年。

轉之章、〈文明的海洋史觀〉，《早稻田政治經濟學雜誌》第三百二十三號，一九九五年。

結之章、〈論「漂浮在太平洋上的庭園列島」的國土構想〉，《Finance》三十二卷二號（一九九六年五月號），大藏省。

---

16 遺稿，岩波文庫等出版。

17 梅棹忠夫，《行為與妄想——我的履歷表》，日本經濟新聞社，一九九七年。

18 編注：七十七歲。

跋、〈格物史觀〉，《一冊讀物》一九九七年十月號，朝日新聞社。〈遠離都市〉，《文藝春秋》一九九七年十月號，文藝春秋。

對於慨然允諾轉載的各位相關人士，我在此致上最深的謝意。就像我在序言中所提及的，收錄在「起之章」中的〈國際交流與日本〉，是本書的出發點。以這篇論文為基礎，我寫下了《日本文明與近代西洋——對「鎖國」的重新思考》[19]。雖然它稍微欠缺一點連貫性，不過還是為「脫亞的文明史樣貌」提出了些許提示。本書就是透過海洋史觀，對這篇作品進行重新彙整後的成果。

本書之所以能大功告成，必須由衷感謝平林孝先生的慫恿。我和平林先生相知十多年，他對我而言既是敬愛的前輩，也是被我當成兄長般、暗自敬慕的存在。孝兄早在本書的〈起之章〉被收錄的十三年前，就已經認知到我這份拙稿的價值，並不斷激勵我說：「把它編纂成一本書，使之廣為江湖所知，是你應該要盡的義務！」當時我剛從英國留學歸來，還只是個無名小輩，孝兄則早以名編輯的身分聞名於世。因此，對於他的叱吒激勵，我實在銘感五內。之後，面對他懇切的督促，我只能不停地為自己的遷延表示歉意，就這樣過了十多年的歲月。等我回過神來的時候，才驚覺孝兄和我，都已經白髮橫生。

堂前梧桐的落葉，告知秋聲的到來；就在幾天前，呵呵大笑、氣度豪邁，宛若雄狼般的孝兄，帶著一位倚重的部下前來造訪，那是有如幼獅般，氣勢昂揚的吉田大作先生。猶記他為了介紹大作先生給我，而前來早稻田大學研究室的時候，正是五月夏風送爽之際。在那個酷熱的夏天中，大作先生為了助我完稿，堪稱是不惜九牛二虎之力。孝兄與大作先生，都是中央公論社的早稻田人，當我們在心中默默唸著「早稻田」三個字的時候，就會莫名湧現許許多多炙熱的回憶。能夠在母校校友的激勵與助力下，讓本書順利付梓，這實在是難以形容的喜悅。早稻田也是先父的母校，先父曾有遺言，要「埋骨於早稻田」。雖然是先父終其一生珍愛的學校，不過我在這個年度，還是辭去了這邊的教職。

就在我搬往東京都西北居住的前夕，在我身邊發生了一起重大事件。我和三十幾位同僚，長年以來一直殷切盼望早稻田大學圖書館能夠收藏一套《英國議會資料》，結果都被圖書館長給擱置下來。就在我們慨嘆不已的時候，這套書在某位有志之士的捐助下，最後落腳到了關西的國立研究機關當中。我在這套資料的購入申請書上寫下了「我願以人格為擔保，來申請這套書」，結果卻被母校一腳踢開，這真是令人遺憾至極。在這種狀況下，我帶著抗議之意，打算把研究基地轉移到資料落腳的所在地。那裡比我深愛的「東京都西北」還要來得更遠，真是名符其實的放逐下鄉。

為什麼即便有前輩孝兄不變的激勵，以及後輩大作先生滿滿熱誠的支持，我還是做出了

---

19 NHK Books，一九九一年。

這種恐怕會讓九泉之下的先父，感到悲傷不已的事呢？我只能自我安慰，畢竟我只是世上俗稱的「早稻田三流教授」一枚，我離開學校，對早稻田大學的學生來說也是件幸事。但身旁吹拂而過的，卻只是一陣又一陣的寒風……我一邊和秋風抗衡，一邊抖擻精神，告訴自己：「挺住這陣在早稻田學到的風波，人生的劇場，從這時候起才要拉開序幕呢！」

雖然本書所論及的東西，恐怕還有很多意猶未盡、難以充分表達之處，但這的確是我自一九八二年（昭和五十七年）春天奮勇站上母校教壇以來的十五年間，在教室裡真摯地討論內容的精髓。因此，我想秉持著這份真誠無偽的心情，將這本書獻給今年踏入早稻田大門就讀的平林孝兄之愛女敦子，以及所有我鍾愛的早稻田大學的學生。

一九九七（平成九年）秋天，於東京都西北　川勝平太　記

文庫版後記

《文明的海洋史觀》是在一九九七年（平成九年），於中央公論社以「中公叢書」其中一冊的面貌問世。這本書因為從經濟史觀點出發，概括誕生於日本與歐洲的近代文明在世界史當中的地位，並提出了「嶄新的歷史觀」而廣受注目。在它刊行之後，中央公論社被納入讀賣新聞社的麾下，而它也在新生的中央公論新社中，再次作為中公叢書的一冊並重新增刷，同時也出版了簡體中文版譯本。這次它又被收錄進中公文庫當中，不過內容和叢書版相同，並沒有多加增減。從首次出版至今，已經過了將近二十年的歲月；在這篇後記中，我想再次列舉一下它的主要論點，同時談談和本書有關的兩、三段插曲，並試著提及一些尚未解決的課題。

◎從陸到海的視角變遷

到底這本《文明的海洋史觀》，其新意究竟何在呢？它的嶄新之處就在於，同時摒棄了馬克思的唯物史觀，以及梅棹忠夫的生態史觀。馬克思的思想，席捲了二十世紀的政治運動、經濟政策、意識形態與思想、新聞報導，以及學術領域，而構成其基礎的歷史觀，就是所謂的「唯物史觀」（歷史唯物論）。唯物史觀是從經濟學的立場出發，試著為以英國為典型而建構起來的近代資產階級社會，找尋出其在人類歷史當中的定位，是一種宏偉壯闊的史觀。

另一方面，梅棹忠夫的「文明的生態史觀」，則是從民族學的立場出發，將歐亞大陸乾燥地帶的遊牧民與濕潤地帶的農牧民等齊並列，並在兩者對立的構圖下，試著描繪出遊牧民的優越所在。這是對重視農耕的文明史觀所提出的挑戰，也可以說是意在讓畜牧重回應有的地位。在深具獨創意義的名著《狩獵與遊牧的世界》中，梅棹提出了足以和「農業革命」相匹敵的「畜牧革命」；透過強調後者在歷史上的劃時代意義，他讓迄今為止被視為通說、認為農耕民較優越的文明史觀，變成一種相對可比較的論點。

梅棹另一個致力的目標，是要尋求日本文明在世界史中的定位；一言以蔽之，就是要把日本和西歐置於對等的地位。梅棹認為，日本以外的亞洲，是屬於和日本相異的地區類型

（用他的話來說叫作「第二地區」）；至於日本和西歐，則被他歸入相同的地區類型（「第一地區」）。日本和西歐，都不曾受過乾燥地帶的遊牧民所支配，結果是在日本和歐洲，正如同植物順利遷移所產生的極相一般，誕生了封建制，從而又產生了成熟的近代文明。這個論點，也是一套相當宏偉壯闊的歷史觀。

晚年的馬克思得出結論，認為「從封建制轉移到資本主義」是僅限於歐洲才有的現象[1]。在這點上，梅棹認為除了西歐與日本以外，並沒有出現封建制，兩人的見解可說是殊途同歸。

作為《資本論》[2]的先聲，馬克思在剛過四十歲的時候，撰寫了《政治經濟學批判》一書。這是在馬克思理論體系的建構上，極為重要的一部著作。

在這本書的序言中，馬克思說：「對於我的研究扮演相當重要指南地位的普遍性結論，可以簡單用以下的方式，來加以公式化地表述」；而他所提出的著名命題，就是「人類在其生活的社會生產中，會和一定、必然、且不以他們意志為轉移的各種關係——也就是和他們在各種物質生產力上所達到的一定發展階段，相對應的各種生產關係——產生關連」。這就

1 參見〈致薇拉・查蘇里奇的書信〉。
2 第一卷出版於一八六七年。

是膾炙人口的「唯物史觀公式」。

馬克思最後是以這樣一段話，為自己的唯物史觀公式作結：「經濟的社會結構按照進步階段區分，大致可分為幾個階段：亞細亞、古代、封建、乃至於近代資產階級的生產方式……當這種社會架構（近代資產階級社會）出現，人類社會的前史也隨之宣告終結。」這段史觀被馬克思主義者奉為金科玉律，認為經過「亞細亞式專制→奴隸制→封建制→資本主義」，最後抵達「共產主義」，是不管哪個地區都必然會呈現的「世界史的基本法則」。至於近代社會的出現，他們則是將之理解成「由領主和農奴生產關係所構成的封建制，隨著生產者被剝奪其生產手段——也就是所謂『原始的積累』（本源的積累），逐漸轉變成以資本家和勞動者的生產關係所構成的資本主義社會」。被土地所緊縛的農奴，在「血腥的立法」下，遭到暴力手段剝奪了土地，成為除了出賣自己的勞動力之外，身無長物的無產者；這些無產者蜂擁進入都市之中，變成了勞動者，被工廠緊緊束縛。

由於這些都是發生在陸地上的事情，所以是一種陸地史觀；而梅棹的生態史觀也是著眼於陸地上乾燥地帶與濕潤地帶的史觀，所以也是一種陸地史觀。

相對於此，「文明的海洋史觀」則主張，近代文明的成立源自海洋亞洲。「近代文明的母胎是海洋亞洲」，這是一個相當新穎的命題。雖然近代文明出現在漂浮於歐亞大陸兩端的島國——日本與英國，不過事實上，日本人在「後倭寇時代」，英國人則在「大航海時代」，就已經在民族縱橫交錯的海洋上大展雄風。他們大顯身手的時間是「漫長的十六世紀」（華勒斯坦語），場所則是「海洋亞洲」；換句話說，「十六世紀的海洋亞洲」這個特定的時間和空間，正是近代文明興盛的搖籃，這就是「文明的海洋史觀」所要強調的重點。

最近，「海洋亞洲」這個用語在學界已經獲得普遍採用，在社會也逐漸廣為人知，但在當時還是一個相當新鮮的說法。正如也有人將日本列島稱為「Japonesia」（日本尼西亞）[3]一般，因為它們是朝海洋開放的大八洲[4]，所以並不屬於大陸亞洲的一部分。梅棹雖然說「日本不屬於亞洲」，但從占據太平洋一角的海洋亞洲視點來看，日本確實是其中最重要的鎮海石。賦予它這樣的定位，也是一種相當新穎的看法。

◎日中政治家對「海洋史觀」的反應

漂浮在太平洋西北的日本列島，其立國最大的特色就是「日本尼西亞」，也就是海洋日本。日本的生存之道，必須在由東南亞海域、密克羅尼西亞、美拉尼西亞、玻里尼西亞、

3 編注：這個詞是作家島尾敏雄創造的詞彙，意思是指日本其實是「由眾多島嶼所共同構成的一片島弧」。
4 編注：《古事記》中，將本州、九州、四國等八個構成日本的主要大島，合稱為「大八洲」。

大洋洲等共同建構而成的西太平洋海域聯合中加以尋求，並且在本書中，映照當時的世界情勢，傳達出這樣的政策訊息。

或許是敏銳地察覺到了這點吧，當我受到清華大學和北京大學邀請時，在這兩所大學中研究日本的中國學者，在北京大學舉行了一場預定行程外的討論會；他們把我請到會議室裡，鄭重其事地和我進行了一場論戰。透過他們的議論，我才得知，他們認為本書是在傳達一種「從海洋對大陸中國進行封鎖」的理論。面對他們這種片面偏頗的批評，我也舉出史實加以反駁，同時也不厭其煩地解釋說，我是站在和平主義的立場，認為太平洋上大大小小的海域應當連結成一個網絡，最後總算是獲得他們的理解，並達成了共識。

在中國，另外還發生了這樣的事：二〇〇九年七月，我獲選為靜岡縣的知事。經過大概半年之後，當時擔任國家副主席的習近平突然寄來一封邀請信；於是在二〇一〇年一月，我和習近平在人民大會堂，進行了將近一小時的親密交談。離別時，習近平送我到門口；他和我齊步同行，搭著我的肩膀說：「我知道你是提倡海洋史觀的學者」，展現出相當的敬意。

習近平在二〇一三年成為國家主席，在他的領導下，中國不只在東海、南海大肆誇耀其存在感，在密克羅尼西亞、玻里尼西亞、大洋洲等西太平洋的大小海域，其形象和影響力也都愈趨強烈鮮明。

在日本，「海洋史觀」也產生了政治上的驅動效果。本書出版後，獲得了讀賣論壇獎。

當頒獎儀式舉行時，時任外相的小淵惠三先生突然出現在會場上，只見他毫不做作地靠近我，向我提及我的另一部作品《富國有德論》[5]。他說：「我想拿『富國有德』當成國家施政的基本綱領；關於這點，你能授權給我使用嗎？」我心想，「真不愧是上州[6]的政治家！」有感於他的仁義，便二話不說答應他了。小淵先生聽到之後，帶著滿臉笑容離開了會場。

幾個月後，小淵先生成為首相。他不只高舉「富國有德」的建國綱領，還親自站上火線，召開了一場名為「二十一世紀日本之構想」的懇談會。我也參與了這場座談會，在會中擔任其中一位分科會座長。小淵首相在會中表示，他透過帛琉共和國的中村總統（日裔帛琉人）的斡旋，正致力於將澳洲與紐西蘭主導、由十六個國家和地區所共同組成的「南太平洋國家聯合」改稱為「日本與太平洋島國領袖峰會」（PALM）。這一提案已經獲得對方應允，預計在二〇〇〇年初夏，各加盟國、地區的領袖便會在日本政府提供的會場舉行PALM高峰會，而日本屆時也會成為其中的一員。緊接著在同年夏天，先進工業國家領袖高峰會也預定在沖繩舉行；以這場沖繩高峰會為契機，日本應當從南端的沖繩往更南方的西太平洋推進，也就是朝著實現縱向飛躍的「經度聯合」構想而持續前進。我和這項計畫之間，也有若

5 紀伊國屋書店，一九九五年，之後收錄在中公文庫。
6 編注：即今日的群馬縣。

干的關連。

然而，就在我們逐步整頓態勢、朝向西太平洋海域聯合構想邁出步伐的時候，這年春天，小淵首相倒下了。他不只沒能成為PALM和沖繩高峰會的東道主，甚至連這年春天的新綠都來不及見到，便成為了不歸之人。而隨著他的逝世，將漂浮在西太平洋各大小島嶼國家縱向連結起來的「南北合縱」構想，也隨之頓挫。後續的發展，顯然是中國搶了頭香。

當時除了南北合縱以外，其實還有成對的「東西連橫」構想。在小淵首相的設想中，一方面要將西太平洋的各海域南北縱向連結起來，另一方面也要以蒙古為開端，和歐亞「草原之路」的各國相互攜手合作，也就是展開東西連橫的「絲路外交」。日本人對絲路，有種相當不可思議的懷念與鍾愛之感；小淵先生受到司馬遼太郎的著作所影響，對草原之路也懷有相當的憧憬，希望讓草原之路上的各國，都能夠更親近日本。然而，這個構想也隨著他的過世而頓挫。以現在的情況來說，應該算是被習近平的「一帶一路」計畫給徹底瓦解了吧！

◎發生在東西兩島國的生產革命

本書的嶄新之處是，在強調「由陸到海」的視角變遷時，也對海上物流加以著眼。我主張，近代文明的出現，是源自於海上之路在交通、物流方面所帶來的原動力。柳田國男也提倡「海上之路」，主張稻米文化乃是乘著黑潮來到日本。柳田從海上之路帶來的衝擊，來探究「從繩文文化到彌生文化」這一日本史前時代的變遷。將這樣的發想納入文明史範疇，從而將日本史以及西洋史從「古代↓中世↓近世↓近代」的變遷理論加以修繕完整，這就是文明的海洋史觀。

產生出「中世到近世」這場歷史大變遷的能量，其淵源是來自十六到十七世紀的海洋亞洲，而其中又以東南亞海域為中心。為什麼東南亞海域可以稱為中心呢？那是因為它是世界上第一個無數民族雲集且蜂擁而至的地區。只是，這些不同的民族，又為什麼會雲集在此呢？原因是自十四世紀中葉起，歐亞大陸便為疫疾（黑死病）所苦，而人們相信對治療疫疾有效的藥材（胡椒、香料等），都必須在海洋亞洲的各個島嶼上採集。於是，十六世紀的海洋亞洲，就變成了文化各異的民族的大熔爐。迄今為止存在於歐亞大陸的物產、文化、資訊，不斷流入海洋亞洲的熔爐，然後又從這個熔爐裡，流出了往後世界的歷史。

以海洋亞洲為源頭，乘著四通八達的海上之路，各式各樣的物產、文化、資訊越過白浪波濤，源源不絕地被運送到各地。這股波濤最後抵達了西北盡頭的島國英國、以及東北盡頭的島國日本岸邊。沐浴在宛若海嘯的巨大物流中，這兩個島國彷彿被退潮所牽引般，流出了為數龐大的金、銀、銅。貨幣的大量流出，對島國的經濟產生了嚴重的壓迫；面對這種情況，他們除了轉換經濟結構以外再無他法，而轉換的核心支柱，就是英國的工業革命

（Industrial Revolution），以及日本的勤勉革命（Industrious Revolution）。

英國採取資本集約型的生產革命，日本則採取勞動集約型的生產革命；這兩者幾乎在同一時期發生，目的都是要謀求亞洲物產的自給化。他們不是透過低買高賣的商業，而是透過造物，來達成對亞洲物產的自給自足。透過生產革命（也就是造物），日本和英國擺脫了海洋的壓力。這種對應的成功，誕生了以經濟為主軸的近代文明。在日本，它是歸結於一國圓滿型的自給圈，也就是鎖國；在英國，它則是歸結於廣布在整個大西洋、將英國、非洲、美洲連結在一起的三角貿易自給圈，也就是大西洋經濟圈。這樣所呈現的歷史樣貌，可說是相當嶄新的。

◎高舉獨樹一格的東西文明論

就像這樣，我揚棄了馬克思的唯物史觀，然後又反手一刀，砍向梅棹忠夫的生態史觀，從而使得本書呈現出一種論爭的風貌；但事實上，在這背後是有一些小故事的。

作為本書的先聲，我在一九九一年發表了針對「鎖國」議題重新思考的作品——《日本文明與近代西洋》。這本書是以我對工業革命和勤勉革命的領頭羊——棉業商品與棉的實證研究（也就是我在牛津大學的博士論文）為基礎，對英國從伊斯蘭文明圈自立、以及日本從中國文明圈自立的過程進行概括。兩者都是以棉業為彈簧，成功達到「脫亞」的目標；至於脫亞的歸結，在日本是鎖國，在歐洲則是以英國為核心的「近代世界體系」。就這樣，我高高舉起了獨樹一格的東西文明論。慶應義塾大學的創立者福澤諭吉的「脫亞論」雖是一八八五年（明治十八年）的時論，不過我對它進行了大幅改造，並用早稻田大學的創立者大隈重信的風格重新包裝，讓它脫胎換骨，成為「脫亞的東西文明論」。因為出於和東京大學學院派的對抗意識，所以我在思索之後，決定在這本書的扉頁放上「獻給今西錦司先生」這句獻詞，沒想到卻引來了京都學派的側目。

今西錦司是戰後京都學派的領導人之一，門下優秀人才輩出，號稱「今西學派」，梅棹忠夫正是今西的門生。今西對達爾文的進化論進行了根本的批判，並提出了「分棲共存」的理論。他的《生物的世界》，是誕生於日本、獨一無二的生物哲學著作。因此，我在寫《日本文明與近代西洋》的時候，其實是隱藏著以「今西生物哲學─川勝文明史觀」這條路線，來和「達爾文進化論─馬克思唯物史觀」相對立的意圖。這時，我想起了馬克思曾經想將《資本論》第一卷的獻詞獻給達爾文（雖然被拒絕了），於是便東施效顰，在書裡放進了給今西錦司的獻詞。結果京都學派的人們看到獻詞，紛紛竊竊私語地說：「早稻田什麼時候變成京都學派的分支了？」這種風評連身處在東京都西北的我也有所耳聞，不過這只是單純的誤解罷了。

我做學問，基本上還是追隨著早稻田大學講究東西學術統合的學風。所以我接下來又寫了這本《文明的海洋史觀》，在這當中早稻田大學的風格就很鮮明。這本書的內容主要是來自對早稻田大學學生的授課以及研討會的內容，而它也是一本獻給早稻田大學學生的作品。從致力東西文明融合的觀點看來，我們固然要切離親歐美的東京大學學院派，對於本土京都學派的貢獻與局限，也應該要闡明清楚才是。畢竟，東西文明的融合，就是我們早稻田學派的招牌標誌。

回響來得很快。在本書刊行的翌年，我和梅棹忠夫先生進行了兩次對談，分別刊載在《文藝春秋》[7]與《季刊民族學》[8]上。梅棹先生比我年長二十八歲，一向以博學名聞遐邇、聲望崇隆。我壓抑住對他的敬意，在第二次的對談（刊載在《季刊民族學》）中，一方面列舉生態史觀的貢獻，同時也明確指出其局限所在。

◎課題一：朝向「文明的格物史觀」邁進

話說，不管是唯物史觀或生態史觀，都具有堅實可循的學術基礎。關於文明的生態史觀，梅棹說它其實是「生態學的歷史觀」加以簡略稱之的說法；換言之，它的學術基礎就是生態學。說得更嚴格一點，梅棹的生態學是以獨樹一幟、橫跨歐亞大陸的田野調查為基礎，而作為他那套天才的「文明的生態史觀」範本與背景的，則是柯本的氣候論[9]。

另一方面，馬克思的唯物史觀則是以經濟學為基礎。馬克思在論述「唯物史觀公式」的一開始，就明白表示「對資產階級社會的解剖，必須立基於經濟學之上才行」[10]。

「文明的海洋史觀」也是以經濟學為基礎。既然如此，那它和馬克思經濟學的方法有什麼不同？我在這裡就借用《資本論》開頭的一段話，來說明其迥然相異之處。這是馬克思提出的著名典範：「在資本主義的生產樣式下，支配性的社會財富會以『巨大的商品積累』之姿呈現，而個別的商品，也會以構成這種財富的要素形貌來呈現；因此，我們的研究就是從對商品的分析開始。」

商品分析是馬克思經濟學的核心綱領，同時也是我的核心綱領。事實上，我們兩個人在以商品為分析對象這點上，可說是十分相似。但是，就分析方法來說，我們卻有著極大的差異。從上述的典範繼續延伸，馬克思認為商品是由「交換價值」與「使用價值」所共同構成，而他的分析集中在交換價值上。接著他更進一步說，商品交換價值的實體就是勞動量

7　一九九八年八月號。
8　第八十六號，一九九八年。
9　編注：由德國氣候學家弗拉迪米爾·柯本所提出。
10　參見《政治經濟學批判》序言。

（以勞動時間來計算），而在商品的生產過程中，會形成將產生的剩餘價值加以剝削殆盡的資本家、以及遭到剝削的勞動者這樣的關係——這就是馬克思的生產關係論。從這種商品論一路推演下去，馬克思將作為人與人之間關係的生產關係論，加以徹底拆解開來。雖然他說這叫「商品分析」，同時也以唯物論為標榜，但對關鍵的「商品」本身，他卻完全沒有提及。

馬克思經濟學主張，商品在流通中依循等價交換的原則，亦即「貫徹了價值法則」。因此，我們也可以稱他的論點為「一物一價法則」。但在這裡我要明確指出，在英國和日本這樣的國家，商品生產不只構成了支配性的社會，而且在這些國家所製造出來的商品之間，這樣的法則也不成立；這樣的事實，對馬克思經濟學的價值論是相當有力的反證。商品不是抽象的存在，而是蘊含在創造、使用它們的人心中，有關食衣住行等生活文化的體現。經濟活動與生活文化是不可分的；既然如此，那我們就需要一套對經濟和文化進行整體概括與論述的理論，也就是經濟文化論。用馬克思的詞彙來說，物產是「下層結構」，在其上聳立著文化；但反過來說，如果從「文化的價值體系，決定了物的使用方法」這種視角出發，那麼文化和物產也是互相對應的[11]。

著重於交換價值的馬克思價值論，也以對商品轉化成貨幣的「價值型態論」而廣為人知。相較於此，著眼於商品使用價值上的價值論，則是所謂的「格物論」。「格物」這個詞彙是出自朱子學奉為圭臬的古代經典《大學》中，有關「格物致知、誠意正心、修身齊家、治國平天下」的一段論述。這段話的意思是說，要在物中鑽研窮盡道理（或是鑽研窮盡物的道理），以獲得知識；有了知識，才能達成意誠心正；透過意誠心正，來修練自己的立身處世；透過自己立身處世的修練，來完善家庭秩序；透過家庭秩序的完善，讓國家得以大治；最後再透過國家大治，達成天下太平。而這樣的順序，反過來說也同樣為真：天下太平因國家大治；國家大治則因家庭秩序完善；家庭秩序完善，則因立身處世皆合乎道理；立身處世合乎道理，則因意誠心正；意誠心正，則因獲有知識；獲有知識，則因在物中鑽研窮盡道理（或是鑽研窮盡物的道理）。

朱子學雖然是一種標榜「經世濟民」的政治經濟論，但我的研究目的並非要讓朱子學復辟，而是要解答近代文明在人類史上的定位。在這點上，我和馬克思的志向並沒有差異。雖然因為著眼在物本身，所以我的論點也可以稱為「唯物論」，但馬克思的唯物論其實遺忘了「物」的存在，因此為了嚴密區別，我才讓作為東洋智慧資產的朱子學在現代復甦，並將這種學說命名為「格物論」。

唯物史觀高舉「人類創造歷史」這一教條，這是一種歷史的人類決定論。生態史觀則高

11 川勝平太，《經濟學入門》，日經文庫，二〇〇三年。

舉「人類的生活乃是依循自然的生態而行」這一教條，這是一種歷史的環境決定論；因此，我們可以稱這兩種史觀為「人類本位主義」和「環境本位主義」。

相對於此，格物論則著眼於「物」。人類生產的物，是介於自然與人之間的存在；人既是「製造物的動物」，也是「使用物的動物」。生產出來的物，已經不屬於自然，但毫無疑問也不屬於人類。生產的物介於這兩者之間，屬於「中間的存在」，同時也是人類社會當中不可或缺的存在。將這樣的物產集合起來，就是「社會的物產複合」。當人類社會改頭換面的時候，社會的物產複合也會隨之改變。反過來說也一樣，當社會的物產複合改變，人類社會自然也會隨著改頭換面。構成物產複合變遷的核心，是所謂的「新結合」。新結合雖然是熊彼得的經濟發展論的核心概念，但是相較於熊彼得一味地著眼在促進新結合的主體，也就是人類（企業家）所推動的革新，我則是著眼在被結合起來的客體，也就是物，更精確來說，是「物在組合方面的變化」。

雖然他們自己或許沒有意識到，不過馬克思和熊彼得的經濟理論，其實都深深銘刻了歐洲精神文化的烙印，那就是人類至上主義。《舊約》主張，神「照著自己的模樣」，創造了人類；在這世界上，人類就是頂點，其他被創造出來的物，都是為了讓人類利用而被創造出來、是比人類更低等的存在。這種人類至上主義的世界觀，在基督教和猶太教圈子中，就像吃飯喝水一樣稀鬆平常。「好好珍惜事物、不要隨意浪費」，這種鄭重其事的態度，在馬克思看來大概會被視為「拜物教」，從而大加唾棄吧！

相對於此，格物論則是抱持「不只對人，對物也要珍重愛護」的立場。人和物合為一體，才能算得上是「人物」。當我們在陳述事情的時候，雖然說話者不用提，理所當然是人類，但講出來的東西，不也被稱之為「物語」嗎？物是主角，代物陳述故事（物語）的人，叫做「語部」，所以，語部其實是物的代言人。這是和人類至上主義迥然相異的世界觀。文明的海洋史觀，是以格物論為基礎，闡述社會物產複合變遷歷程的史觀，因此總體來說，它也可以稱為「文明的格物史觀」。關於這方面的詳論，仍是我們必須致力的課題。

◎課題二：朝向「文明的精神史觀」邁進

另外還有一個仍然待解的課題，那就是被馬克思形容為「鴉片」、被梅澤視為「傳染病」的宗教，其在文明史上的定位。馬克思是這樣說的：「宗教上的苦難，是現實苦難的表現，同時也是對現實苦難的抗議。宗教是被壓迫生靈的嘆息，是無情世界的感情，也是喪失精神狀態的精神。簡單來說，它就是人民的鴉片。」[12]

12《黑格爾法哲學批判導言》，初出《德法年誌》，一八四四年；城塚登譯，岩波文庫，一九七四年。

如上所述，對馬克思而言，宗教的真實面貌，就只是像鴉片的煙霧一般虛無渺茫罷了。在唯物史觀中，「法律、政治、宗教、藝術以及哲學的各種型態，亦即各種意識形態」，都是受到「由經濟上的各種生產條件所引發，可以透過物質與自然科學進行正確的確認」的下層結構所制約的上層結構[13]；而馬克思的關心，也全都集中在下層結構。

另一方面，對梅棹忠夫而言，他相當關心宗教，認為宗教正是足以為他的史觀畫龍點睛之物。他在《文明的生態史觀》結尾處，撰寫了一篇以「邁向比較宗教學的方法論備忘錄」為題，相當正式的論文。在這篇論文中，梅棹如是說：「如果論起和宗教足以類比的現象，我想那就是疾病，特別是傳染病。」「在人類的精神構造中，宗教這種現象，可以被看成是和疾病一體兩面的存在」

梅棹痛切感到關於文明史，必須要有一套比較宗教論才行，於是著手準備提出一套正式的論述，但在彙集成論之前，便離開了人世。冷戰終結後的世界，其樣貌可以用「文明的衝突」來形容：伊斯蘭教圈與基督教圈的齟齬、伊斯蘭教圈與猶太教圈的水火不容、伊斯蘭教圈與印度教圈的摩擦……對人類社會而言，宗教始終是擺脫不了的難解問題，而世界各宗教與日本思想之間關係的考察，對理解日本文明來說也是不可或缺。

文明史的比較宗教論，是馬克思捨棄的主題，也是梅棹忠夫殘留未完的主題。對我而言，它則是眼下的研究課題。我在二〇〇八年，著手進行了最初的試論——〈軸心時代的精神革命〉[14]，接著又發表了〈促進東西文明調和的「場域」之力〉[15]、〈試論「文明的精神史觀」〉[16]等習作，試著尋求日本思想在軸心時代的精神革命，以及在之後的思想潮流當中的定位。在最近的〈日本的「再生」思想〉[17]中，我則是從東西方對「再生」這個觀念的思想，進行了比較文明史的考察。接下來我就稍微提一下有關這方面的重點。

◎從軸心時代的精神革命談起

距今大約兩千五百年前，希臘出現了以泰勒斯（Thales）為首的自然哲學家，中東出現了《舊約聖經》中的諸先知，印度出現了佛陀，中國則出現了孔子。這些人物幾乎是同時登場，哲學家雅斯培（Karl Jaspers）稱之為人類史上劃時代的「軸心時代」，科學史家伊東俊太郎則將之命名為「精神革命」。這一場「軸心時代的精神革命」，對後世產生了莫大的

---

13 參見《政治經濟學批判》序言。
14 《文明與哲學》創刊號。
15 收錄於拙著《日本的理想——富士之國》，春秋社，二〇一〇年。
16 收錄於拙著《近代文明的誕生》，日經經濟人文庫，二〇一一年。
17 收錄於瀧澤雅彥、柑本英雄編《祈禱與再生的地球學》，成文堂，二〇一六年。

深遠影響。

以科學來說吧！科學乍看之下和宗教似乎呈兩極對立，但是只要對科學史有稍微深入的理解，就會知道科學的背景其實來自於基督教和希臘哲學。在中東誕生的一神教——基督教傳播到西方，並在古羅馬帝國成為國教，讓整個歐洲都染上基督教的色彩。自「十二世紀的文藝復興」[18]以來，基督教圈開始廣泛翻譯希臘哲學。基督教與希臘哲學，一開始看似水火不容，但經過一番知性的搏鬥之後，兩者終於融合為一，這是歐洲文化史上最重要的歷史事件。上帝的樣貌搖身一變成為理性，上帝的真理被認為可以透過理性主導的歸納法、演繹法來證明，也就是一種自然法則。這種用希臘哲學的理性，來論證基督教上帝真理的文化運動，最後的歸結便是科學從神學中自立出來，也就是所謂的科學革命，而將科學加以應用在技術上，就形成了工業革命。透過工業技術，人們隨心所欲地改變自然。因此，若我們深究西洋近代文明的本質，也就是所謂科學和技術的根源，便可以發現它是來自於一神教與希臘哲學。

另一方面，佛教則是從印度向東方傳播，並在日本逐漸本土化；到了平安時代末期，遂出現主張「山川草木國土悉皆成佛」、屬於日本固有的天台本覺論[19]。這是一種人類、生物、國土一律平等的思想，同時也是一種認為「一寸之蟲也有五分魂」、深具憐憫生物之心，對日常生活的事物也抱持「惜物」之心、鄭重對待，對用過的物還會加以供養的文化。

同時它也培養出了一種態度，認為人必須全神投入、將生命奉獻給「造物」這項工作，而這正是勤勉革命最大的精神特質。到了近代，這樣的思想孕育出西田幾多郎「成為物而觀看、成為物而勞動」的哲學思想，以及受到西田晚年的生命哲學影響、由今西錦司獨創的田野調查方法論。今西的研究方法之一「個體識別」，在靈長類研究上尤其發揮得淋漓盡致。這是一種觀察者將感情移入每隻猿猴，和猿猴產生共鳴，從而觀察猿猴有如人類一般個性的手法。雖然西洋學者批判這種做法是「擬人化」，但實證卻證明了這樣的觀察非常正確，而《高崎山的猿猴》作者伊谷純一郎，也因此在達爾文進化論的核心堡壘——英國，榮獲了赫胥黎獎章，光芒四射。

就像這樣，不論是在歐洲或日本，宗教都讓科學的樣貌為之一變。軸心時代精神革命出現的宗教、哲學、思想，其後傳播到世界各地。我們解讀它的餘波，可以發現它在和物產複合的變遷相對應的同時，也產生了屬於自己的改變，於是遂出現了屬於「文化複合」的變遷原動力。這已經超越了經濟史的範疇，自成一門領域；不管是經濟學或生態學，都無法輕易掌握它。文明的海洋史觀所掌握的是「物」（物產複合）的變遷，接下來的課題，則是要解

---

18 由學者哈斯金斯、伊東俊太郎所主張。

19 梅原猛，《人類哲學序說》等。

答「心」（文化複合）的變遷。在既存的學術當中，這個課題較傾向於比較宗教社會學的領域，不過按我的用語，則是「文化複合的比較文明史」。

韋伯對輕忽上層結構的重要性、只是一味傾向下層結構的馬克思「樸素的唯物論」，提出了批判。他在《新教倫理與資本主義》中，論證了宗教對近代歐洲社會的生成，扮演了決定性的角色。韋伯對比較宗教社會學的關心，放在作為歐洲近代特徵的形式理性主義和儒教等其他宗教的比較上，也就是以傳統的類型，來進行概括討論。然而，作為虔誠的基督教徒，韋伯的論述還是免不了樸素的歐洲中心論陰影。

舉例來說，有人指出韋伯的「卡里斯瑪」（charisma）論，其實是受到尼采的「超人」論所影響。這是一種相當具有說服力的說法。而從這當中，我們又可以看出什麼端倪呢？「超人」論出現在宣告「上帝已死」的《查拉圖斯特拉如是說》當中。「查拉圖斯特拉」是波斯宗教家「瑣羅亞斯德」的德語發音，瑣羅亞斯德教（祆教）的主神是密特拉，寫成漢字就是「彌勒」。這種有關未來佛、也就是彌勒的思想，和彌勒菩薩像一起，早在西元六世紀就已傳入日本。

對尼采影響最深的是叔本華《作為意志和表象的世界》，而叔本華本人則明白承認，自己的思想是受到吠陀哲學的影響。佛教和吠陀哲學等印度思想傳入德意志，是在威廉．瓊斯於赴任地孟加拉，「發現」了「印歐語系」之後不久的事，也就是大約西元一八〇〇年左右。至於祆教被介紹到德語圈則比這更晚一點，大概是在尼采後半生的時代。十九世紀東洋、中東思想引進基督教圈，造成了亞利安民族與閃族之間的對立，不久後更引發了納粹崛起，最終導致了對閃族猶太人的抹殺，其所產生的文化影響堪稱無可計量，也足以和基督教圈引進並翻譯希臘哲學所導致的「文藝復興」相匹敵、屬於歐洲文化史上的一大事件。

十九世紀末流行於歐洲的「日本主義」（Japanism）[20]，是這起大事件中一段美麗的插曲。東洋、中東對十九世紀歐洲思想文化的衝擊，並沒有進入韋伯的視野中，而日本也在他的視線之外。探尋和西歐並行產生出近代文明的日本思想淵源，將軸心時代精神革命納入視野，從宏觀角度對宗教、精神、哲學展開比較文明史的考察，是極為重要的主題，而把宗教類比成「鴉片」或「傳染病」的作法是明顯無法達到這點的。因此，「文明的精神史觀」，也是一個仍待我們解決的課題。

◎「以學術為職」和「以政治為職」的兼顧

最後，我想就我個人周遭的一些事情，在此致上感謝之意。我現在擔任知事一職，正為

20 編注：所謂日本主義，主要是在美術方面對和風的一種崇拜和熱情。

了實現「後東京時代，富國有德的富士之國」的理想，不斷精進努力。建設新的國家，必須要有新的學術。古代到中世的日本，建國的學術基礎是佛教，近世日本是儒學，到了近代日本則是洋學。各式各樣的學術，對打造不同的國家都派上了用場。不管佛教、儒學、洋學，都是來自海外，對建國有用的學術。佛教是為了鎮護國家，儒學是為了治國平天下，洋學則是為了讓日本西洋化而被引進；它們無一例外，都是經世致用的實學。

近代日本憧憬西洋文化，同時也吸納並包容它，而吸納西洋文化的中心就是東京。我懷抱著一種時代認知，認為東京時代已經宣告終結。要建設新的日本，就應該要效法日本國土統合的象徵——富士山的品格，來打造一個「富士之國」。要開啟後東京時代，學術是必要的，這種學術必然不是求自海外，而是立足於富士之國、也就是日本的腳下。

為了達成這點，對於第一線環境（現場）的深刻理解不可或缺，這門學術，我們可以稱之為「地區學」。所謂地區，是將地球以某種基準（氣候、人口、經緯度、地形、都市、農村等）加以劃分而成的部分。地球和地區的關係，就是全體與部分的關係。地區必須以「globe」（全球）這一全體為前提，故正確來說，地區學應該稱為「地球地區學」，英語稱為「global localogy」，簡稱「glocalogy」。

政治的目的是為了現實社會的和平，以及讓人們能夠安居樂業地過日子。田野調查是為了把握地區現狀必備的作業，了解地區現狀才能推出改善方法，而實施改善方法，就是政治所要負起的角色。田野調查是現狀分析與現狀改革的方法。身處現場，和當事人一起分享現場所面臨的課題、一起設法解決問題，就像白隱禪師說的「動中功夫勝靜中百千億倍」。在這種情況下，解決速度也會迅速許多，這就是我的「現場主義」。在過去七年的任職期間，我離開知事辦公室，奔走在全縣各地的次數，少說超過了兩千次。這種現場主義，就是田野調查的別名。

「以學術為職」和「以政治為職」，乍看之下很難兼顧。確實，心中懷抱著眾多惡魔（自我炫耀、權力慾、金錢慾等）的職業政治家，和侍奉真理（神）的職業學者，兩者性質迥異，就現實面來說也很難兼顧。可是，政治與學問在田野調查中，其實是一體的。不過要達成這點，仍然有其條件。在政治家身邊，惡的存在可說如影隨形，要讓諸惡不纏上自己，就必須要像宮澤賢治[21]所言：「不論發生任何事，都不以自己為考量，銘記勿忘，時時增廣見聞。」也就是抱持著「把現場當成道場」的領悟。必須以「常在道場」為宗旨，抱持著「來者不拒、不惜相助、不求回報」的心境。若是能保持這樣的心境，則「以學術為職」和「以政治為職」這兩者，就能夠彼此兼顧了。

知識就是力量。可是，能夠形成真正力量的知識是什麼呢？那就是從田野調查中得到的

21 編注：日本昭和時代早期詩人、佛教徒與教育家。

真知。在地區學中，田野調查與現場是一體的，也就是所謂的「身土不二」。對於知事這個職位，我個人的解讀就是「使用知來做事情」。感謝對此抱持深刻理解的各位相關人員，特別是中川綾子女史的協助，讓這次的作業能夠相當順利地進行。

本書能夠以文庫版呈現在讀者眼前，完全要感謝時任中央公論新社會長的小林敬和先生，以及同社學藝局的宇和川準一先生，對本書抱持著不變評價。身為資深編輯的宇和川先生的溫暖關懷，讓我格外感激。

木村滋先生在極短的時間裡，寫出了一篇大眾取向的紮實解說。對於他的力量，我敬服不已。木村先生是梅棹忠夫先生任職館長的時候，在國立民族學博物館負責監修《季刊民族學》的知名編輯家，我在這本雜誌和梅棹先生的對談，也是由木村先生所一手企畫。我們兩人打從早稻田就學時代起，就是人生舞台上的摯友，經過半個世紀，這份交誼始終濃厚。我在感懷之餘，也不禁對他打從心底，抱持著深深的感謝之念。

以此為記，向各位表達最深的謝意。

梅棹忠夫先生在二〇一〇年，以九十歲高齡逝世。梅棹先生的恩師今西錦司先生也是享壽九十歲，兩人晚年也都失明。梅棹先生在佐藤首相的首席秘書官楠田實的請託下，成為歷代首相的智囊。楠田先生引退後，也持續安排以梅棹先生為中心的研究會，並將我邀入會中。這個研討會在大阪和東京交互召開，當中也可以看到「全總先生」（下河邊淳先生）、

「鹽爺」（鹽川正十郎先生）等人的身影，不過主要還是以著名學者為中心。研討會在東京的會場位於新大谷飯店。

當會議結束、大家幾乎都各自離開時，梅棹先生總會在飯店的酒吧裡逗留。這時，作陪的幾乎都是我，而歡談後和他手牽手回到房間的，也都是我。直到抵達房間為止，我們總會靜靜地對話，那樣的時刻，讓我感到無比幸福。有一次，梅棹先生忽然停下腳步，對我說：「這個會的意義相當重大，畢竟聚集了這麼多國士啊！」「國士」這個詞和梅棹先生給人的印象完全不合，因此我感到有點出其不意，當下的感受既是驚訝，又是感動。今西先生和梅棹先生，都是憂國且深愛國家之士，他們就像是富士山一般，為日本留下了源自本土的超一流學問後溘然長逝，在此謹合什致意。

仰望滿溢真實之光的富士　漫步亦覺心清

二〇一六年（平成二十八年）秋，於富士山麓　川勝平太　識

解說
日本文明論的嶄新地平線

木村滋

「梅棹忠夫為日本思想界掀起了新浪潮。」桑原武夫[1]如此評論。「文明的生態史觀序說」在一九五七年二月發表於《中央公論》雜誌上；之後自一九六〇年一月號起，梅棹又在同雜誌的「日本探檢」這個大專題下，以「從比較文明論的立場出發、追求現代日本文明史的課題」為主軸，用兩個月一回的連載方式，刊載了一系列名為「文明論遊記」的作品。當時連載的最初四篇文章經過彙整之後，以《日本探檢》為題，於十一月由中央公論社加以付梓發行；這四篇文章分別是〈福山誠之館〉、〈大本教〉、〈北海道獨立論〉、〈高崎山〉[001]。

1 編注：法國文學、文化研究者，也是戰後京都學派的重要成員之一。

桑原這段感覺起來像是廣告文案的文句，是刊登在《日本探檢》的封面摺頁處，作為整篇文章的破題。善於評論人物的桑原，接著又如此闡述梅棹的理論：

我想，如果抱持著「只要書沒讀完，就會想盡可能把它讀完」的心態，來看梅棹一貫的作品的話，多少都會有點皺眉頭吧！畢竟，認為學問就是要從書裡面讀出來、思想就是要透過書來發掘的人，還是占了大多數的主流。

梅棹認為，思索應該要從現實出發，但不應是兩手空空、單純把擁抱現實當作成果。因此，他飽讀群書，但不是囫圇吞棗，而是用這種方式對現實加以確認、並透過在作品中描述現實，來吐露與眾不同的真正心聲；這就是他與現實共生共存的巧妙手法。簡單來說，他其實不過是走在自古以來做學問的正道上，但一般讀者卻會為他的大膽與離經叛道而側目。

梅棹這次的著作，想必能掀起另一種波段的新浪潮，同時也能成為在知性的浪濤中，讓人反覆激盪的對象，堪稱是近來相當令人激賞的作品。[002]

新浪潮（La Nouvelle Vague）是始自一九五〇年代末期，以高達（Jean-Luc Godard）和楚浮（François Truffaut）為代表所展開的電影運動。這波風潮也傳到日本，影響了一整群屬於戰後世代（après-guerre）的電影導演，如大島渚、篠田正浩、吉田喜重、深作欣二等。他們既不信賴社會寫實主義，也不相信大眾啟蒙主義，對這兩條路線不抱任何希望或幻想。這些導演讓日本電影的風格為之一新，大島的《日本夜與霧》與深作的《無仁義之戰》，就是最好的例子。

有鑑於馬克思主義史學陣營對梅棹生態史觀的出現幾乎沒有正面應答——或者說，對這樣的挑戰根本無法應答，桑原認為這本論文的出現，標誌著馬克思主義凋零的前兆，而在以田野調查為基礎的戰後京都學派（新京都學派）中，梅棹身為年輕的旗手，正是新浪潮的絕佳典範。

◎梅棹理論引發戰後思想一百八十度的大轉變

接下來，我想更進一步探討梅棹生態史觀在戰後思想中的定位，以及其所代表的意義。打從二戰之前起、特別是到了二戰期間，皇國史觀、超國家史觀都是以西歐否定論為立足基礎，再加上些許神諭風格，從而形成一種非理性的日本肯定論，也可以說是日本中心主義。當這種論調面對日本敗北的現實時，知識分子開始覺得，敗北不只是軍事上的，而是起因於日本在近代社會與近代精神方面的不成熟。隨著這種觀念深入人心，遂出現了主張以歐洲為標準、樹立近代社會的近代主義，以及認為「明治維新是封建社會的最終階段，也就是專制主義的樹立，因此明治維新並不徹底」的講座派馬克思主義。[003]不論何者，都抱持著單線發展說的文明一元觀，以及西歐中心主義。之後，他們更對往社會主義邁進的毛澤東中國，以及以中立為目標的尼赫魯印度抱持憧憬，從而使得認為日本和西歐銜接失敗的日本有罪論、日本否定論，一時聲勢大張。

可是，對於作為議論前提的近代主義或馬克思主義，這些人並沒有充分地斟酌與檢討，只是無條件地把它們當作解釋世界史的唯一基準與理論來加以信奉；這種不理性的態度，跟戰前以及戰時並沒有什麼兩樣，只不過是把日本肯定論換成了日本否定論，就實質上來說，則是呈現出一體兩面的樣貌。

講座派馬克思主義與近代主義合併起來，會變成什麼樣子呢？在此僅舉一例：

> 關於為何中國近代化會失敗且淪為半殖民地，而日本在明治維新後，卻能成為東洋唯一且最初的近代國家，這個課題我們必須從思想史的層面來加以探尋。儘管對其具體的性質，仍有眾多分歧的見解，但作為「近代國家」標誌的近代，直至今日仍可稱得上是學界的共有財產。經歷過「近代」的日本，與無法成功「近代化」的中國，在以大眾性質為基礎的近代化這點上，產生了今日所見、迥然相異的對比。

從現在的角度來看，或許會覺得這是種相當奇妙的見解，但這是直到今日仍不斷再版的丸山真男的《日本政治思想史研究》[2]〈後記〉當中的一節。

梅棹發表這篇徹底轉變既有世界史框架的〈文明的生態史觀序說〉時，年紀不過三十六歲。這篇文章從破題開始，就相當不簡單。「湯恩比[3]來到日本了。據說就歷史學家而言，他是一位相當了不起的人物。」梅棹並沒有肯定地說，湯恩比「就是相當了不起的人物」。以向那些讚嘆湯恩比的學者提出挑戰為開端，這篇文章讓我從一開始閱讀，就忍不住倒抽一口大氣。接著他又說：「西洋人在談論世界歷史的時候，幾乎都對日本的歷史視而不見。之所以如此，是因為無可救藥的無知與自以為是所致。」和這些人相比，湯恩比「已**經算是勝過以往了**，但是……」；從這裡他繼續展開議論，這樣的論法讓人忍不住聯想到電影《大菩薩嶺》裡，機龍之助的「魔劍」，有一種刀光閃逝、宛若年輕武士般的銳利，充滿了魅力。

當梅棹提出這樣的思想時，雖然沒有直接指名道姓，但明顯是在批判馬克思與韋伯（梅棹將這兩人的著作歸類於文明論），並從科學角度否定戰前的大東亞共榮圈，同時更進一步

2 東京大學出版會，一九五二年；著重號為丸山本人所加。
3 編注：英國著名歷史學家。

對講座派馬克思主義與近代主義合併的戰後思潮，進行一百八十度的大扭轉。簡單來說，就是將丸山政治學與大塚史學一刀斬斷。他這種獨創的日本文明論，堪稱是戰後最大的思想收穫。

值得注意的是，生態史觀以生態學的環境論為分析工具，認為世界史的發展階段具有多元性質，而日本乃是高度文明國，亦即將日本肯定論與西歐肯定論同時並立。不只如此，在知識分子還一味局限於文化層面進行思考的當時，梅棹已經以「過更好的生活」為關鍵要素，將與家庭結合的文明形式放到檯面上進行剖析，而不問文化的價值如何，這可說是徹底顛覆了我們一般常見的想法。還有一點必須附帶提及的是，他對「日本不屬於亞洲」的主張，不管在當時還是之後，都產生了相當大的影響力。

和《文明的生態史觀》中收錄的各篇相關論文相呼應，中公文庫版由谷泰所撰寫的解說也相當值得一讀。谷泰是在京都大學人文社會科學研究所的社會類學部門中，輔佐今西錦司與梅棹的學者；在梅棹從狩獵／採集、畜牧（遊牧）、農耕等生活樣式的視角出發，撰寫而成的《狩獵與遊牧的世界：自然社會的進化》[4]中，谷氏也負責執筆解說。因此，若是同時閱讀梅棹的本文與谷泰的解說，必然能夠對梅棹的論述有更深的理解。梅棹對狩獵世界的放眼觀察，也是很值得注目的一點。

曾任《中央公論》雜誌總編輯的粕谷一希說，閱讀「文明的生態史觀序說」，讓他不禁體會到「眼前迷霧一掃而空的感覺」。生態史觀的出現，「不只是一起事件，更是劃時代的重大事件」。粕谷更說：「在我生涯當中，最大的文化衝擊、也是讓我試著去接觸異文化的轉機，正是與梅棹忠夫先生的相遇。」梅棹不只掀起了新的浪潮，而且也讓人感覺到「時代的旗手，總是會出現在學術的邊陲地帶。」「我想，梅棹之所以能達到這種成就，最大的祕密就在於他是動物學科出生，因此能不受既存的人文學科與社會科學所束縛，自由自在地進行思考之故吧！」

司馬遼太郎也做了以下的論述：「梅棹在昭和十年（一九三五年）左右，也就是他年輕的時候，在內蒙古野外進行遊牧研究，這讓他的學術視野首度獲得了擴展。」「所謂遊牧，就是將合理的技術掌握在手中，且任何人都可以參與其中。從『任何人』這層意義上來看，遊牧既是普遍的、也是堂堂正正的文明，這就是梅棹的想法，而他也從中汲取了思想的養分。」司馬又說：「雖然到在梅棹忠夫橫空出世之前，日本的學術歷經了相當漫長的一段時間，但梅棹之所以能成其事業，則要歸功於今西錦司。從他們之後，京都這個城市一下子變大了起來；畢竟京都原本是個頑固講究實證主義的城市，不管是和梅棹同期的三高畢業生、還是在那之前的人，看起來都是處在一個非常不喜歡空談的世界裡呀！」

---

4 講談社學術文庫，一九七六年。

就這樣，生態史觀以幾乎和「日本文明論」同義之姿，在受過教育的市民階層中，引起了相當大的波瀾。[004]

◎川勝理論的登場與「鎖國」形象的根本刷新

在這之後，歷經了將近半個世紀的時光流逝。

我因為參與梅棹創刊的「國立民族博物館館友會」會員專屬期刊《季刊民族學》的編輯事務（編輯部位在東京），因此在將近二十五年的時間當中，一直跟隨在梅棹左右工作。當川勝平太的出道作《日本文明與近代西洋：「鎖國」再考》[5]刊行之後不久，我在偶然的情況下，聽到梅棹這樣評論川勝：「真是充滿銳氣的表現啊！」當時梅棹的語氣中，隱含著「終於出現了啊」的微妙感觸；他那副感慨甚深的表情，至今仍然歷歷浮現在我的眼前。不只如此，梅棹在文章中也這樣寫道：「在川勝的著作中，介紹並引用了我的作品《文明的生態史觀》。對於有能理解我學說的人物出現，我感到相當喜悅。」正如這段話所顯示的，梅棹長久以來，一直期盼在自己有生之年能夠親眼目睹年輕一代的新秀崛起，如今他的等待終於有了回報。

川勝是我在早稻田大學大我一屆的學長，對我來說是位宛若兄長般的人物。他從學生時代開始就徹底熟讀馬克思的論述，對記載了唯物史觀大綱的《政治經濟學批判》序言，以及《資本論》二十四章〈論原始的積累〉的關鍵要點，更是相當熟稔。那種熟稔是隨著徹底的讀透，不知不覺深入腦海中的程度。他以馬克思在《政治經濟學批判》序言中所說的「人體解剖對於猴體解剖是一把鑰匙」為關鍵句，斷言馬克思「並沒有提出關於『從封建社會到資本主義社會之間過渡期』的邏輯論述」；也正因為如此，以解答過渡期為問題意識根本的「講座派馬克思主義，才會如此具有滲透力」。他的這番話，讓我感到很大的啟發與刺激。

之後川勝進了研究所，專攻日本經濟史。他的碩士論文是〈日本產業革命論〉，從中已經可以推測出川勝理論的原型。研究所畢業後，他前往牛津大學留學；歸國前後，他針對日本產業革命，發表了一篇有關「棉製品的內外品質與內外價格」的論文。在這篇文章中，他發掘了這樣的事實：明治期間，儘管從英國輸入的棉製品比日本國內的產品價格更低廉，但英國棉製品並沒有徹底席捲日本市場。透過這個實證，他提出了關於日本工業化的新範式：過去的理論都認為，日本的第一次產業革命（紡織革命）是以絲織品（生絲）為主力，但事實上，真正擔任主力的並非絲織品，而是既有的棉布產業（棉）。川勝的主張以社會經濟史學會為中心，掀起了激烈的論戰。

---

5 NHK Books，一九九一年。

接下來，在以一般市民為對象出版的《日本文明與近代西洋》中，川勝清楚展示了他的理論。這本書的第一部描述了日本與西歐並行的「脫亞」歷程，第二部則明白指出經濟和文化的不可分割（文化—物產複合），是一篇創意洋溢、規模宏大的日本文明論。川勝論證說，東西雙方從近代以前必須從亞洲輸入的各類物產——如棉、絲綢、砂糖、茶等當中「自立化」（或說自給化、國產化）的過程，為它們各自帶來了生活上的革命，而這種輸入替代的過程，也分別以「鎖國」和「近代世界體系」之姿，催生出日本文明與近代西洋。

川勝這套推演，與迄今為止所知的「鎖國」樣貌迥然相異，吸引了許多為之大吃一驚、且深感興味的讀者。據他自己所言，這是「對馬克思主義史學提出異議，並提出一套以今西生物學為媒介的社會科學方法論」。我雖然在工作上，主要是以文化人類學者（民族學者）為中心進行取材，不過川勝理論仍然漸漸、且的的確確吸引了我的關注。他所展現的鎖國形象，說到底是對受到布勞岱爾強烈影響的華勒斯坦所說的「近代世界體系」提出的一種挑戰，因此自然也形成了一種無法忽視的理論，從而受到矚目。

之後，他又跟前一本著作一樣，以產業革命的樣貌為重點，透過在世界史中探尋日本定位的問題意識，主張學習江戶時代的道德，並為今後的日本應當採行的理念提出建言，這就是《富國有德論》[6]。在這本書的影響下，就連當時的小淵惠三首相在表明施政方針時，也宣示要採取「富國有德」的策略，這是廣為人知的事實。

川勝接下來又更進一步，將自己的持論往前推進，得到的就是這本獨一無二的《文明的海洋史觀》[7]。本書在一開始，就以淺顯簡潔、宛若宣言般的方式，漂亮傳達了川勝理論的真髓：

所謂「近代」，乃是誕生自亞洲的海洋之中。更正確地說，正是因為必須回應「海洋亞洲」一帶來的衝擊，所以日本和歐洲才會出現嶄新的文明——這就是「海洋史觀」，也是貫徹本書的主要基調。

華勒斯坦認為，在近世期（一五〇〇至一八〇〇年左右）中，舊有的政治中心體系被取而代之，在迄今為止位居亞洲各文明邊陲的西歐，則出現了人類史上第一個以經濟為中心的世界體系，而這也是唯一的一個經濟中心體系。換言之，華勒斯坦主張單線發展說，而川勝的主張則與之截然相反；川勝認為，還有另一個迥然相異的經濟社會在同一時期出現，就是所謂的「鎖國體系」。

6 紀伊國屋書店，一九九五年；文庫版由中公文庫刊行。
7 中公叢書，一九九七年。

針對這個根本的疑問，川勝在一九九四年於名古屋大學舉辦的公開研討會「Viewing From Asia: World Economy」中，直接向華勒斯坦本人提出質疑；事後據川勝本人告訴我，華勒斯坦「也認同了這樣的看法」。

用「物產複合」這個關鍵概念去深入發掘近代誕生的淵源，就可以在「海洋與近代文明興起的關係」中，發現源自亞洲海域的「近代世界體系」與「鎖國體系」，幾乎是在同一時期出現，這就是海洋史觀出類拔萃的嶄新之處。還不只如此，川勝理論更進一步地指出：「兩個地區採取的回應方式，以向量的方向來看，正好是互為對照。」而就歷史意義來看，生產革命的差異（歐洲的工業革命與日本的勤勉革命）、脫亞地區的差異（歐洲自伊斯蘭文明的海洋圈脫離，日本則自中國文明的海洋圈脫離）、經濟自立的世界觀差異（歐洲的「戰爭與和平」世界觀，與德川日本的「華夷秩序」世界觀），在理論上其實是成對的，這更是值得著眼之處。就跟今西生物學的「相似與相異」類似，川勝的論述也具備了堅實的理論構造。

川勝在空間論上引用了以陸地為軸心的梅棹生態史觀，在時間論上則打出了「海洋」這張關鍵的王牌。透過這種方式，他跟布勞岱爾的大作《地中海》[8]一樣，成功地從海洋角度出發，描述了文明的興亡。川勝把梅棹的生態史觀看成是「已然確立的古老經典」，勇敢向它發起挑戰。

這場挑戰的結果是，深化了既有的日本文明論，並開拓出嶄新的地平線，這就是川勝史觀最大的魅力。

從與歷史學普遍說法之間的關連來看的話，川勝理論的獨創性就更明確了。長久以來的問題都是：日本作為「亞洲最初的工業國家」，並成功趕上歐美列強的腳步，但究竟是什麼原因，才讓日本能夠辦到這點呢？針對這種既有的論述與問題設定，川勝以「來自海洋亞洲的市場經濟壓力」為關鍵要點，展現出一幅涵蓋整體的畫面，從而一舉轉換了既有的說法。

另外還要附帶提及一點，那就是川勝理論為日本資本主義論爭，做出了一個完全意料不到的總結。對於以昭和前期為中心發展起來的日本資本主義論爭[9]及其成果，至今仍有相當多不同的見解，但撇開這些不論，對那些將西歐理論套用到日本資本主義發展史的分析中、並參與論爭的研究者，我個人還是抱持敬意的。自明治以來，有很多人將西歐理論介紹到日本，但試著用這些理論來分析日本的人，卻是少之又少。在這方面，川勝雖然指出「大塚史學在日本資本主義分析與東亞資本主義分析方面，可以說已經完全喪失了作為方法論的意

8 日譯本由藤原書店出版。

9 編注：發生在一九三二至三七年間，由信奉馬克思主義的講座派與勞農派展開的論爭。講座派認為明治維新只是樹立專制國家，因此需要先進行民主改革；勞農派則認為明治維新是資產階級革命，建立的是近代資本主義主義國家，所以應該推動社會主義改革。

義」，但我必須說，川勝海洋史觀的理論雖是建構在對各種學說的檢討上，但在它的底下仍有幾根屹立不搖的支柱，其中也包括了大塚史學在內。

另一個不可錯過的重點是，對於因為在思想面上支持戰爭、而在戰後遭到京大放逐的京都學派西洋史學者鈴木成高的功績，川勝給予了超越時代的極高評價。[005]從這點可以看出，川勝自在發想的活力泉源之一，就是他在研究範疇上的寬廣與深度。

就這樣，川勝徹底刷新了「鎖國」的形象；透過「鎖國體系」與「近代世界體系」的並存，以及兩者之間的相異與關連，提出了一套嶄新的歷史形象，不只在歷史學界間，更在廣大的領域中掀起了知性的衝擊。

還不只如此，從引發求知興奮的角度來看，本書的第二部「承之章：關於史觀」中的第二節「生態史觀──戰後京都學派（今西學派）」，更是不能錯過的部分。西田幾多郎的哲學，懷抱著「超越、克服近代」的雄心壯志；從這點來看，它與「意圖克服近代資產階級社會」的馬克思主義，「其實有著共通之處」。川勝在論述的開端，把西田哲學定位在跟馬克思主義相對的東洋思想位置上，同時把西田論配置在接下來要展開的本論──今西論的前面，這樣的做法，隱含了微言大義。他將晦澀難懂的西田哲學基本概念「絕對矛盾的自我同一」，用平易的方式加以解讀，並試著指出西田哲學的愛慾特質。接著，他將西田所追究的「生與死」這個主題中，擔當「死」這一翼的三木清，與「生」這一翼的今西錦司（與今西學派），以鳥瞰圖的方式進行壓軸的描繪。這對二十歲就已經讀完全部十九卷《三木清全集》[10]的川勝來說，堪稱是秀異至極的邏輯推演。

◎梅棹生態史觀與川勝海洋史觀

一九九一年十二月，蘇聯瓦解。在國家體系崩解的同時，唯物史觀也跟著瓦解。另一方面，認為資本主義誕生自「新教倫理」這種固有文化的韋伯式觀點，也隨著日本資本主義的發展、以及亞洲各國工業化的成功，而產生了動搖。就這個角度來看，在從太古貫串至現代的史觀中，還是梅棹的生態史觀最妥當、也最符合現狀。正因如此，我在一九九四年二月和梅棹見面，請他就生態史觀在今日的意義，為《季刊民族學》撰寫一篇文章。之後我也好幾次向他催稿，但他說：「雖然我是有大致完成的作品，但還得想一想，有沒有必須因應現今情況、進行修正的部分。」梅棹最後終究沒有如我所願，執筆寫下這篇論文。

一九九七年十一月，《文明的海洋史觀》付梓成書，川勝惠贈我一本。拿到書後，我一口氣將它讀完，同時腦海裡閃現了一個念頭，次月我和梅棹見面時，向他提議與川勝進行

10 岩波書店。

一場對談，並得到他的慨然應允。自一九八六年起，梅棹就已經喪失了視力，因此若是有想讀或是必讀的論文與書籍，都得用錄音朗讀的方式唸給他聽，以進行知性方面的工作；也正因此，當他讀完（聽完）這本書的時候，才能展開對談的企劃。就這樣，在隔年（一九九八年）的七月，兩位學者的對談終於得以實現，主題是：「『文明的生態史觀』在歷史與今日的意義」，我向他們兩位傳達了這樣的意向。

我十分確信，這將是一場內容相當充實的對談，畢竟他們兩位都秉持著多線發展論的態度，同時在「日本不屬於亞洲」這個基本認識上，立場也相當一致。我也覺得，若是讓這場對談就這樣告一段落太過可惜，於是四處找尋學者，看有沒有人能夠在對談刊載的下一期雜誌中，寫一篇一萬字左右的評論。考慮到世代與專門領域的平衡，我在對談前向下列四位學者提出請託，並得到了他們的爽快應允，這四位學者分別是和梅棹同世代的島嶼地理學者大島襄二、世代介於梅棹與川勝之間的電腦民族學者杉田繁治、和川勝同一世代的社會經濟學者佐伯啟思、以及專研中東伊斯蘭世界的社會人類學者大塚和夫。

我簡單說明了對談的企劃與主旨之後，接下來便完全託付給梅棹和川勝這兩位「對談名家」。首先，川勝就梅棹生態史觀的意義，準備周到地彙整了十個項目，按順序一邊評論、一邊進行提示。梅棹在整個過程中，一直帶著沉穩而滿足的表情，頷首聆聽川勝的提示，然後從作者的立場，對川勝的評論加以補足，透過這樣的方式，讓討論不斷深入。這是這場從中午開始、持續將近五個小時的對談中，前半部的最高潮。其實，在生態史觀發表之後，仍有不少學者批評它是「吹牛皮」、「無法論證」，但川勝卻認為梅棹的生態史觀是可以驗證與實證的，同時對於它從文明觀點來放眼世界史這點，也給予相當高的評價。

但是，正如本書所論究，生態史觀的適用範圍是否有其局限呢？在川勝的這個疑問下，對談一轉而進入後半段。這篇梅棹生態史觀（用川勝的話來說是陸地史觀）與川勝海洋史觀的對話，收錄在中公叢書、由梅棹忠夫編纂的《今日的文明生態史觀》當中。在對談後的餐敘裡，川勝說：「我是在和馬克思主義、以及韋伯式觀點的搏鬥中，與生態史觀相遇的。」梅棹則回應說：「我認為這樣的遭遇形式相當不錯，能夠對生態史觀的意義產生充分的了解。」

雖然彷彿只是一瞬間，就在梅棹心情舒暢的談話間，時間不知不覺地流逝，最後終於到了對談場所——大阪千里山的柏屋關店。在這段過程中，雖然也有些許的緊張感，但大致上都是在柔和沉穩的氛圍中進行。事後，川勝和我在下榻的旅館裡，乾了好幾杯威士忌，他對我說：「今天真是一場讓我深刻感受到梅棹先生的學識與德行的對談啊！」他一方面吐露出自己將所有的熱情與理性思維全神投入的充實感，以及對梅棹風格的感嘆，同時也用自己的方式如此述懷：「總之，感覺起來就像花落水流一般毫無窒礙，就是這麼了不起哪！」同一時間，梅棹也在常去的酒吧中，享受著對談帶來的餘韻。

對談的校正版本，經過梅棹和川勝進行若干字句的訂正與批改後，於《季刊民族學》的第八十六號正式刊載出來。而在四位學者對這篇對談的讀後評論中，佐伯表示：「這場對談中，川勝以『文明的海洋史觀』為引子，展開一波波的攻勢，梅棹則不動如山，正面接下他的攻擊。這樣的交流方式，構成了一場相當有意思的對談。」這四篇讀後評論，每一篇都是力透紙背的論著，為這場對談更添光彩，這些評論也收錄在中公叢書當中。

梅棹表示：「這次對談的企劃雖然是由木村滋先生開始發想，但之後《文藝春秋》也提出了同樣的對談提案，因此這樣的對談在先前已經實現了。」第一次的對談在《文藝春秋》八月號，以《日本啊，縱身飛躍吧！》為題刊載出來，在我們這次對談的時候，也擺在店頭陳列（收錄到叢書的時候，則由梅棹自己改題為《論日本文明的未來》）。因此我們也在考慮，這場以《今日的文明生態史觀》為主軸的第二次討論，是不是也由文藝春秋出版比較好，但最後還是由中央公論新社加以刊行。

事實上，早在書籍化的企劃進行前，文藝春秋就已經向梅棹商量過了。他們希望將第二次對談收錄在《文春新書》中，但是要將四位學者的評論加以割愛。當時，梅棹的回應是：「那麼，木村的意見是怎樣的呢？」之後梅棹資料室的秘書便跟我聯絡，表示「最近文春的編輯應該會前往造訪」。之後，兩位文春編輯果然造訪了我的編輯室。我問他們說：「你們想把四位學者的評論割愛，真正的用意究竟何在？」他們曖昧地回應說：「這四位的知名度不夠。」於是我說：「池島信平（文藝春秋第三任社長）曾說，『雜誌記者的生命線就是企劃』。因此，既然我的企劃是對談和評論結合為一，就絕不能接受將兩者分開的作法。」文春方面也沒有對此提出異議。當我向資料室報告後，據說梅棹對周圍的人表示：「真是有骨氣的應對。」

就這樣，梅棹對於編者和作者，都給予同等的尊重。之後我也擔任川勝的《文化力：日本的潛力》[11]一書的編輯工作，川勝也和梅棹抱持著一樣的態度。他們兩位都認為學術著作和新聞報導原本就不是截然相反的事物，而是可以相互協調的東西，並為了達成在知性冒險上的攜手並進而盡心竭力。

◎邁向「文明的格物史觀」之路

一九九八年獲得第八屆讀賣論壇賞[12]的《文明的海洋史觀》，是一本用紮實的基本架構和明快的探討目標編纂而成的作品。在〈轉之章：文明的海洋史觀〉中的「海洋史觀下的社

11 Wedge，二〇〇六年。

12 二〇〇〇年起改稱讀賣・吉野作造賞。

會變遷論」一節裡，有如下的一段文字，清楚陳述了海洋史觀的核心：

要透過經濟發展（也就是新結合）來解釋物產複合的改變，將帶來新文物的海洋納入視野當中，乃是不可或缺之事。因此，我們必須具備一種包含「影響生活樣式變化的海洋」的史觀。唯物史觀與生態史觀，都不能滿足這樣的期待。相對於唯物史觀將生產力、生態史觀將暴力視為社會變遷的主因，海洋史觀則是將「從海外湧現的外部壓力」看成是社會變遷的主因。

川勝從學生時代起，就認為熊彼得的理論是經濟學上「其他人所望塵莫及的巍峨高山」，並且徹底地熟讀。他在上述引文前面曾寫到，他從熊彼得那裡吸收了「島嶼與海洋的關係」，不過相對於熊彼得著眼在「企業家」這類人物的身上，川勝則著眼於複合的「物」，因此與熊彼得分道揚鑣。在這裡，川勝提出了獨創的概念，那就是「經濟發展等於新結合」下的物產複合，導致了社會的變遷。就這樣，熊彼得的理論成為了川勝理論構築的重要媒介。[006]

關於前面所引用的「唯物史觀與生態史觀，都不能滿足這樣的期待」這句話，我在這裡要不畏疊床架屋，再解釋得更精確一點。這句話的意思其實是：「不管唯物史觀也好，或是批判唯物史觀的生態史觀也罷，其實都是陸地史觀，所以不能滿足期待。」另一個常會招致誤解的地方，我也想在這裡加以補充：生態史觀中所說的「暴力」，指的其實不是英語中的「violence」，而是一種力量（power），一種推進力、原動力。

從這裡可以明顯看出，川勝是把唯物史觀當成「正」、生態史觀當成「反」，而海洋史觀則是一種「合」，他的志向就是如此宏大。本書雖然是川勝理論的一個節點，不過正如他在〈跋　追尋新的生存之道〉中所陳述的，他真正的企圖，是要往前更進一步，以「文明的格物史觀」，為人類史的文明解釋，開拓一道嶄新的地平線。

值得注目的是，川勝除了熊彼得的理論外，也把今西錦司的理論，當成他自己理論構築的媒介。川勝認為，今西理論已經「超越了達爾文和馬克思的典範」，但難處在於「無法用來解釋人類社會」。川勝曾經一度和今西對談[13]，當時今西很期盼川勝能夠寫一篇「今西錦司論」。在今西逝世[14]之前，川勝曾經探視住院中的今西，並試著提出最後的問題，這段提問收錄在《富國有德論》當中：

13　一九八四年。
14　一九九二年六月。

我問今西先生：「『分棲共存』在進化最尖端的生物與其他生物之間，真的能夠成立嗎？」今西先生說：「這是一個很難回答的問題呢。」對於我主張人類是生物社會中打破「分棲共存」原理的存在，今西先生只是微微動了動眼珠，回答我說：「這是錯誤的。」（下略）

「我會再次重新思考的。」我如此對今西先生說，今西先生也用清晰的口吻對我說：「那你就好好想吧。」關於在「specia」當中，最關鍵的人類與生物全體社會與地球學的關係，今西先生應該已經懷有構想，只是最終並沒有公開表達出來，而我則是把這個習題放在心裡，離開了病房。

在本書《文明的海洋史觀》裡，川勝對生態史觀的批判，主要是以上山春平的批判為核心。因為很重要，所以我在這裡直接引述上山的原文：

作為生物（動植物）社會邏輯的演替理論，絕對不能在毫無媒介的情況下，直接套用成人類社會的邏輯；如果硬是要用的話，也只能用在比喻或是類比的情況上。當然，我想梅棹先生自己應該很清楚這點，但要完成他的理論，就必須要有一套能夠將生物社會與人類社會邏輯統合為一的邏輯才行，在此我必須強調這點。

上山是今西的主要著作《生物的世界》[15]的解說撰寫者。他認為今西「以哲學家的方式進行思索」，並對今西理論做出了卓越的速寫。正如後文所提到的，據我推測，今西在解讀生態史觀的時候，應該也是抱持著跟上山同樣的感想才對。

一九六〇年，中央公論社打著「比小說更有趣」的宣傳口號，發行了《世界的歷史》[16]，這在歷史類書籍的出版上，堪稱是劃時代的大事。這套書的出版，很清楚地是看準了歷史書的巨大市場。當時的監修者之一，是擔任文藝春秋編輯局長的池島信平，負責編輯的則是「中公新書」[17]的生身之父、之後成為著名鐵道作家的名編輯宮脇俊三。在他們的努力下，這項計畫成功地高奏凱歌。

一九六六年，河出書房也決定踏入這塊市場。以下的內容引自河出編輯小池信雄先生的〈夢幻的暢銷書《人類的未來》：黑暗彼端的光明〉[007]。河出打算以京都大學研究群為執筆中心，並由桑原武夫擔任關鍵的監修者一職，以此為基礎展開了商談。河出方案的第一卷

15 講談社文庫版，一九七二年。
16 全十六卷、別冊一卷。
17 自六二年起刊行。

是今西錦司、梅棹忠夫《人類的誕生》，第二十二卷則是小兒科醫師松田道雄的《俄羅斯的革命》。桑原感到相當驚訝，但也覺得非常有趣，於是河出便火速邀請今西和梅棹在京都的高級料理店進行餐敘，並請求他們協助執筆。梅棹很高興地應允了，但今西卻顯得「相當不悅，全程幾乎不發一語」。接獲這份報告的桑原察覺到失敗，便下達了「變更作戰計畫」的指示。

再次造訪今西宅邸的編輯，重新提出了「一人執筆一卷」的方案。這次今西總算慨然應允，但是提出了一個條件，那就是協助執筆者「必須是梅棹以外的人」。於是他們現在面臨了兩個問題：要怎麼向梅棹報告？梅棹執筆的這卷又要怎麼安插呢？最後他們選擇把自己的困擾向梅棹坦然傾訴，結果梅棹說：「你們的態度，讓我非常愉快。」接著便提出了撰寫一卷以伊斯蘭和東南亞為焦點的計畫。至於他的這卷要怎麼安排，編輯說：「歷史全集應該不能有關於『未來』的一卷吧？」但梅棹說：「既然有人類的誕生，那講到未來應該也沒問題吧！」於是就決定以今西為開端，梅棹為結尾。

就這樣，最終卷為二十五卷的《人類的未來》企劃塵埃落定。河出版「世界的歷史」，在廣告中高唱：「在今日為止達成的學術成果驅使下，進行大膽的推理，描繪悠久人類未來的樣貌。」梅棹也積極準備，向相關主題的專門領域學者進行取材，但因為他身為大阪萬國博覽會[18]的推手，事務極其繁忙，再加上讀者憤怒的抗議聲浪（河出收到了滿滿一大箱的抗議明信片），這本作品最後終究成了夢幻的名著。想讀這本作品的，恐怕不只我一個吧！[008]

正如上山和川勝所指出的，之所以從原本計畫的今西、梅棹合寫，變成由今西獨寫，主要原因應該就是梅棹生態史觀中，擺明了今西理論是否適用於人類史的問題。不管梅棹或川勝，他們在理論建構上的重要媒介都是今西理論。川勝在以下的文章中，再次整理了問題的焦點：

> 因為「分棲共存」是在生物與其所生存的環境間相互融合的情況下所掌握住的概念，所以與生態學有著密切關連。雖然只是粗具雛型，不過今西學派也嘗試著用生態史觀的觀點來掌握人類史，然而這點就理論上來說，其實是個填不滿的大坑。因此，像梅棹的「生態史觀」這樣以今西生物學為依據，毫無批判地將「人類世界」論證為「生物世界」的延伸，是完全行不通的。
>
> 「為何分棲共存現象會存在？」而支持分棲共存的生物主體，其內部的原理又究竟為何？這個問題仍然懸而未解。針對這個堪稱今西理論致命弱點的問題，今西本人提出了一個概念：「proto-identity」（原歸屬性）。

---

18 一九七〇年。

然而在此同時，「今西對於在其他生物身上可以辨識到的歸屬意識，是否能夠毫無例外地適用於人類身上，抱持著保留態度，這一點也堪稱是今西晚年最大的『aporia』（難題）。直到離開人世為止，今西都一直無法釐清這個難題。」

如同在〈跋〉中所述，川勝注意的重點是，今西認為人類固不用提，「就連生物和無生物也有其主體性」。從這裡出發，他提出以「物即歷史」的物產複合為根基，進而形塑出來的格物史觀。在他面前聳立的，仍然是今西理論最大的難題，川勝最終把突破這個難題的任務交給了格物史觀，作為自己地球學的完結。

雖然篇幅已經耗盡，不過我對川勝在〈結之章〉中，將環太平洋文明時代的日本描繪為「庭園之島」的國土構想，以及他針對這方面的建言，也有很深的興趣。

下去吧！』當我聽聞這句話的時候，心中充滿了感激之情，同時也振奮起勇氣，激勵自己更加投入工作。」

當今西逝世的時候，梅棹寫了一篇名為〈一個時代的結束：今西錦司追悼〉的文章，刊載在《中央公論》九二年八月號（之後收錄在《梅棹忠夫著作集》第十六卷《山與旅行》當中）。在這篇總結性的文章中，梅棹說：「我視之為師、仰望不已的學術前輩們，如今都已經不在了。」這些與今西並列的前輩們，包括了「桑原武夫、西堀榮三郎、宮地傳三郎、貝塚茂樹、湯川秀樹等人……；透過這些二十世紀的學者之手，日本的學問得以盛大展開，也讓原本不過是遠東一個地區性文明的日本文明，一躍成為世界級的存在。透過這些人的努力，日本的學術得以獲得一種普遍性。我們這個世代，全都是承繼了這些先人的餘蔭……；如今，最後的巨星消逝了，這也代表著一個時代的終結。」梅棹用這段話作為結論。

著刊行於一九一二年，日譯本由岩波文庫發行），其翻譯是透過經濟學的兩位傑出學者—視熊彼得為終身導師的東畑精一，以及東畑終身的友人中山伊知郎—之手而完成的。在他們的努力下，熊彼得對有一定學識的日本知識分子擁有很強的影響力。在這當中，擔任朝日新聞社論主筆、同時也是一九五〇年代輿論領袖、著有暢銷書《關於事物的看法：我們能從西歐學到什麼？》（河出書房，一九五〇年；之後由角川文庫、朝日文庫再版）的笠信太郎，也是其中一人。身兼經濟學者的笠信在一九五三年撰寫了一篇題為〈資本主義的命運〉的論文，在這篇論文中，他以馬克思、凱因斯和熊彼得為三大主題展開論述，分別用「資本主義瓦解論」來介紹馬克思、「資本主義死胡同論」來介紹凱因斯，以及「資本主義昇華論」來介紹熊彼得。當然，他給熊彼得很高的評價，可是在談到「內在發展」時，他認為最重要的是「企業家所施行的革新，除此之外再無他者」。認為對「昇華」而言重要的並非人，而是物，這是川勝理論的革新之處。

007 小池的文章收錄在《KAWADE 夢 Mook 文藝別冊　梅棹忠夫—地球時代的知識巨人》（河出書房新社，二〇一一年）當中。在這本 Mook 中，留下了梅棹關於《人類的未來》一書的目次草案。第一章是「地球的家庭論」，尾聲的標題則是「能源的消耗狀況」、「理性對睿智」、「地球沖水馬桶說」、「暗黑彼端的光明」。

008 《人類的誕生》於一九六八年三月刊行，甫一發售便洛陽紙貴，今西也成為當時的風雲人物。但，就在它出版一個月後，河出書房破產了。不過，之後經過破產重整的法律程序，這套書的刊行總算是順利進行下去。只是一如事先所預想的，在桑原武夫執筆的第二十四卷《今日的世界》刊行後，第二十五卷經歷漫長的時光，仍然處於未出版狀態。

今西雖然在理論上不願讓步，但他和梅棹的師徒關係依然保持不變。一九八六年，梅棹擔任國立民族學博物館館長的時候，因為病毒感染導致球後視神經炎而喪失視力，從此再也無法恢復，但他仍然一直擔任館長到一九九三年，之後歷任同館顧問、名譽教授，並在一九九四年獲頒文化勳章。在《行為與妄想：我的履歷表》（日本經濟新聞社，一九九七年；之後由中公文庫再版）中，梅棹表示：「今西錦司先生聽到我失明的事情時表示，『即使眼睛看不見了，梅棹應該也能在博物館的崗位上，繼續堅持行檢討，最後得出的結論是，它所描述的並非「都市的邏輯」而是「農村的邏輯」，「相當不具備歷史根據」。（〈書評　都市的邏輯與農村的邏輯—讀羽仁五郎《都市的邏輯》〉，刊載於《思想》六九年二月號）。

004 粕谷的引文，出自《季刊民族學》第三十八號〈我的文化衝擊〉（一九八六年）。司馬的發言，則出自《梅棹忠夫著作集》試讀本中，以〈巨大的幸福〉為題的推薦文，以及《司馬遼太郎談雜誌言論一百年》（中央公論社，一九九八年）。

至於用「文明的生態史觀」來圓自己論述的，則有竹山道雄（日本著名自由主義派評論家、小說家，曾經翻譯尼采的《查拉圖斯特拉如是說》）。竹內好（日本的中國文學研究者，以研究魯迅著稱）閱讀了竹山的論文後，指出梅棹和竹山在基本的論點上是相異的。之後在梅棹與竹內的對談中，他表示：「竹山的論述其實是用很明快銳利的方式，點出了我想說但沒有說出口的東西，因此我感到相當開心。」對竹山表示了深深的謝意。（《思想的科學》六一年十月號）主張文明一元論的竹山，只擷取了梅棹的「脫亞」，將認為「日本近代化的先例，是亞洲諸國所不能參考」的梅棹理論，改頭換面成「只要從今以後的日本一直循著迄今為止一路走來的方式走下去，那日本的先例，一定可以給其他國家帶來充分的參考。」雖然梅棹自己在〈文明的生態史觀〉的解說中有稍微提及這一點，但箇中真正的涵義，則是由竹山在這裡加以補足。

005 川勝在擔任燈影舍的「京都哲學撰書」第六卷《鈴木成高》（二〇〇〇年）的編者時，從鈴木的著作中選取出「歐洲的形成」與「工業革命」兩個部分，並加以解說。不管是鈴木與蘭克相搏的論文，或是認為這篇論文「比蘭克的構想更加宏偉」，就其今日意義進行闡述的川勝解說，都讓人感覺興味深長。所謂的京都學派四天王，除了鈴木以外，還有高山岩男、高坂正顯（高坂正堯〔日本知名國際政治學者，也是前外相前原誠司的老師〕的父親）、西谷啟治。鈴木和仰慕三木清的唐木順三結下深交，一起擔任創文舍、筑摩書房的編輯顧問。和偏愛東京大學與馬克思主義的岩波書店不同，他們以京都學派為中心，秉持著非馬克思主義的基調，展開出版活動。

006 熊彼得的主要著作—粉碎在此之前經濟學各種概念的《經濟發展理論》（原

是一九八九年的第五卷《比較文明學研究》，當中收錄了〈文明的生態史觀〉、〈比較文明論的展開〉、〈文明學的課題與展望〉等作品。在《季刊民族學》第八十五號（一九九八年）的〈蒙古研究五十年〉中，梅棹說：「在著作集的各卷中，其實隨處可見我在蒙古研究的殘影；蒙古是我一切學術生涯的出發點。」著作集的第二卷就是《蒙古研究》。在附於著作集「試讀本」（一九八九年）裡、「關於本書的刊行」一文中，失明的梅棹用口述的方式如此寫道：「我雖然無法抗拒整個時代，但也未必就得迎合潮流不可。我能做的，就只有盡其所能地直視現實，並試著理解世界罷了。」

002 正如桑原所述，梅棹的讀書量絕非等閒。例如當他要著手對谷澤永一（日本知名右翼評論家，經常與左翼論者如大江健三郎等展開論爭）的批評做出評判時，就遍讀了谷澤的所有著作，這讓我不由得大吃一驚。梅棹的《日本探檢》，加上了〈名神高速公路〉、〈出雲大社〉、〈從空中進行日本探檢〉、〈《日本探檢》始末記〉等幾篇文章後，收錄在著作集的第七卷《日本研究》中。在〈始末記〉裡，他對桑原的文案表示：「這樣的評價相當精準。」還說：「我要在這裡引用他的全文。」這幾篇於二〇一四年收錄進講談社學術文庫中。

003 其中的領袖之一就是羽仁五郎（日本馬克思史家，曾任參議院議員）。在一九六〇年代下半葉的大學紛爭中，羽仁的《都市的邏輯》（勁草書房，一九六八年，之後由講談社文庫發行）於一九六九年，一躍為暢銷書排行榜的第二位，並成為渴求反叛的學生心目中的聖經。一九六九年刊行的梅棹的《知識的生產技術》（岩波新書）則是當年的第四名。井上廈（日本小說家、劇作家，歷任各大文學獎評審委員）就指出，這兩本書都對大學一味傾銷知識的做法提出批判，換言之，在「反大學」的論述方面是有共通性的。井上在《暢銷書的戰後史　二》（文藝春秋，一九九五年；之後由文春學藝圖書館再版）中的〈都市的邏輯〉一篇，引用了兩書的內容，敦促讀者進行閱讀與比較，是相當值得一讀的文章。現在回過頭來看，這本《都市的邏輯》，其實是講座派最後的餘暉。西洋史家木村尚三郎（日本史家、東京大學教授，曾任集英社《漫畫世界的歷史》〔台灣由小牛頓出版〕總監修一職）就以此書所記述的事實關係為基礎，對其理論架構進

〈解說〉

001 最初的遊記是在廣島縣福山的誠之館，就「幕藩體制下的日本教育史」進行論述。雖然其中也提到「比較文明論」等字句，但之後在一九八三年「比較文明學會」設立、並針對公民權的獲得條件進行評斷，這時他才開始正式使用「比較文明學」的語句。在相關的論文方面，《文明的生態史觀》由中公叢書於一九六六年刊行，之後由中公文庫加以文庫化，其中共收錄以下十一篇論文：〈東與西之間〉、〈東的文化／西的文化〉、〈文明的生態史觀〉、〈新世界文明地圖：比較文明論的探索〉、〈從生態史觀看到的日本〉、〈從東南亞的旅行開始：文明的生態史觀．續篇〉、〈阿拉伯民族的命運〉、〈東南亞的印度〉、〈「中洋」諸國〉、〈從泰國到尼泊爾：學問、藝術、宗教〉、〈往比較宗教學前進的方法論備忘錄〉。文明生態史觀的模式圖，是刊載在《中央公論》一九五八年八月號的〈從東南亞的旅行開始〉之中；當叢書刊行時，這篇文章則是加上了〈文明的生態史觀．續篇〉的副標題。

在這當中，最讓讀者驚愕到要跳起來的文章，應該是〈往比較宗教學前進的方法論備忘錄〉了。梅棹在這篇論文中，將宗教比擬為傳染病；但是，這篇文章的架構非常明確，筆力也很雄渾。梅棹這樣的發想，到底是從哪裡誕生出來的呢？他指出，「婆羅門教→佛教→印度教」，與「猶太教→基督教→伊斯蘭教」，這兩個位居東西方的世界宗教系譜，屬於平行存在的現象。他原本打算另外就這個議題寫一本書，但最後並沒有寫下相關的結論，就這樣讓它以未完的方式劃下了句點。川勝在對談中也指出，梅棹生態史觀具備了比較宗教史的視野。與之相關且讓人深感興趣的是，今日首屈一指的文明論者賈德．戴蒙在著作《槍砲、病菌與鋼鐵》（日文版由草思社於二〇〇〇年發行）中，從傳染病（病原菌的傳播）來論述文明。在愛滋病、SARS、禽流感等傳染病陸續登場的今天，梅棹所說的「流行病學類比」，或許會再度受到矚目吧！

要一探梅棹學說的全貌，就要看中央公論社為他刊行、包含二十二卷主要內容和一卷別卷（年譜與總索引）的著作集。著作集中第一本刊行的，

and Kinai Cotton Trade（1974）。

055 古島敏雄《資本制生產的發達與地主制》（御茶水書房，一九六三年）一五四頁。

056 參照速水融〈經濟社會的形成及其特質—關於江戶時代社會經濟史的視點〉（收錄於《追尋嶄新的江戶時代歷史樣貌》）、《日本經濟社會的展開》（慶應通信，一九七三年）。

057 參照 W.H. McNeill, *Plagues and People*（1978）第四章。關於十四世紀中葉起黑死病在中東的蔓延，則在 M.W. Dols, *The Black Death in the Middle East*（1977）中有詳盡的敘述。

058 Iris Origo, *The Merchant of Prato*（revised edn., 1963）, pp. 293-5; R. T. Gunther, *Early Science in Oxford,* Vol. 1（1923）, pp. 3-5; Hymen Saye, 'Translation of the Fourteenth Century French Manuscript dealing with Treatment of Gout', *Bulletin of the Institute of the History of Medicine,* Vol. 3（1940）, p.53; W. Bailey, *A Short Discourse of the Three Kinds of Peppers in Common Use, and Certain Special Medicines made of the Same, Tending to the Preservation of Health*（1588）.

059 網野善彥〈日本中世的民眾形象〉一七一、一七八頁。

060 G. Barraclough, *Turning Points in World History*（1977）, p.24.

061 詳情參照 N. Perrin 前引書。

062 參照蘭克著，鈴木成高、相原信作譯《世界史概觀—近世史的各時代》（岩波文庫，一九六一年），三五、四一—四二、一五六、二九一頁。

063 參照堀江忠男《世界經濟的歷史、理論與展望》（鑽石社，一九七九年）第四章〈未來社會的展望與地球經濟學〉，特別是其中的三七一—四三四頁。

064 《今西錦司全集》全十三卷（講談社），特別參照《生物的世界》（收錄於全集第一卷，另有講談社文庫版，一九七二年）。

042 柳田國男〈明治大正史〉；收錄於《定本柳田國男集》第二十四卷，一四五頁。

043 A.M. Watson, 'The Arab Agricultural Revolution and Its Diffusion, 700-1100', *Journal of Economic History,* Vol. 34（1974）,p. 9.

044 參照 M.G. Mazzaoui, *The Italian Cotton Industry in the Later Middle Ages 1100-1600*　（1981）, p. XI的地圖。

045 H. Wescher, 'Cotton and Cotton Trade in the Middle Ages', *Ciba Review,* 64（1948）, p. 2347-9.

046 P. Cunnington and C. Wollett, *The History of Underclothes*（1951）,pp. 18, 94, 114.

047 同前書，pp. 15, 18, 22, 55, 98. 另參照角山榮《生活的世界史十　產業革命與民眾》（河出書房新社，一九七五年）。

048 G.S. Zaitzev, 'A Contribution of the Classfication of the Genus Gossypium L.', *Bulletion of Applied Botany and Breedinf,* Vol. 18, part 1, pp. 45-6.

049 參照 A.P. Wadsworth & J. de L. Mann, 前引書一四八——四九頁。

050 這種相異的品質連鎖，讓十九世紀東亞各國被迫開港、必須以當地棉業和西歐近代棉業競爭之時，處於比較有利的地位（參照拙稿〈明治前期內外棉花相關產品之品質〉，《早稻田政治經濟學雜誌》二五〇—二五一合併號；〈十九世紀末業之英國棉業與東亞市場〉，《社會經濟史學》第四十七卷二號）。又，這裡所說的棉體系，指的是在國民對服飾偏好的文化要素、以及特定品種（species）棉花分布地區的自然要素兩者制約下，在「棉花—棉線—棉布」之間形成的品質連鎖。在棉花、棉布的栽培加工過程中，伴隨產生相應的農耕技術與加工技術，這是棉作與棉業的「技術體系」；而在同樣的過程中，不聚焦於製造生產技術，而是重視生產出來的產物，這就是所謂的「棉體系」。

051 Sung Jae Koh, *Stages of Industrial Development in Asia,* 1966.

052 M. Elvin, *The Pattern of the Chinese Past*（1973）, pp. 214-5, 267-84.

053 參照澤村東平〈李朝後期棉花的徵收地區與生產布局〉（《經濟史研究》二十八卷二、四號）。

054 參照W.B. Hauser, *Economic Institutional Change in Tokugawa Japan-Osaka*

035 Archibald Lewis, 'Maritime Skills in the Indian Ocen 1368-1500', *Journal of Economic and History of the Orient XVI*（1973）, pp.254-8.

036 關於三角貿易的存在，請參照 W.H. Moreland, 'Indian Exports of Cotton Goods in the Seventeenth Century', *Indian Journal of Economics,* Vol. V, part 3（1925）, p. 225; John Irwin, 'Indian Textile Trade in the Seventeenth Century, II Coromandel Coast', *Journal of Indian Textil e History,* No.2（1956）, p.24; 同作者'Indian Textile Trade in the Seventeenth Century, III Bengal', *Journal of Indian Textile History,* No.3（1957）, pp. 59-60；John Irwin anf Margret Hall, *Indian Painted and Printed Fabrics*, Chapter IV'Export Fabrics'（Ahmedabad, 1971）, p.36 等作品。

037 當然，在這當中也有像瓷器這樣，使用自己國家的陶土進行仿造、千辛萬苦加以國產化的例子存在。

038 參照 D.A. Farnie, 'The Commercial Empire of the Atlantic, 1607-1783', *Econimic History Review,* Vol.15, No.2.

039 參照 Ralph Davis, *The Rise of the Atlantic Economics*（1973）。

040 關於棉花移植中國，請參照 Kang Chau, *The Development of Cotton Textile Production in China*（1977）,pp. 4-24; 西嶋定生《中國經濟史研究》（東京大學出版會，一九六六年）第三部（七二九頁以下）；加藤繁《支那經濟史考證》下卷（東京大學出版會，一九五三年）七一一一七一二頁。關於移植到朝鮮，請參閱周藤吉之〈高麗末期至朝鮮初期紡織業的發達〉（收錄於《社會經濟史學》十二卷三號）。關於移植到日本，則請參照小野晃嗣前引書。中國的明朝、朝鮮的李朝、還有日本的江戶時代，幾乎是在同一時間，各自開始展開棉花的生產。又，雖然或許只是巧合，不過這個時期和各國開始採用朱子學的時間也幾乎重合，這點讓人感到相當有意思。

041 R.A. Silow, 'The Genetics of Species Development in the Old World Cottons', *Journal of Genetics,* Vol. 46（1944）, pp. 68-9；J.B. Huchinson, R.A. Silow and S. G. Stephens, *The Evolution of Gossypium*（1947）, p. 49；J.B. Hutchinson, *New Evidence on the Origin of the Old World Cottons,* Heredity, Vol.8, part 2（1954）, p. 235; Sir Joseph Hutchinson, *The Application of Genetics to Cotton Improvement*（1959）, p. 19.

019 奧村正二《從火繩槍到黑船》（岩波新書，一九七〇年）三〇頁。

020 參照 Noel Perrin, *Giving Up The Gun*（1980）, p.70. 川勝譯本《捨棄鐵砲的日本人》（中公文庫，一九九一年，一二三頁）。

021 奧村前引書，一〇頁。

022 高瀨弘一郎《切支丹時代的研究》（一九七七年）。

023 隆納・托比（Ronald P. Toby）在〈論鎖國在初期德川外交政策中之定位〉（收錄於社會經濟史學會編《追尋嶄新的江戶時代歷史樣貌》，東洋經濟新報社，一九七七年）一文中，就「日本乃是企圖透過鎖國，從中國的冊封體制中獨立自主」這點，做出了相當有意思的論述。

024 在與荷蘭貿易的整體性研究方面，K. Glamann, *Dutch-Asiatic Trade, 1620-1740*（1958）具有相當重要的地位；而在有關日朝貿易、特別是日本巨量白銀輸出的研究當中，最具劃時代貢獻的，則非田代和生《近世日朝通交貿易史之研究》（創文社，一九八一年）莫屬了。

025 網野善彥《日本中世的民眾形象》（岩波新書，一九八〇年）一六九—一八〇頁、〈從中世史的立場出發〉（收錄於《追尋嶄新的江戶時代歷史樣貌》）二五六—二五七頁。

026 參照永原慶二〈纖維革命〉（收錄於小學館版《日本的歷史十四　戰國的動亂》）。

027 參照小野晃嗣〈日本機械棉紡業形成的過程〉（收錄於同作者《日本產業發達史之研究》）。

028 安良城盛昭《太閤檢地與石高制》（NHK Books）二三二—二三三頁。

029 《定本柳田國男集》第十四卷（筑摩書房）九頁。

030 科學技術教育協會《醬油的科學》第四版一〇——四頁。

031 參照小葉田淳《日本礦山史之研究》（法政大學出版局，一九七六年）等作品。

032 參照日本地方史協議會編《日本產業史體系》全八卷。

033 J.H. Parry, *The Age of Reconnaissance*, 2nd ed.,（1966）, p. 19.

034 雖然印度也有產香料，但品質較為低落。Bal Krishna, *Commercial Relations between India and England*（1924）,pp. 29-33, S. A. Khan, *The East India Trade in the Seventeenth Century*（1923）, p.264.

今日，隨著時代不斷擴大其影響力，可以說貫串了整部日本歷史。

008 像是羅伯特·貝拉（Robert Neelly Bellah）的《日本近代化與宗教倫理》（堀、池田譯，未來社，一九六六年）、東畑精一《日本資本主義的形成者》（岩波新書）等作品，也都採取了幾乎同樣的思考模式。特別是在經營史領域中，以土屋喬雄《日本經營理念史》（日本經濟新聞社，一九六四年）、《續日本經營理念史》（日本經濟新聞社，一九六七年），西徐米爾（Johnnes Hirschmeier）《日本企業家精神的生成》（土屋、由井譯，東洋經濟新報社，一九六五年）為首，對日本資本主義特有的精神不斷試著進行探討。當然，這些作品都是套用了韋伯《新教倫理與資本主義精神》（岩波文庫，一九八九年）、熊彼得《經濟發展理論》（岩波文庫，一九七七年）的模式。

009 小堀桂一郎《鎖國的思想》（中公新書，一九七四年）一〇〇頁。

010 F. J. Fisher, 'London' Export Trade in the early Seventeenth Century', *The Growth of English Overseas Trade,* ed. W. E. Minchinton（1969）, p.72; John Irwin, 'Indian Textile Trade in the Seventeenth Century', *Journal of Indian Textile History,* No.1（1955）, pp.6-8.

011 請參照 Jan de Vries, *Economy of Europe in an Age of Crisis* (1976), p. 135.

012 請參照 K.N. Chaudhuri, *The Trading World of Asia and the English East India Company*（1978）卷末收錄的表 C.1 與 C.4。

013 R. Lopez, H. Miskimin, A. Udovitch, 'England to Egypt, 1350-1500: Long-term Trends and Long-distance Trade', ed. M.A.Cook, *Studies in the Economic History of the Middle East*（1970）, pp. 109, 114,128.

014 P.J. Thomas, *Mercantilism and the East India Trade*（1926）,p. 30; A.P. Wadsworth and J. de L. Mann, *The Cotton Trade and Industrial Lancashire*（1931）, pp. 116-7.

015 詳見西村孝夫《印花布論爭史之研究》（風間書房，一九六七年）。

016 參照小松芳喬《英國產業革命史》（一條書房　重訂新版，一九七一年）第四章〈纖維工業〉。

017 參照西村孝夫《印度棉工業史》（未來社，一九六六年）第五章。

018 《資本論》第一卷（岩波文庫，一九六九年）。

資料出處

〈起之章〉

001 參照《社會經濟史學》第四十四卷五號（一九六九年）編輯後記。

002 參照同誌第四十八卷一號（一九八二年）。

003 Immanuel Wallerstein, *The Modern World-System, I, II, III*（Academic Press, 1974, 1980, 1989）。關於華勒斯坦理論的普遍架構，可以參照他的散文集 *The Capitalist World-Economy*（Cambridge Univ. Press, 1979）。

004 *Review*—A Journal of The Fernand Braudel Center for the Study of Economic, Historical Systems and Civilizations. 一九七七年創刊，每年發行四回。

005 和華勒斯坦同樣思維的，還有以下這些作品：*Dynamics of World Development*, ed. R. Rubinson（Sage, 1981）; *Processes of the World-System*, eds., K. Hopkins & I. Wallerstein （Sage, 1981）；*The World System of Capitalism: Past and Present,* ed. W.L. Goidgrank（Sage, 1979）；*Social Change in the Capital World Economy,* ed. H. Kaplan（Sage, 1978）；*Studies of the Modern World-System*, ed. A. Bergesen（Academic Press, 1980）。不過另一方面，也有像Patric O'Brien, 'European Economic Development: The Contribution of the Periphery', *Econimic History Review,* Vol.35, No.1（1982）這樣，對他提出強烈批判的論述出現。

006 詳細請參照正田健一郎、速水融《日本經濟史》（世界書院，一九六五年）八十五頁以下的部分。

007 森嶋通夫在他的 *Why Has Japan Succeeded?* （為何日本如此「成功」？）一書中，認為儒教倫理在日本的適用，可以追溯到古早時代聖德太子的《憲法十七條》。大化革新將太子的憲法理念加以具體化，此後儒教倫理直至

文明的海洋史觀

文明の海洋史観

作者 川勝平太
譯者 鄭天恩
總編輯 富察
責任編輯 賴英錡
企劃 蔡慧華
封面設計 許晉維
排版 宸遠彩藝
社長 郭重興
發行人兼出版總監 曾大福
出版發行 八旗文化／遠足文化事業股份有限公司
地址 新北市新店區民權路 108-2 號 8 樓
電話 〇二～二二一八～一四一七
傳真 〇二～八六六七～一〇六五
客服專線 〇八〇〇～二二一～〇二九
信箱 gusa0601@gmail.com
臉書 facebook.com/gusapublishing
部落格 gusapublishing.blogspot.com
法律顧問 華洋法律事務所／蘇文生律師
印刷 成陽彩色印刷股份有限公司
出版日期 二〇二〇年七月（初版一刷）
定價 四八〇元整

文明的海洋史觀
川勝平太著／鄭天恩譯／一版／新北市／
八旗文化出版／遠足文化發行／2020.07
譯自：文明の海洋史観
ISBN 978-986-5524-14-2（平裝）
一、世界史 二、文明史 三、航海
713
109007359